给教师的36条建议

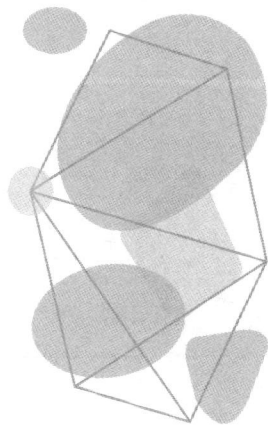

李镇西 著

修订增强版

长江出版传媒 长江文艺出版社

图书在版编目（CIP）数据

给教师的 36 条建议：修订增强版 / 李镇西著. --
武汉：长江文艺出版社，2018.9（2022.12 重印）
　（大教育书系）
　ISBN 978-7-5702-0454-0

　Ⅰ. ①给… Ⅱ. ①李… Ⅲ. ①中小学教育 Ⅳ.
①G63

中国版本图书馆 CIP 数据核字 (2018) 第 102234 号

责　编：黄海阔　　　　　　　　　责任校对：毛季慧
封面设计：付　群　　　　　　　　责任印制：邱　莉　杨　帆

长江出版传媒　　　长江文艺出版社

出版：
地址：武汉市雄楚大街 268 号　　　邮编：430070
发行：长江文艺出版社
http://www.cjlap.com
印刷：武汉珞珈山学苑印刷有限公司

开本：710 毫米×970 毫米　　　1/16　印张：22.125　插页：1 页
版次：2018 年 9 月第 1 版　　　2022 年 12 月第 6 次印刷
字数：316 千字

定价：38.00 元

用大众立场看大家作品

——长江文艺出版社"大教育书系"序言

教育是世界上最特别最奇妙最千变万化的事情。

世界上任何变化，政治的、经济的、社会的、科技的……桩桩件件，都会发生蝴蝶效应，都会对教育产生这样那样的影响。所以，教育总在变化着。比如，计算机的出现，网络教学的流行，未来的课堂教学模式将发生根本的变革。当粉笔距离我们的讲台渐行渐远，未来的纸质书籍的阅读是否也会逐步让位于电子书籍？甚至，翻译机器可以完成基本的交流沟通时，语言教学是否也可能变得不再重要？这些已经发生的、即将发生的、可能发生的改变，让我们的明天变得不可预知。

同时，教育也是最坚韧最牢固最不会变化的事情。

万物改变迅捷，人性进化缓慢，教育因此万变不离其宗。所以，古今中外，人同此心，心同此理，人的身心发展的特点，人的学习与成长的过程，有着普遍规律可循。所以，无论我们读两千多年前的《论语》、《学记》，还是读近百年来的杜威、苏霍姆林斯基，总觉得是那么亲切，离我们今天的教育是那么近。所以，我们只需稍稍去芜取精，就能将其中的绝大部分原理再度运用于教育教学实践，就会发现这些原理依然生命常青。也正是这个原因，百年来中外教育家的杰出著作，仍然活在当下，仍然对我们的教育具有重要的作用。

长江文艺出版社的这套"大教育书系"，正是围绕后者而努力。

最初看到"大教育书系"的选题策划，是在年初的湖北长江出版集团的选题论证会上。坦率地说，当时的感觉不是很好。认为主题不够突出，选择人物看不出逻辑，选择标准不够清晰，而且大部分书是重新出版。

后来长江文艺出版社总编尹志勇来信告诉我，其实，"大教育书系"有自己的主题和逻辑。之所以命名为"大教育"，首先是选择教育家的范围之大。

书系将遴选从近代到当代的中外教育名家的代表性著作或新作，梳理中外现代教育的发展轨迹，并展示近一个世纪以来的教育所取得的成果。其次是读者群体之大。书系针对不同的读者群，主要有三个方向：一是针对中小学老师的教师培训，阐述现代教育理念，解决教育实践中面临的具体问题，培养优秀教师。二是针对父母的家庭教育，用现代的教育观念和手段影响父母，使父母成为教育体系中的重要且有效的环节，培育青少年的健康成长与全面发展。三是针对中小学生以及学前儿童的学生教育，帮助学生提高学习效率，学会交往合作，学做现代公民。一句话，是用大众立场看大家作品。

至于选择的标准，他们提出了三条原则：一是作者具有足够影响力。所选作者应该是国内外被公认的教育名家，产生过广泛而深远的影响。比如陶行知、陈鹤琴、蒙台梭利等。二是突出实践性。所选作品能够深入浅出，具有可操作性，在作品风格方面，力求通俗化、大众化，做到理论与实践的有机统一。三是强调创新性。在遴选经典的同时，也推出当代在教育理论或实践方面有一定建树、观点新锐、富有探索精神且得到公众认可的作品。

所以，虽然我在作这序之时，尚无法看到书系的全貌，也无法估计书系的最终体量，但是能够感觉到出版方用心良苦，感觉到他们的宏大愿景。大浪淘沙，那些真正能够不断被人们捧起的书籍，总是有其强大的生命力的，总能冲破时间与空间的束缚到达我们的手中，抵达我们的心中。倘若教师、父母、孩子三方真正缔结为教育的同盟军，那时教育势必突破困局，得以成长壮大，成为现实生活中的真正大教育了。祝贺大教育书系诞生，更期盼现实大教育的来临。

是为序。

朱永新

2013 年 6 月 6 日

教育家的品质与土壤（序二）

　　对中国来说，20世纪上半叶显然是一个教育家群星璀璨的时代：严复、蔡元培、陶行知、晏阳初、张伯苓、陈鹤琴、叶圣陶、黄炎培、经亨颐、钱穆……60多年过去了，这些教育家的思想一直还影响着我们，他们思想的光辉至今还照耀着中国教育。比如陶行知的"创造教育"，比如晏阳初的"平民教育"……

　　相比之下，中国20世纪下半叶则是呼唤教育家的时代，这种呼唤一直延续到现在。今天，全国上下都在呼唤教育家，连国务院前总理温家宝也多次呼吁"教育家办学"，于是各级教育行政部门也推出了诸如"人民教育家培养工程"之类的举措。

　　蔡元培、陶行知们当然不可再生，所以，人们呼唤教育家，其实是呼唤更多具有教育家品质的人。说到教育家的品质——也可以换一个词，叫"素养"——这当然又是一个见仁见智的问题，很难统一，更不可能通过"红头文件"来规定。但关于"教育家"，总还是有一些约定俗成的公认标准的。

　　在我看来，教育家首先是教育者但又不是一般的教育者，也就是说，他除了应该拥有爱心、理想、激情、责任感、扎实的学科知识、过硬的教学技能等一般教育者起码的素质之外，还应该具备成长为教育家所特有的一些品质。纵观大家所公认的教育家，我认为，他们至少应该有以下几个品质——

　　有超越世俗的高远追求。把教师当作职业还是事业？这是教育家与一般教育者最根本的区别。教育家对教育有一种宗教般的情怀。"人生为一大事来，做一大事去。"陶行知不但是这样说的，他更是以自己身体力行的实践，向孩子们也向他所热爱的老百姓捧出了他的一颗心。作为曾师从杜威的留洋学生，他本来已是一位大学教授、教务主任，但为了要改造中国的教育，为了"要使全中国人民都受到教育"，他毅然脱下西装革履，抛弃大学教授的优裕生活，穿上布衣草履，奔赴乡村，面向中国最广泛的社会生活为中国最下层的劳动人民从事着他最神圣的教育事业。他说："只要是为老百姓造福，我们吃草也干。"这种面向社会底层而又超越世俗的精神，正是陶行知之所以成为教育家的原因之一。

有富有创见的教育思想。无论是严复、蔡元培，还是张伯苓、晏阳初，可以说所有真正的教育家首先是思想家。创新是教育永恒的主题，而"创新"首先是"思想创新"。只有个性才能造就个性，只有思想才能点燃思想。让没有思想的教师去培养富有创造性素质的一代新人，是不可思议的；而没有自己的思想的教育者要成为教育家，更是不可能的。作为教育者，我们在尊重并继承古今中外一切优秀教育理论与传统的同时，理应以追求科学、坚持真理的胆识，辨析其中可能存在的错误之处；即使是向当今公认的教育专家学习，也不应不加分析地盲目照搬，而应经过自己的头脑，结合自己的实际情况消化、吸收；甚至对一些似乎已有定论的教育结论，我们也可以根据新的实际、新的理论予以重新的认识与研究，或修正，或补充，或发展。乐于思考，敢于怀疑，不迷信权威，是教育家不可缺乏的思想素质。

有百科全书式的学识素养。由于种种原因，我国现在的中青年教育者普遍存在着知识结构和文化底蕴先天不足的弱点，无论是对传统的国学精华还是对当代的世界文化，都缺乏深厚的功底。的确，就学养而言，我们现在很难找到一位蔡元培式的校长、朱自清式的中学教师或叶圣陶式的小学教师了。这也是我国60多年来至今没有涌现出一流教育家的原因之一。一位真正的教育家，同时应该是一棵"文化大树"。回望民国时期的教育家，他们的学养堪称"百科全书"。他们往往能够担任中小学几乎所有课程的教学。那时候，一个小学教师去教大学，或者说一个大学教师去教小学，进退自如——一来不存在知识的障碍，二来社会也不会认为有什么怪异。因此当时所有大教育家无一不是百科全书式的知识巨人。因为只有站在人类文化的高峰，才可能有恢宏的视野、开阔的胸襟和创新的平台。

有长期的第一线教育实践。我们往往把"教育学家"或者说"教育理论家"与教育家混为一谈。客观地说，中国不缺乏"教育学家"，几十年来，特别是近20年来，涌现出的各种教育观点、教育理论不可胜数。但是，教育家首先是身体力行的教育实践者，他往往有属于自己的教育实践基地——学校。因此许多教育家往往总是与一所学校相联系，比如严复与北洋水师，蔡元培与北京大学，张伯苓与南开学校、陶行知与晓庄师范，经亨颐与春晖中学，陈鹤琴与鼓楼幼稚园，黄炎培与中华职业学校……即使没有自己固定的学校，也必须有丰富的一线教育实践，比如晏阳初的平民教育实践，钱穆的小学中学和大学教育生活，等等。书斋里也许可以产生"教育理论"，但是绝对产生不了教育家。没有和教育对象——学生面对面的接触、心与心的交流，是不可能成为真正的教育家的。

教育家的品质当然还不止这些，我们还可以说出更多，但至少包括了这四点。

那么，为什么1949年以后，中国再没出现大教育家呢？——当然不能说一个教育家都没有，但我说的是像蔡元培、陶行知、晏阳初那样的大教育家，的确至今没有诞生。顺便说一下，近几年，人们爱用"教育家"来称呼一些教育专家，还说既然办了个厂的人都可以叫"企业家"，唱红了一首歌的人都可以叫"歌唱家"，为什么我们不能把办好一所学校的人叫"教育家"呢？对不起，在我心目中，"教育家"这三个字，其含金量远远高于"歌唱家"、"企业家"。一个国家最根本的希望和所有事业兴旺发达的可持续动力在教育，因此"教育家"的标准或者说门槛，就是应该比其他"家"要高一些。

好，还是回到刚才的问题，为什么中国现在出不了大教育家？原因可以找到很多——政治的、经济的、文化的、社会的，等等。我这里只想说一点，那就是自由的社会环境。

自由，是教育家产生的第一社会土壤。

有个现象似乎难以理解。20世纪上半叶的中国，经济凋敝，战火不断，国力衰弱，民不聊生，却教育家辈出。其实，那个时代，对于蔡元培们来说，办学条件虽然艰难，但相对而言——只能说是"相对"，他们却拥有一个可贵的条件：自由。当然也有反动政府干涉学校的时候，但总体说来，那时的校长可以独立办学——可以自己设计校舍，可以自主开设课程，可以自由聘请教师，可以不看"上级教育行政部门"的脸色决定学校一切事务，可以……这是不争的事实。现在哪个校长能够有这样的自由？

所以我说，今天的中国，如果要让更多未来的教育家健康成长，还有比投入巨额经费提供物质条件更重要的，就是为一切有教育家追求的教育者提供宽松的土壤、自由的气息和创造的天空。

在教育家所拥有的所有的自由中，"思想自由"是第一位的。教育家无一不是心灵自由的人，培育教育家就应该尊重教育者的心灵自由。创造性总是与个性相联系，没有个性，就绝对没有创造性。凡是具有创造性实践精神与能力的教育者往往都是个性鲜明的人，他们有自己"标新立异"的思想，有自己"与众不同"的做法。如果我们扼杀了教育者的个性，也就扼杀了教育者成长为教育家的可能。

从这个意义上，请允许我"偏激"一点说，只要尽可能给教育者以思想和创造的自由，中国的教育家自然源源不断，层出不穷。

多年前，我写过一篇《我的"春晖梦"》，谈经亨颐和他的春晖中学。文中，我深情地呼唤着今天的"春晖"——

　　校舍完全按我的想法设计，典雅朴素，依山傍水，晨跑的孩子们每天都能看到日出，而傍晚，他们能够在倒映着夕阳的湖畔一边散步一边捧读自己喜欢的书。到了春天，我们能够和孩子一起到野外上课，或躺在草坪上，看着风筝在蓝天写诗。到了暑假，我们打着赤脚走在田埂上，一直走到森林里。晚上住在小木屋里面，听着淅淅沥沥的夏雨，从树叶上滴落下来，敲打着屋脊的声音……

　　学校的老师，都能按自己的想法上课，甚至自主开一门自己喜欢的课，就讲自己最拿手的内容。没有繁琐的评比，没有细碎的量化管理，没有刚性的"一刀切"，让教师的个性在课堂上充分施展，让他们从心里感到，上课真是一件非常开心的事，因而每天早晨醒来，一想到上课便有一种抑制不住的冲动，而每次走出教室，脸上都写满了舒心与惬意。

　　学生有修养有礼貌，懂得尊重他人，但没有强迫必须每天都穿的校服，没有规定的发式；他们有着强烈的求知欲和上进心，但学校没有频繁的考试、排名，更不会根据学习成绩排列座位；学生每天下午四点以后（也许还可以更早一些）就是他们自由安排的时间——到图书室去，到实验室去，到计算机房去，到足球场去……这些地方都无条件为他们开放。有晚自习，但时间不长，最多两节课，然后不超过十点他们都能上床睡觉，然后盼望第二天同样有意思的生活。

　　全国各行业一流的专家学者大师，都是这个学校的客座教师。也许我们可以请杨振宁来给孩子们上半天的物理课，可以请流沙河来给孩子们开设一周的中国文化讲座，可以请钱理群来学校讲一学期的鲁迅（他不是去过南师大附中讲课吗），请傅聪给孩子们演奏钢琴并开设音乐讲座，甚至——如果运气好的话，我们还可以请到贝克汉姆来给孩子们侃侃世界杯……

这个学校不张贴什么领导人和校长的合影或为学校的题词，也不会把从本校出去的"名人"巨照挂在学校墙上，因为这个学校不只为少数杰出人才而得意，更为绝大多数学生成长为普通劳动者而自豪。

这个学校的校长没有必要成为社会活动家而有开不完的会，并且四处喝酒应酬；这个学校的老师工资不一定很高，但衣食无忧，更主要的是心情舒畅，因为这里除了上课就没有其他规定必须做的事儿了，没有论文要求，不评职称（不需要），没有评优；但是，就像当年的春晖，几乎每一个教师都是著名的学者大师一样，这所学校的老师，也绝不仅仅是教师，同时也是某一领域的专家，比如语文教师可能同时又是作家，数学教师同时又在为攻克某个世界级猜想而冲刺，物理教师同时又获得了某项发明奖，音乐教师同时又在国际音乐大赛中载誉而归……

这个学校绝不去提什么"三年打造名校"之类的口号，更不会追逐什么"国家级重点中学"，什么"校风示范校"，什么"创建……先进单位"之类的招牌，也不刻意"打造品牌"和"彰显特色"，更不会为一个或一批学生进入哈佛耶鲁（更别说什么清华北大了）而喜出望外地四处广而告之。校长愉悦，教师幸福，学生开心，这就够了！

这样的学校，难道不令人神往吗？

什么时候，中国教育能重现这一抹绚丽的"春晖"？

我的"春晖梦"，就是我的"教育梦"。而梦圆之日，就是真正的教育家诞生之时。

我愿和所有关心中国教育未来的人一起期待着。

李镇西
2013 年 5 月 1 日

7

目 录

附　录

第一辑

智慧教师养成记

没有人会否定教育有着鲜明的目的性，也就是教育要给人以积极的引导、转变和影响，这是我们的教育使命使然。否定了这一点，就否定了教育本身。

1. 为什么要减少 "刻意教育"？

> 不用刻意去追求外在的 "教育意义"，因为大自然本来就蕴含着丰富的教育意义。如果不让孩子在童年和少年时代便打开这本书阅读，这不但是我们教育的缺失，也是孩子们人生的遗憾。

尊敬的李老师：

您好！

我是一名具有多年教学经验的老师，也在教育上做了很多的改变和尝试。我做过多期的主题班会，也让学生参加了多次的演讲比赛，自认为该做的都做了，该尝试的也都进行了尝试，却没有多大的成果，为此我深深地懊恼着。想知道原因是什么。

你苦恼于精心设计了那么多的教育方式，主题班会呀，演讲比赛呀，等等，但效果并不理想。

我想，不理想的原因，是不是恰恰在于你的设计过于 "精心" 了？

苏霍姆林斯基在其《给教师的一百条建议》中，给教师提的最后一条建议是："保密……"

教育家这样写道：

我在本书中所提出的一切建议，仅供教师知道，不必让学生知道。学生了解教育，懂得教育，一般说来，是有害而无益的。这是因为，在自然而然的气氛中对学生施加教育影响，是这种影响产生高度效果的条件之一。换句话说，学生不必在每个具体情况下知道教师是在教育他。教育意图要隐蔽在友好和无拘无束的相互关系气氛中。

没有人会否定教育有着鲜明的目的性，也就是教育要给人以积极的引导、转变和影响，这是我们的教育使命使然。否定了这一点，就否定了教育本身。但是，教育目标没必要天天挂在嘴上，或者唯恐学生不知道而不停地宣告。无数优秀教师的成功经验已经证明，教育的意图隐蔽得越好，教育效果就越佳。不动声色、不知不觉、了无痕迹、天衣无缝、自然润物、潜移默化……这些都是教育的艺术，也是教育的境界。苏霍姆林斯基将其称为"自然而然的气氛中对学生施加教育"，我将它姑且简称为"自然的教育"。

与这种"自然的教育"背道而驰的，便是"刻意的教育"——大张旗鼓、声势浩大、旗帜鲜明、开门见山、直截了当、声泪俱下……生怕学生不知道是在教育他们，教师毫不隐瞒自己的教育意图，甚至公开说："我是为你们好哇!"班会比赛，征文比赛，演讲比赛，板报比赛……都是"刻意的教育"的形式。当然，"刻意的教育"不一定都是说教式的，有的"刻意的教育"还设计成活动或游戏，也颇为"生动"呢!

我从《重庆晚报》上看到一张场面壮观的照片——

大操场上，成百上千的人排得整整齐齐，横看竖看斜看都宛如大型体操表演;仔细看，是孩子正给家长洗脚——母亲（或父亲）坐着，脚伸进盆里，孩子蹲着，双手正搓着一双成人的脚。

这是最近几年比较时兴的一种"教育方式"，准确地说，是培养"孝心"的方式。在有的学校，校方还要求学生给父母洗脚时必须跪着。

看到这样的照片，我很自然想到几个问题——

第一，类似活动的组织者——也就是教育者在家里是否给父母洗脚?尽管我没有对此做过详尽的调查，但根据自己的生活经验，目前在中国（国外我估计也差不多）子女能够给父母洗脚的"孝行"并不普遍。所以现在当老师的——包括笔者本人——给父母洗脚的也不多。自己没做到的，偏要孩子做到，这是什么"教育"?

第二，就算组织者本人每天都回家给父母洗脚，于是想把这种美德推而广之，然而是不是有了这么一次声势浩大的"洗脚秀"，孩子们从此每天都会给爸爸妈妈洗脚了?教育不会这么简单吧?要养成一个好习惯，需要训练，而训练就不是一次两次的事。那么，为了让孩子养成给爸爸妈妈洗脚的习惯，是不是学校还要经常如此"操练"呢?

第三，中小学生的爸爸妈妈们，大多四十岁上下，都是中年人——有的小学生的爸爸妈妈也不过三十来岁，还只能算年轻人呢！这些身强力壮的人需要孩子给自己洗脚吗？当然，如果爸爸妈妈身患重病甚至身体残疾，的确需要儿女帮着洗脚，那另当别论。可对绝大多数健康的父母而言，你好意思把脚伸出去让孩子给你洗吗？你不觉得别扭吗？

第四，孩子今天在学校操场上给父母洗脚了，但他回家给自己洗袜子吗？洗内裤吗？他每天早晨起来收拾自己的床铺和房间吗？他每次吃了饭都洗碗吗？在家扫地吗？周末帮着妈妈做饭吗？如果这一切都做不到，只是按老师的"规定作业"回家天天给父母洗脚，又有多大意义呢？

如果追问，问题还会有很多很多。

类似的简单化作秀般的"德育创新"还不少。比如，为了让孩子体验妈妈怀孕的不容易，便让小学生在肚子上绑一天或一周沙袋；为了让孩子体验亲情，便将全校学生集中在操场上，拥抱爸爸妈妈；为了让孩子感恩，同样是在操场上让孩子们一起喊："爸爸妈妈，我爱你！"然后齐刷刷地给爸爸妈妈下跪……

我很怀疑这种"刻意教育"能够收到真正的持久的效果——一时的感动是可能的，但我说的是"持久的效果"。当然，我知道教育必须通过一定的形式，或者说，一定的形式总是表达了一定的内容；而且我也相信，类似的活动之后，孩子们的作文中，一定会有许多诸如"通过这次活动，我真切感受到了……"之类的语言，但是如此一次性的"感人肺腑"，一次性的"震撼人心"，一次性的"催人泪下"，一次性的"强烈反响"……就真的能够收到持久的实效吗？

教育哪有这么简单？

这些"刻意教育"都很有创意，很新颖，也容易引起孩子的兴趣，这样的教育形式偶尔用用也无妨。但关键是，切不可高估这些教育的效果——这种"刻意教育"的效果肯定是有限的。当然，活动之后，孩子会写作文纷纷说自己如何如何"深受教育"，"体验到做母亲的不容易"，"尝到了乡下劳动的艰苦"云云。但这些表白并不能作为教育实效的真正依据。过了几天，不孝敬的孩子照样不孝敬，不劳动的孩子照样不劳动。孩子在当"孕妇"时，在给妈妈洗脚时，在乡下生活时，始终知道这是游戏，好玩，有趣，哪怕在乡下呆一个月的确很艰苦，孩子也会对自己说："不要紧，反正也就一个月嘛!"教育有时候需要游戏，但游戏本身并不完全等同于教育。

我们现在的教育，就是如此这般的太刻意了，甚至太做作了。

我们所提倡的"自然的教育"，通俗地说，就是培养孩子一种良好的生活习惯。爱的教育，就是培养学生懂得爱表达爱并传递爱的生活习惯。学习教育，就是培养学生酷爱知识勤奋读书乐于探索的生活习惯。劳动教育，就是培养学生在班级在家庭乃至以后在社会勤劳的生活习惯。吃苦教育，就是培养学生在平凡的日子不畏艰以苦为乐辛苦中寻乐的生活习惯。等等。这样的教育，同时又是一种自然而然的生活，而且是师生共同的生活——要求学生做到的，教师当然也要做到，或者说，教师以自己自然而然的品行感染着学生。这是"自然的教育"的最高境界。

比如关于感恩孝敬的教育，这么多年的班主任工作中，我都是这样做的：我特别注重让孩子们在每一天的生活中随时想到父母，随时想到不要让父母为自己焦虑担心，并力所能及地为爸爸妈妈做点什么；让孩子们每天下午按时回家，不要让爸爸妈妈一次次在阳台上忧心忡忡地张望；回家后，第一句话是给爸爸妈妈说："爸，妈，我回来了!"出门时，不忘记给爸爸妈妈说："爸，妈，我走了!"在饭桌上多和爸爸妈妈聊班上的事，还有自己感兴趣的事；每天晚饭后帮着爸爸妈妈收拾碗筷，并洗全家人的碗；如果可能，每天早晨起来给爸爸妈妈做早点……这些都不是一次两次老师规定的"作业"，而是持之以恒的生活，最后变成习惯。20多年来，我不敢说我的每个学生都做得非常好，但的确有相当多的孩子学会了在平凡的日子里体谅父母关心父母，并从生活中一点一滴之处回报父母。

我女儿也是这样。她从小学二年级开始每天晚上洗碗，无论中考日还是高考日都没中断，一直坚持到现在——现在她已经工作了，但只要在家吃饭，肯定是她洗碗。无论我的学生还是我的女儿，都没有体验过妈妈怀孕，也没有被我要求给妈妈洗过脚，但他们在生活中自然而然学会了感恩与孝敬。这是一种自然的教育。我们自然而然地营造了一种爱的家庭氛围，这种氛围必然滋润着孩子的心。女儿在小时候曾天真而认真地说："我长大了要挣好多好多钱，让爸爸妈妈过上好生活。"昨天，她说："如果我现在去挣大钱不是没有机会，但那就会常年在外不停奔波，时不时给你们寄好多钱回来；现在我没挣大钱，却天天和你们在一起，哪种生活更幸福？"我说当然是现在，因为幸福就是一种愉悦温馨的感觉。女儿说她"挣大钱不是没机会"可不是吹牛。她留学国外，后来在香港读硕士，完全可以在国外或境外找工作，即使回国也可以去北京上海，但她执意回到成都。理由就是一个："爸爸妈妈老了怎么办？"

自然而然的教育，培养的是孩子自然而然的善心与善行。

说到"自然而然的教育"，我又想到，有时候我们需要一种"没有教育"的教育。这话怎么理解？我的意思是说，教育者组织学生所开的活动，并非每一次都一定要有急功近利的教育目的。比如，教师带着学生在户外的郊游活动，我看就不一定非要有什么"教育意义"不可。

关于这一点，请允许我多说几句。

我一直喜欢和学生一起到大自然的怀抱里嬉戏玩耍。最初，我这样做并没有想到要有什么"教育意义"，而纯粹是出于自己爱玩的天性。记得当年我利用寒暑假带着学生去玩，近在郊区，远在省外，家长感动得不得了："李老师对我们的孩子太好了！这么辛苦这么累，牺牲这么多时间带我们的孩子去旅游！谢谢您！"我总是说："我才要感谢你们呢！感谢你们把孩子交给我，让他们陪我玩！"

你看，我就没有说什么"教育"。

我对苏霍姆林斯基在《巴甫雷什中学》中的这一段叙述感到特别亲切："每当学年一结束，我就跟孩子们一道去远足旅行，去田野、森林、河边旅行。跟孩子们一起在南方晴朗的星空下宿营，架锅煮饭，述说图书内容，讲传说和童话故事，这些对我来讲，是一种幸福。"在我的职业生涯中，这样的幸福也是源源不断的。回想从教以来，我最感到快乐的时候就是学生不把我当老师的时候。几十年来，我的学生就是这样给我以少年的欢乐和青春的激情。

我不是否认户外活动的教育意义，自然环境教育功能当然是不可忽视的。陶行知认为"天然环境和人格陶冶，有很密切的关系"，在谈到大学校址的选择时，曾把自然环境作为极其重要的因素。他认为校址的选择应满足这样的标准："一要雄壮，可以令人兴奋；二要美丽，可以令人欣赏；三要阔大，可以使人胸襟开拓，度量宽宏；四要富于历史，使人常能领略千百年以来之文物，以启发他们光大国粹的心思……"（《杭州大学之天然环境——一封公开信》）陶行知多次大声疾呼对学生要实行"六大解放"，其中之一的"解放"就是"解放他的空间，使他能到大自然大社会里去取到更丰富的学问"。（《小学教师与民主运动》）不仅仅是自然环境，还有人文景观，纪念地呀，博物馆呀，历史遗址呀，等等，教师有教育目的地带学生去接受教育，也是必要的。

但是，我们不能把这种教育功能庸俗化。在这个问题上有的教育者有一种认识误区，即总是希望每一次野外活动都应有"教育意义"。似乎每一次外出，都要有一个"名分"，比如不能叫"玩儿"，而必须叫作"活动"——"综合实践活动"、"爱国主义教育活动"、"参观考察活动"等等。似乎叫"玩儿"，就不那么光彩，不那么理直气壮。其实，我始终认为，不必将每次外出郊游都赋予什么"教育功能"，也不用那么多的"精心设计"，更不必贴上各种各样冠冕堂皇的教育标签。何必一定要有"教育意义"？从某种意义上说，对自然的接近，对自然美的感受，视野的拓展，胸襟的开阔，就是教育。

成都有一个民营机构叫"素质教育阳光训练基地"，每年都有很多学校组织学生去那里接受"素质教育"，其实也就是封闭起来搞拓展训练呀做游戏呀等等——当然是要按人头收费的。应该说有这样的基地无可厚非，偶尔让学生去接受一下训练也不错，收费也可以理解，人家是市场运作嘛！但每年学校一组织春游，都把学生往那里送，我就觉得不妥。成都平原哪里没有阳光？为什么舍弃大地上那一望无际的油菜花，和原野上芬芳的阳光，却要去那高墙里面接受"阳光训练"？一问，有校长告诉我，组织学生去"阳光基地"不是去玩儿的，而是去接受"素质教育"的。我笑了："有什么比大自然原野上的阳光更值得我们去亲吻？师生追逐嬉戏，摸爬滚打，而且一分钱不花，还有比这更开心更奔放的吗？"那位校长摇头："不不，纯粹的玩儿，这不是教育。组织学生外出，还是要有教育目的。"我无语了。面对这样太有"使命感"的"教育者"，我甚至想也许是"偏激"地对他说，对孩子的童年少年而言，浪漫，情趣，舒心，撒野，怦然心动，热泪盈眶，心旷神怡，灵魂飞扬……比"教育"更重要！

不要误以为我反对在郊游活动中有目的地进行某种教育，我反对的是每一次对大自然的亲近都带有浓重的功利主义色彩。动辄强调活动的"意义"，甚至牵强附会地把郊游同什么"社会调查"、"爱国主义教育"、"热爱大自然"、"了解家乡的巨大变化"、"感受改革开放的伟大成就"捆绑在一起,而且每次临出发之前都要给孩子们打招呼:"要仔细观察呀"、"要认真做笔记呀"、"回来要写作文的"、"每一个人都要交一篇调查报告"……这只能败坏孩子们的口味:"老师们,我们还是写了作文再去吧!"对大自然的向往,被"写作文"的负担甚至恐惧所取代,这难道就是我们应该追求的"教育意义"?

如果一定要说"教育",那我们也完全可以把教育的内涵理解得丰富一些广义一些。学生是否受到了"教育"的标志,不仅仅是提高了什么什么认识,或获得了什么什么启发,还应包括心灵更加宁静,胸襟更加旷达,眼睛更加清澈,耳朵更加灵敏,触觉更加细腻,体格更加健壮,感情更加丰富,幻想更加奇特,思绪更加飘逸,情怀更加浪漫……

不用刻意去追求什么外在的"教育意义",因为大自然本来就蕴含着丰富的教育意义的:"我竭力要做到的是,让孩子们在没有打开书本去按音节读第一个词之前,先读几页世界上最美妙的书——大自然这本书。……到田野、到公园去吧,要从源泉中汲取思想,那溶有生命活力的水会使你的学生成为聪慧的探索者,成为寻求真知、勤于治学的人,成为诗人。我千百次地说,缺少了诗意和美感的涌动,孩子就不可能得到充分的智力发展。儿童思想的本性就要求有诗的创作。美与活跃的思想犹如阳光与花朵一般,是有机联系在一起的。诗的创作始于目睹美。大自然的美能锐化知觉,激发创造性思维,使言语成为个人体验所充实。"(苏霍姆林斯基:《我把整个心灵献给孩子》)

在这里,苏霍姆林斯基把大自然比作一本书,那么我认为,如果不让孩子在童年和少年时代便打开这本书阅读,这不但是我们教育的缺失,也是孩子们人生的遗憾。

完整的学校教育,既应该有一些目的性甚至时效性很强的户外教育行为,比如类似中央电视台崔永元搞的"重走长征路"——这也是必不可少的,也应该有一些似乎没什么"教育因素"的野外活动。我说"似乎没有",其实还是有的,只不过这些"教育因素"很隐蔽很自然,潜移默化,润物无声。因为无论是小桥流水的幽雅情趣还是大江东去的磅礴气势,无论是朝阳初升时小草上的一颗露珠还是暮色降临时原野的一缕炊烟,都能使我和我的学生

深切地感受到："我们都是自然的婴儿，卧在宇宙的摇篮里。"（冰心：《繁星》）

写到这里，我还得着重声明一下，我绝不是反对教育意义。我当然知道，有时候学生也需要一些"专门的教育"，比如我前面提到的主题班会啊、演讲比赛啊什么的；有时候针对学生中出现的普遍问题，我们可能会也应该给他们开设一些专题讲座，比如"青春期教育"啊，还有其他"励志教育"等等；甚至在某些特定时候，教育也需要一些声情并茂，慷慨陈词，震撼心灵，催人泪下。所以，"刻意的教育"也不是绝对可以排除的。

我只是说，要尽量"减少"这种"刻意的教育"。

因为，"我坚信，把自己的教育意图隐蔽起来，是教育艺术十分重要的因素之一。"（苏霍姆林斯基）

你以为然否？

2011 年 8 月 8 日傍晚

2. 如何把握好教育过程中的"宽"与"严"？

> 教育，对未成年的孩子来说，"刚"是相对的，"柔"是绝对的；"法"是相对的，"情"是绝对的；严厉是相对的，宽容是绝对的；"疾风暴雨"是相对的，"和风细雨"是绝对的；"合理的惩罚制度不仅是合法的，而且也是必要的。"

李老师：

感谢您能在百忙之中抽出时间来看我的信，我发现现在的老师并不好当，或者老师这个职业一直就不好当，因为没有明确的标杆尺度来衡量，什么应该做，什么不应该做，就比如面对学生犯错时，到底态度是应该严厉还是宽容。如果宽了，学生会更加放肆，严了，学生又会害怕老师，师生的感情就会受到影响。我看到现在好多班级都在用班规对学生进行法制教育，我也想这样尝试，但我发现所谓的班规制订起来容易，实践起来却有相当的难度。一想到这些，我心情就变得郁闷起来。

你说在教育过程中最让你感到棘手的，就是把握好宽严的分寸。

其实，如果从理论上说，我们可以头头是道说很多诸如"该宽则宽该严则严"之类正确的废话，关键实践中如何把这"该不该"拿捏得恰到好处。

先看两个真实的故事。这两个故事，同样发生在民国，同样发生在中学。

第一个故事是流沙河先生给我说的他高中时代的一段亲历——

一次我和沙河先生聊天，说到学校的学风。他说："我们那时候，学校风气非常好。我读高中时，每次考试学生都交叉坐，就是你的座位四面都是其他年级的学生。没有监考老师，不用监考。只有教室门口有一个工友负责收试卷。"

我很吃惊，想到现在的所谓"诚信考试"，其实民国时期就有了。我问：

"没人作弊吗？"他说："没有人作弊。我在高中阶段只经历了这么一件事。一位郫县的姓杨的同学，成绩好得不得了。那次化学考试，当时是出五道题，选做四道，每道题25分。这个同学成绩非常好，很快便做完了四道。看到还有时间，便把第五道题也做了。做完后提前交卷就走出了教室，刚走出最多10步，但已经走出教室门了，突然想到第五道题有一个错误，就是这道题是要求计算容积的，因此单位应该是立方，可他粗心写成平方了。但他想起来了，便回教室把试卷翻开，将2改成了3。就这个举动，被认为是作弊。一部分学生去找校长，一部分学生帮他捆铺盖卷。当天便开除了。"

我说："这事如果放到现在，肯定很多人来帮着求情。"

他说："那时谁敢求情？还有一位县长的儿子，经常欺负同学被老师批评体罚，不敢回家告诉父亲。因为如果父亲知道了，这学生还要挨一顿打。"

第二个故事其实早已流传很广，不过我愿意在这里再说一遍——

1941年，重庆南开中学举行毕业考试。面对物理试卷，学生谢邦敏一筹莫展，虽然他极富文学才华，但数理化成绩一直很糟糕，最后他不得不交白卷，可是他又心有不甘，便在试卷后面赋词一首，调寄《鹧鸪天》："晓号悠扬枕上闻，余魂迷入考场门。平时放荡几折齿，几度迷茫欲断魂。题未算，意已昏，下周再把电、磁温。今朝纵是交白卷，柳耆原非理组人。"

这事放在今天，除了给零分还有什么结果呢？何况当时判卷的物理老师是魏荣爵，其教学水平之高、教学态度之严谨都是有口皆碑，绝不是不负责任胡乱评分的人。但是，魏荣爵却也赋诗一首："卷虽白卷，词却好词。人各有志，给分六十。"使这位偏科的学子得以顺利毕业，并考入西南联大法律专业，后来登上了北大讲坛，1949年后曾是北京第一刑庭庭长。

这两个故事该如何评价呢？

第一个故事不可谓不"严"——岂止是"严"？简直就到了"苛政猛于虎"的程度！为什么就不"宽容"一点呢？教育的"人性"哪去了？是"以人（学生）为本"还是"以事（考试）为本"？难道不怕中国失去一位未来的科学家吗？当然，这事放到今天，更多的校长和老师会想，万一孩子想不通跳楼怎么办？

第二个故事不可谓不"松"——岂止是"松"？简直到了"用人情代替规则"的地步！为什么要视制度为儿戏？教育公平何在？如果都这样宽容，

学校还有没有起码的规矩？如果社会也如此，那不乱套吗？对这个孩子放一马，那其他学生——用今天很流行的一个词——"情何以堪"？

从另一方面看，两个故事都有道理。前者虽然开除了一个孩子，中国少了一个可能的科学家，但严肃了考纪，端正了校风，为更多未来的人才提供了良好的公平的学校环境。后者虽然"便宜"（实在找不到一个合适的词，其实，是阅卷先生单为这学生作弊）了一个孩子，但却为他的未来开启了一个无限广阔的空间，或者说展示了无限多的可能性。

有人也许会问：为什么对第一个孩子不这样宽容呢？难道他就不配有"无限广阔的空间"吗？

请注意，第一个孩子处于公开状态——考场所有学生都看见了；而第二个孩子处于私密状态——只有他和阅卷先生知道。放纵第一个孩子，无疑会损害规则（纪律）的尊严，并动摇学校的教学秩序，后果不堪设想，因此以一个学生的前途换取制度的权威以及所有学生的公平，虽然有些残酷，值！而宽容第二个孩子，在当时没有其他人知道，并不会产生什么消极的连锁反应，更不会造成什么"恶劣的社会影响"，相反会挽救一个孩子的未来，该！

什么时候该坚持制度——所谓"法不容情"，什么时候可网开一面——所谓"法要容情"，这简单的问题却蕴含着教育的全部秘密，把这个分寸把握好了，就懂得了教育。有老师会问："究竟怎么把握这个分寸呢？"别问我。永远没有统一的答案，因人而异，因时而异，因事而异。

不然，我们为什么爱说"教育是心灵的艺术"呢？

有老师认为，在班上实行民主管理，依"法"（班级规章制度）行事，就能够平衡好宽与严的分寸。一切按制度办，该宽则宽，该严就严。这个说法好像正确，但也是值得商榷的。

有不少人认为民主就是纵容，就是无法无天，就是让步，就是软弱……所以我说过"民主是最硬的"，具体含义是指成人社会的法律权威，是行动上服从由多数民意形成的国家意志。

但在儿童世界，不能简单地这样说。我当然不是说对孩子不能有强硬的东西，我是说不能简单套用成人的原则。因为我们的教育对象是未成年人。

教育，通俗地说，就是促进一个人由"生物人"向"社会人"的形成。具体说，教育有两个基本功能：文明行为的养成和高尚心灵的形成——注意，我这里只是说的"基本功能"，还有"知识传授"、"能力培养"、"潜力挖掘"，等等，我从略。或者再简化地说，教育，主要是着眼于孩子的"行为"和"心灵"。文明行为的养成，需要训练，需要规则，需要强制，需要鼓励，需要惩戒，这是一个长期的过程；高尚心灵的形成，需要引领，需要榜样，需要感动，需要熏染，需要陪伴，这也是一个长期的过程。我想强调，这两个"长期的过程"在实践中就是一个过程，不过，"行为"和"心灵"并不是半斤八两的对等，教育的主旋律还是"心灵"。

苏霍姆林斯基说："教育，这首先是人学。"细心领会这句朴素而深刻的话，我们自然会明白，在教育中，"情"永远大于"法"——哪怕这个"法"仅仅是相当于"法"的班级规章制度。

我认为，面对学生违"法"——触犯了已经告知的规章制度，"容情于法"的做法是，第一，充分利用规章本身具有的"弹性"——我刚才忘记说了，所有真正意义上的可操作的法，都是具有"弹性"的，这个"弹性"体现在量刑的尺度上，比如"判处三年以上十年以下有期徒刑"等等，也体现在"免于刑事处分"上。因此，教师在执行规章时，完全可以根据孩子的具体情况，或宽容，或轻处，甚至"视而不见"或"装作不知"。

第二，即使必须执行规矩，以示制度和纪律的严肃性，实施的过程应该尽可能根据不同孩子的情况在方式上柔和些艺术些，比如王君老师对那三个孩子的处理方式。

第三，如果孩子不是当众犯错，而且后果并不严重，如果"公事公办"则会对孩子造成伤害，那干脆放他一马。宽容有时候比惩罚更有教育效果。

当然，如果是当众犯了严重错误，触犯了纪律，若不处理则会造成更大的危害，那也不得不"严格执法"，照章处理，比如我开头所说流沙河讲的那个故事。宽容也不是无条件的。教育有时候也需要"说一不二"。不过我认为这种情况并不常见，属于教育中"不得已"的"非常态事件"。

请允许我不那么严谨但自以为"大体差不多"地说——

教育，对未成年的孩子来说，"刚"是相对的，"柔"是绝对的；"法"是相对的，"情"是绝对的；严厉是相对的，宽容是绝对的；"疾风暴雨"是相对的，"和风细雨"是绝对的；"三下五除二"是相对的，"润物细无声"是绝对的；"合理的惩罚制度不仅是合法的，而且也是必要的"（马卡连柯语）是相对的，"真教育是心心相印的活动"（陶行知语）是绝对的……

　　说了这么多，好像并没有直接回答你的问题，更没有给你"拿来就可以用"的具体办法。但教育之所以是"艺术"，就是因为原则是共通的，而具体的方法总是因人而异，因时而异，因地而异，因事而异……你自己去悟吧！呵呵！

2012 年 8 月 2 日

3. 面对复杂的社会，如何对学生进行真实的教育？

> 我们有责任告诉孩子们，这个世界有它黑暗的一面。我们更有责任引导我们的学生在正视（而不是回避）眼前假恶丑的同时，心中燃烧着向往真善美的理想之火，进而产生一种真诚的责任感：让这个世界因我的存在而更加美好！

李老师：

您好。前些时在我的邻校发生一则事故，学生不满学校分数"造假"要求退学。我知道这样的事情已经不止一个案例了。我自己身为人师，也很难做到表里如一，社会是如此真实，难免会有向它低头的时候。学校没有成绩，就没有生源，现在很多都变得商业化，有时候我自己也造假，可这也是为了"生存"，我很想给我们班的学生开一个班会，对他们进行一次"真实的教育"，可又怕那些阴暗面会打消了学生对未来美好生活的向往。

你的来信引起了我的强烈共鸣：我知道教育应该给学生以真善美，但我的学生已经进入高二，他们对社会有着自己的看法。社会上那么多阴暗丑恶的现象，他们不可能看不见。在这种情况下，我们如何对学生进行真实的教育？

我非常赞赏你用了这么一个概念："真实的教育"。是的，我们应该给学生进行真实的教育。所谓"真实的教育"至少应该直面现实，而不是"瞒"和"骗"的教育。我当然知道，绝大多数老师不可能有意对学生进行"瞒"和"骗"，但哪怕是我们好心的"回避"，也是不应该的。

其实，学校和社会并非绝缘的，从某种意义上说，我们教育者的言行也是社会风气的一部分。我们如何向学生展示真实而正直的风尚，同时教育学生直面社会的阴暗面，又传递给他们一种智慧、理想与责任？这考验着我们

16

的教育，也影响着学生的未来。

真是凑巧，刚好最近我看到媒体一则报道，说河南新密市一位品学兼优的高三学生李金川自杀了。这引发了我的思考。这些思考虽然肤浅，但和你的这个话题是有联系的。

我说他"品学兼优"是有依据的。"俺这娃从小学习就好，上小学和初中时，他得的奖状在家里贴了一面墙。"李金川的父亲说。"那是我们班第一！"这是李金川的同学面对记者对李金川的评价。"李金川学习非常好，中考，李金川考进了全市前 50 名，在刚上高一的一次考试中，李金川更是因为成绩优秀得到了学校发的 50 元奖金和奖品。"这是记者在采访中了解到的情况。

自杀的原因已经在其遗书中写得清清楚楚："跟虚伪同在一个社会里真没意思！"

媒体在谈到他时常常爱用"19 岁的男孩"，而我更愿意叫他"男子汉"，不仅仅因为他已经过了 18 岁（当代中国，总有太多的超龄的"男孩子"），更因为他宁死不与邪恶妥协的行动本身表明了他是一个真正的男子汉。从这个意义上说，他的死，其意义不在任何以死抗争的仁人志士之下，比如陈天华，比如范熊熊……

当然，我并不赞成李金川以这样的方式抗争，毕竟轻率地结束自己的生命是不足取的，面对邪恶，他应该更坚韧，更成熟。但既然他的生命已经离我们而去，作为教育者，面对他的遗书，我们就应该认真反思我们的教育和我们的社会。

李金川在遗书中有一连串质问："我带着憧憬来到这所梦寐以求的高中，迎接我的（是）残酷的现实。×××，虚伪、势利，外强中干。为什么我的高中第一个班主任会是你？你让我对这所学校产生了阴影。有人看见你在段长（年级长）办公室看黄色（录像），你就怎憋得慌，在家看不中？还有没有人民教师的样子？批评了某局长的儿子又把人家叫到走廊上去道歉，你咋就怎恶心？……"

这一个个问号，是一双纯净眼睛对污浊现实的逼视，是一个纯真灵魂对虚伪社会的质问，是他生命的绝唱。

作为一个教育者，读到李金川的遗书后不禁在想，是谁给了李金川质问的勇气？

其实，他遗书中所谈到的一些现象，他的许多同学都已经习以为常。"这样的事在我们学校很正常。"这是李金川的一个同学对记者的说法。当许多人对不正常的事感到正常的时候，李金川却感到窒息，感到绝望，感到"跟虚伪同在一个社会里真没意思"！

于是，有人说他有"心理疾病"。新密市教体局向中国青年报记者提供的一份名为《关于新密市实验高中学生李金川死亡事件的有关情况说明》写道："平时性格比较孤僻、内向，很少与人交流。有神经内科医生认为，如性格过分孤僻，心理压力过重，易诱发抑郁症，让人走向极端，也可能导致自杀倾向。"

这是什么逻辑？如果一个人的想法和大多数人不一样，而且把这不一样表达出来，甚至以死明志，周围的人，都会说他"有病"、"不正常"。我想到了当年鲁迅笔下的"狂人"。

究竟是年轻的李金川有病，还是我们的教育乃至我们的社会有病？

李金川真的是一个"有病"的人吗？

无论如何，李金川应该是老师眼中的品学兼优者，"上小学和初中时，他得的奖状在家里贴了一面墙。"这"贴了一面墙"的奖状，展示着我们的教育给他优秀品质的肯定和褒奖。

毫无疑问，无论是从李金川同学的评价，还是他的遗书，都表明他有一双明辨善恶的清澈眼睛，这双眼睛容不下一粒丑恶的沙子。这不都是我们教育给他们的吗？——善良、真诚、正直以及对邪恶的毫不妥协……这些品质正是包括他遗书中提到的班主任在内的所有老师给他的啊！十二年所接受的教育，让他相信教育所赋予他的真善美，并把这种相信化为一种自觉追求。

是的，正是我们的教育给了他一双明辨善恶的眼睛，和质问邪恶的勇气；然而，当他用这双眼睛去审视不甚美好的现实时，特别是用老师教给他的善恶标准去打量他的老师时，他当然会感到惊讶，感到迷惑，感到窒息。当他用最后的生命质问言行不一的老师的时候，我们却说他"抑郁症"，说他"走极端"，一句话，他"有病"！

这真是一个怪圈！教育给了他质问丑恶的勇气——坚守真诚、善良与正直的李金川，不正是我们希望培养的好学生吗？可是，正是教育教给他的真诚、善良与正直让他感到"跟虚伪同在一个社会里真没意思"。

　　我想到了二十多年前的宁晓燕。在拙著《爱心与教育》中，我记录了这位品学兼优的女孩子的人生悲剧——同样是教育的悲剧。纯洁、善良、正直、聪慧的宁晓燕也是我们的教育一手培养的优秀学生。和二十多年后的李金川一样，当她用老师赋予她的明澈双眼打量老师和周围世界时，她感到了迷茫，感到了窒息。在宁晓燕看来，自己美好的理想与丑恶的现实是激烈碰撞的，自己高洁的品格与污浊的世风是不可调和的，自己纯真的个性与混沌的环境是尖锐冲突的。她感到自己走到了人生的尽头，她决心做"真、善、美"的殉道者。最后她选择了死亡。

　　从宁晓燕到李金川，教育一直有一个悖论：我们用积极向上、善良正直的教育培养我们的学生，可如果学生真正听进去了，并把我们的教育变成他们的执着追求，他们竟然感到难以生存；然而，如果我们赤裸裸地把世故和虚伪教给学生，让他们"现实"一些，面对邪恶和虚伪别那么"愤世嫉俗"，别那么"走极端"，也许他们会活得很滋润，八面玲珑，长袖善舞，如鱼得水……那我们的教育成什么了？

　　写到这里，我真不寒而栗。

　　我这里用了大量篇幅剖析李金川，是因为从他自杀这件事上，可以看到我们教育的某些缺陷：第一，某些教育者的言行不一，这不但影响着教师的形象，而且损害着教育的尊严；第二，教育在引导学生追求真善美的时候，没有积极主动地引导学生正视假恶丑，并教给他们以应有的智慧。这直接给学生今后的人生埋下某些"隐患"。

　　对学生进行真实的教育，教育者本人一定要是一个真实的人。而李金川遗书中提到的老师，显然不是一个真实的人。说一套，行一套，还等不到学生走入社会，在学校他身边每天见到的老师就让他多年的信念遭遇到了困惑。一个人如果给别人宣扬自己都不信的一套，而且还说得那么冠冕堂皇，那他就做好了做一切坏事的准备。教师当然不可能什么话都给学生说，由于种种原因，有些话可以不说，但一旦说出口的话，就一定要是自己所信奉的，并且尽量身体力行。我经常给我的同事说："最好的教育莫过于感染。"说真诚的话，做一个言行一致的人，这就是真实的教育。

　　教育学生直面种种丑恶的社会现象，可以从教他们正视种种假教育丑态开始。写下这句话，我的心是很沉重的。因为种种假教育现象已经从令人触目惊心到让人见惯不惊了。我当然知道，就造假而言，最严重的弄虚作假并不在学校。当整个社会都弥漫着虚假之风时，要让学校成为世外桃源，恐怕只能是幻想。我想到秦晖先生有句名言："教育有问题，但不仅仅是教育问题。"应该说，比起社会，学校还算是相对比较洁净的。

但我还是为我经历过的种种假教育而恶心！因为作为班主任，我常常不得不昧着良心亲自去作假，甚至指导学生弄虚造假，最后，我和我的学生都成为假教育的助纣为虐者！

对于社会上的假而言，我是旁观者；而对于教育上的假，我却是操作者。看别人造假是气愤的，但当自己也不得不造假时，这种痛苦是难以言说且无以复加的！

在这种情况下，我还怎么进行所谓"真教育"？

还是说我亲历的一件往事吧——

很久以前，我任教的学校要迎接上级的一次大规模检查。这次检查决定着学校的地位与荣誉，所以，学校上上下下都极为重视。这种"重视"的具体表现便是认认真真地造假。

检查团还有几天才到学校，但学校已经从提前拿到手中的纷繁复杂的检查项目表中，发现有一项是检查学校各班是否开设了"健康教育课"。本来，在激烈的应试教育背景下，这种课多半是不会开设的——不光我校，其他学校也是如此；但现在在检查项目中居然有这门课！如果检查团发现我校没有开这门课，会扣许多分。怎么办？于是，学校决定马上"开设"健康教育课。

政教处火速召开班主任会，要求各班主任回到教室里，立刻把教室墙壁上课表中的"自习"改成"健康教育课"（当然，实际上是重新贴出经过修改的课表）。

可是，这次检查团是非常"认真"的：人家不但看课表，还要随机抽查学生，让学生说说健康教育课的内容。这样一来，简单的改课表是远远不够的！

于是，教导处又召集班主任开会，要求我们在班上找五名成绩最好（当然，记忆力也是最好）的学生突击背诵健康教育教材上的内容，主任特别强调："这几天，这些学生各科的作业都不必做，他们唯一的作业就是背健康教育内容。一定要滚瓜烂熟！"

但人家是"随机抽查"呀！如何能保证抽到的学生恰好是有准备的学生呢？

这好办——指鹿为马！反正检查团也不认识学生，如果抽到没有准备的张三，班主任就叫有准备的李四去。这不就行了？

我们都齐声称妙！我回到班上，按学校要求指定了五位学生，以"热爱学校"、"维护学校荣誉"的神圣理由，要求他们像背唐诗宋词一样背诵"佝偻病的起因"等等。

你可以想象我当时是多么的难受。

然而，正当学校领导们沉浸于"下有对策"的喜悦中时，突然又听说人家这次要来"真格的"。不但抽查学生，而且还要看被抽查者的学生证，对着照片验证学生！

这下我们傻眼了！然而，有人献计："到时候利用时间差来个调包计！"

如何"调包"？且看迎接检查那一天我的绝妙表演（当然，每一位班主任都是这样表演的，而导演则是我们英明的学校领导）——

检查团成员在学校办公室按各班名单划定抽查对象后，班主任们便拿着抽查学生的名单回教室叫人。回到教室，我按名单叫了五位抽查学生，再叫出已经将健康知识倒背如流的五位学生。十位学生来到教室外面的走廊上，开始拿出学生证并按我的吩咐小心翼翼地撕下照片，贴在另一张学生证上！

不知你看明白没有——张三是被抽查者，但他把自己的照片从学生证上撕下来贴到了李四的学生证上；李四不是被抽查者，但他是准备者，于是他的学生证上贴上了张三的照片，然后以张三的名义去接受抽查！

从我拿到名单回到班上，到我领着学生回到学校办公室，前后不过几分钟，但这几分钟，我和学校所有的班主任一样，向检查团表演了一个张冠李戴的魔术！

"谈笑间，樯橹灰飞烟灭。"所谓"一丝不苟"、"严肃认真"的检查团就这样被我们轻而易举地糊弄了——就像当年送鸡毛信的海娃糊弄日本鬼子！

然而，检查团真的被我们糊弄了吗？焉知检查团不是心知肚明呢？说不定他们早就知道大家都在演戏，只是装作不知以表现他们的"认真"呢！

你骗我，我骗你，大家心照不宣，都自以为得意，同时又维护着冠冕堂皇的"认真"与"诚实"——这才是最令人毛骨悚然的！

我无意为自己辩护，但在当时，我是不可能不"配合"的，但我和有些老师不同之处在于内心。我不会——永远不会——心安理得地去做这一切，更不会自我安慰："都这样的，这很正常！"不会的，我从一开始，一直到今天，我都认为，这一切不正常！

而且我要把我的这种恶心感告诉我的学生，让他们知道，这就是真实的社会，真实的中国。

记得检查团走后，我回到班上是这样对学生说的："同学们已经知道，李老师今天造假了，而且还教同学们造假！我很痛苦，但作为学校的一员，我不可能违背学校的统一指令——我一个人违背也是没有用的！但这也不能怪校长，如果我是校长我也会这样做的，因为在所有迎接检查的学校都在造假的情况下，我们学校诚实，只会意味着学校种种切身利益的损失！据我所知，校长是非常痛苦的，但他也没有办法！那么怪谁呢？我坦率地说：我也不知道该怪谁！但是，我现在只能对大家说：同学们！这就是我们面对的现实，我们面对的社会！我想，作为自认为心灵还比较诚实的人，如果我们不能不被逼迫着造假，我也希望在造假时，我们不是心安理得，而是内疚与痛苦，并在生活中尽量少造假。我还希望大家以后当了局长、厅长、部长，千万不要搞这种自欺欺人的所谓检查！千万不要弄虚作假！"

尽量不作假；如果实在躲不过，那就应该坦率告诉学生，我们正在做着不该做的事；而且告诉学生，以后如果有机会也有能力的话，尽量减少甚至杜绝弄虚作假。这就是我的真实的教育。

真实的教育，不仅仅是不回避社会上的阴暗面，更重要的是，要主动引导学生们用一双善良的眼睛关注社会的种种不平现象。

有一次，《成都商报》报道了一则消息：农民工王斌余讨要工钱，找劳动部门，找法院，都无济于事，最终，走投无路的王斌余又折回包工头家讨薪，被骂成"像条狗"，遭到拳打脚踢。极度绝望和愤怒之下，他连杀4人，重伤1人，后到公安局投案自首。最近，他一审被判死刑。

这个消息引起了我内心的震动。我给学生读了这则消息以及后续报道：《谁该为"王斌余悲剧"的发生负责?》

我之所以要给学生们读这则消息，是想引导他们关注窗外的世界，关心弱者的命运。我说："同学们学习很紧张，成天忙于功课，但不能因此而不关心我们周围的生活。我们国家正在快速发展，但我们应该正视一些不容回避的问题，其中包括弱势群体的命运。李老师渴望一个公正的社会，我相信，这也是包括同学们在内的一切善良的人所追求的理想。王斌余杀人，这种做法当然不足取，但我深深地同情他。'我觉得看守所是个好地方，比工地好……我只是想老老实实打工做事挣钱，为何就那么难？'这些话实在是让我感到悲哀！如果我们国家的劳动人民还处在苦难当中，'和谐社会'从何谈起？说实话，我们在座多数同学的家里经济条件都还是比较好的，但你们不能因此而看不起广大的劳动人民，尤其是那些背井离乡外出打工时时刻刻都在受苦受难的劳动人民！"

我反复强调："无论如何，同学们在成长的道路上，一定不要把不应该丢失的东西给丢失了，那就是善良！"

我又说："现在一些人看到这些触目惊心的罪恶，便全面否定改革开放，怀念'文革'，为极左路线大唱赞歌。不能说这些人有什么恶意，我相信他们也是真诚地爱着我们的国家，真诚地同情劳动人民，真诚地渴望公正和正义的社会。但是，历史显然不能倒退，改革开放不能停止，相反，现在许多问题恰恰是改革不彻底所造成的，比如健全法制，完善机制，废除不合理的歧视性制度和一些'恶法'，让'平等'、'尊重'等理念不仅仅成为人们头脑中的东西，更应该成为行为规范。"

说到对劳动人民的爱，我举了自己的几个例子："以前我是不好意思叫街头师傅擦皮鞋的，总觉得是在剥削人家。但我现在认为，人家用自己的劳动养活自己，是最光荣的，没有什么耻辱的！他们比身居官位的贪官们高尚一万倍！我也想过，我不要他擦鞋，直接给他两元钱，但如果这样，是对他尊严的伤害。即使是善良的举动，也必须维护别人的尊严。"

当时同学们都非常专注地看着我，我继续说："今天，李老师由王斌余案件，说到对劳动人民的同情，进而说到一个人应该有善良的心。我最反感的是，有的人以为自己家里有钱，或者自己父亲是当官的，就看不起别人，觉得自己高人一等。我们可千万不能成为这样的人！其实，那些用自己的汗水养活自己的劳动人民，远远比那些衣冠楚楚的正人君子更加高尚。有人看不起农民，农民怎么了？追根溯源，我们都是从农村里出来的，永远都不要忘本啊！"有一次上语文课讲罗素的《我为什么而活着》，我结合文中"同情苦难"的观点，给学生读了一篇我从《杭州日报》上看到的短文。我把这篇短文介绍给你，你也可以给你的学生读读——

请民工吃饭

王雪

中午下班的时候，正走在去食堂的路上，忽然一个农民打扮的人朝我走了过来。

他左手提着个帆布包，链子已经坏了，依稀可以看见里面装的是些衣服，右手拿着个黑色小皮包，是上世纪80年代村干部常用的那种人造革包，皮已经剥落得不成样子，脸色枯黄，胡子好像好久没刮了。他走到我面前，站住了，小心翼翼地问："同志，我真是不好意思了，能不能请你帮个忙啊？"

我当时有点愣了，因为耳濡目染了许多诈骗的事情。我后退了小半步站住，然后问他什么事情。他说到城里来打工好几天了，工作还没找到，人饿了一天了，问我能不能买几个馒头给他吃。我看只是要几个馒头吃，也没什么好诈骗的，看他的脸上也确是风尘仆仆的样子。我说你跟我来吧，到我们食堂买份饭给你。

我带他到了单位食堂，买了两份菜，打了两碗饭，和他坐在一张桌子上吃了起来。他显得很拘谨，只是吃饭，不怎么肯吃菜，在我的劝说下，吃了一点。和他聊天，也是我问他答，有些尴尬，问他是怎么找工作的，他说就是到工地上一家一家地问要不要人，能给口饭吃就先干着。

我又看了他一眼，大概也有四十来岁了，是我父亲般的年纪，可是为了吃一顿饭，得小心翼翼地求人，如果不是实在走投无路，他又怎么会。

吃完了饭，当我要把碗筷送到回收处的时候，他不好意思地拦住我，说他想找个塑料袋，把剩下的菜带走。我望了一眼碗里的菜，只有一点点了，盖个碗底，我的鼻子一阵酸，我说我重打一份菜给你带走吧，他说不用，我也没坚持，就去食堂找了塑料袋，顺便又买了四个馒头，装在一起给他拿走了。

我不知道别人有没有遇到这样的事，我也是第一次。如果遇到了，他们想要吃几个馒头，真希望大家不要拒绝，民工真的太苦了。

当时我对同学们说："关心身边需要关心的人，有时只是举手之劳。"

这就是"真实的教育"，也是"真诚的教育"。

我们无法回避丑恶，但我们应该让真善美照亮学生的心灵。

有一年我作为某报作文大赛的评委，曾读到一些"入围作文"。这是一些什么样的"入围作文"呢？如果就文字表达而言，文中的语言技巧相当老练；但作文本身却呈现出一种灰暗和玩世不恭：想做职业杀手、想方设法欺骗父母甚至报复父母、捉弄男人、三角恋、偷情怀孕……这是不少参赛作者用娴熟的文字技巧所表现的主题。当时我在阅卷过程中，随手从几篇作文中摘抄了一些句子："我崇拜鲜血。""我将一个啤酒瓶砸碎，然后插进他的口腔插进他的喉咙。""生活就像是被强奸，如果不能反抗就试着去享受吧！""用的是那种男人特有的低伏的男音，一种让任何女人都心碎的声音。""寒潮如尿水泄入尿缸般涌进了四川盆地，同时将爱情挤了出去。"……

显然，这些内容是社会丑恶在他们并不成熟的心灵中投下的阴影。也许是平时在学校的作文中，学生们不太愿意将这些真情实感写进交给老师的作文中，而现在他们通过密封式的作文大赛将自己心中积蓄已久的对社会对生活的种种感受无拘无束地倾泻了出来。面对着"超真实"的文字，我们似乎不应该责怪孩子们——这是孩子们对周围世界真实的感受，难道说真话写真事抒真情有错吗？

可是，作文的最高境界难道仅仅是一个"真"字？对于不太成熟而正在走向成熟的孩子，我们的引导难道仅仅停留于"真与假"的事实判断？还需不需要有更高层次的"善与恶"、"美与丑"的价值导向？"真"如何与"善"与"美"和谐统一？难道"真"与"善"与"美"是对立的吗？如果我们的学生作文中充斥着这样的"率真"——"真"倒是"真"了，但这对渴望崛起的中华民族来讲意味着什么？

理想的教育既要避免"伪圣化"的思想专制，又要将人类文明的精神成果注入孩子们需要滋养的心灵：善良、正义、忠诚、气节、民主、自由、平等、博爱、宽容、人权、公正……真善美的和谐统一，是人类永恒的追求。

这个世界当然有凶杀、有欺骗，也有三角恋和偷情怀孕，但我们有责任告诉孩子们，这个世界不仅仅有凶杀、欺骗、三角恋和偷情怀孕，我们更有责任引导我们的学生在正视（而不是回避）眼前假恶丑的同时，心中燃烧着向往真善美的理想之火，进而产生一种真诚的责任感：让这个世界因我的存在而更加美好！

　　面对复杂的社会，如何给学生进行真实的教育？这是一个富有挑战性的课题。我显然还不能说就做得很好，但我还是拉拉杂杂写了这么多，不知对你有没有帮助。我们一起努力吧！

2012 年 12 月 12 日

4. 如何把课文讲得有厚度?

> 教师应该有着开阔的人文视野,要有丰富的思想资源,要有尽可能深入的思考能力。同时要站在作者的高度去审视课文,审视教学。

尊敬的李老师:

您好!

谢谢您今天听了我的语文课,但我自己都不满意这堂课,所以最初看到您坐最后一排,心里还有些紧张。不过我又想,我之所以要邀请您来听课,不就是让您为我指正吗?作为年轻老师,课上得不够好,是难免的,只要不断总结教训,总能越上越好。我自己感觉,今天的课好像讲得有些单薄,就课文讲课文,缺乏厚度。那么,我想请教李老师,如何才能把课文讲得有厚度?

谢谢你邀请我听你的课。你谦虚地要我帮你"指导指导"。其实,对于小学的课堂教学,我是外行,你才是内行!本期在小学听过数学课、科学课和语文课,但我却从不敢妄评。道理很简单,我不懂小学教学,包括语文教学。我真是抱着学习的态度,以慢慢进入和熟悉小学教育。所以,每次听了课,我都听老师们评课,我不发言。我就怕因为我是老师们眼中的"专家",说出话来,让大家"鸭梨"很大。

但今天听了你上的《黑孩子罗伯特》,你这么诚恳地要我"提点意见",那我就谈谈我对这堂课的感受,和对这篇课文的一点肤浅的理解。说得不对你别见怪啊!

我不太懂这篇课文的教学重点是什么,是否也有教学大纲或教学参考资料对这篇课文的重点有要求。一篇课文要讲的很多很多,在特定的学段特定的时间，只能突出其中一点。这堂课，我觉得你讲得条理清晰，重点突出，我感觉不错。你突出了对课文中语言描写、动作描写和心理描写的分析，还叫孩子们一起思考讨论。这是很好的。

在写作上，我们要帮助孩子区别"叙述"和"描写"。所谓"叙述"，就是简单的交代，它要表达的是"发生了什么"；所谓"描写"，是形象的刻画，它要表达的是"怎么发生的"。比如，"太阳升起了"，这是叙述，是简单交代；"一轮红日从东方冉冉升起"，这是描写，是形象刻画。

"罗伯特摸了摸裤子口袋，深深地吸了一口气，三步两步冲到讲台前，把钱全部掏了出来。"本来可以说"罗伯特把钱全部交了出来"，是叙述，一样很清楚，但不形象。而课文用的是描写，动作描写。就很形象。

学生写作中容易出现的毛病是只会叙述，却不善于描写。因此语言干巴巴的。通过这篇课文，可以让孩子体会描写的好处，学会把文章通过描写来"展开"，不只是说清楚"发生了什么"，还要会呈现"怎么发生的"。你正是在这一点上，抓住了重点。很好。

当然，我还要说明的是，不是一味排斥叙述。我们经常说，写文章要"详略得当"，描写是"详"，叙述是"略"。该详时，泼墨如云，这是描写；该略时，惜墨如金，这是叙述。只是针对现在的学生作文往往是叙述和不善于描写，我们这里强调描写。

语文教学除了知识和能力，还有新课标所倡导的"情感、态度和价值观"。这篇课文讲的是黑孩子罗伯特被歧视，但依然善良地对白人女孩丽莎表现出爱心。我认为对这篇课文不能孤立地就课文讲课文。如果学生只读这篇课文，他们很可能认为这就是美国目前的种族关系现状。

顺便说一下，多年来我们的中小学语文教材中，凡是涉及西方国家生活的课文，往往都是负面的，《卖火柴的小女孩》啊，《项链》啊，《竞选州长》啊，《守财奴》啊，《我的叔叔于勒》啊，等等。无非是"水深火热""尔虞我诈""赤裸裸的金钱关系"，这是不是真实的？当然是真实的，但这只是局部的真实，而不是全部的真实；只是历史某一阶段的真实，而不是当代世界的真实。就以种族歧视而言，美国的确曾经非常严重，但现在已经有了很大的变化，或者说有了很大的进步。海湾战争期间，黑人鲍威尔能够担任美军参谋联席会议主席，后来还担任了国务卿，后来黑人女性赖斯也担任过国务卿，现在有黑人血统的非洲后裔奥巴马还担任了总统，这些在过去都是不可思议的，却是今天的现实。这正是上世纪 60 年代马丁·路德·金发动并领导黑人民权运动所推动的社会进步，从某种意义上说，这不仅仅是美国社会的进步，而是人类文明的进步。美国现在依然还有种族歧视的现象，但我认为已经不占主流。

上世纪 80 年代，美国总统里根签署法令，规定每年 1 月份的第三个星期一为美国的"马丁·路德·金全国纪念日"，以纪念这位伟人，并且订为法定假日。迄今为止美国只有三个以个人纪念日为法定假日的例子，另外两个是哥伦布和华盛顿。2011 年，马丁·路德·金的纪念雕像在华盛顿国家广场揭幕。在此前，只有华盛顿、杰弗逊、林肯和罗斯福等几位美国历史上著名的总统在这里立有纪念塑像，马丁·路德·金是头一位生前作为社会批评家的平民政治人物被在此加以纪念，也是第一位非洲裔政治领袖的纪念物，其意义非同一般。

这些，我们都应该告诉孩子们。

这篇文章的核心，是谈人与人之间的平等与尊重，反对歧视。说到"歧视"，在中国当然不能说有种族歧视，但有没有其他的歧视呢？比如，城里人对乡下人的歧视，富人对穷人的歧视，健康人对残疾人的歧视……我们应该将课文内容同孩子们每天的生活联系在一起，用平等与尊重的价值观滋润孩子的心灵。

关于罗伯特的善良，我们完全可以联系前不久发生的"小悦悦事件"或类似的人与人之间的冷漠，让孩子思考，人应该如何与他人相处？我们如何通过自己的善良改变目前的社会风气？

其实，我今天第一次接触这篇课文是有疑问的，比如，丽莎为什么会歧视甚至可以说是厌恶罗伯特？课文并没有交代。而罗伯特明明知道丽莎讨厌他，他却那么喜欢丽莎，以至丽莎病危了，罗伯特还心甘情愿将本来积攒的准备买玩具战斗机的钱全掏出来给丽莎治病，这又是为什么？都说世界上没有无缘无故的爱，也没有无缘无故的恨，可这里确实是"无缘无故"的爱和恨啊！这是为什么？我估计孩子也和我一样是有疑问的，只是他们没有机会提出来，或者说不敢提出来。

丽莎对罗伯特的恨，我们可以理解为她从小生活的社会环境充满了对黑

29

人的歧视，也就是说文化氛围感染了她，使她对罗伯特有"天然"的恨——因为是黑人，所以恨他。但罗伯特怎么明知丽莎歧视他，却依然那么真诚善良地喜欢丽莎，这就不好解释了。我可不可以这样也许是很肤浅地解释——美国是一个基督教占主流的国家，基督教讲"宽恕"，讲"爱你的仇敌"，小罗伯特当然还不一定能够理智而清醒地具备这样的思想，但作者是不是想通过这个孩子的形象表达这样的思想呢？作者可能正是想呼唤一种超越阶级、超越种族、超越贫富、超越利益的爱，这当然是一种幻想。

我说的这些，当然不是都要给六年级的小学生讲，讲多了讲深了他们也不懂，但教师一定要理解到这样的高度，或者说要站在这样的高度审视课文，审视教学。教师应该有着开阔的人文视野，要有丰富的思想资源，要有尽可能深入的思考能力，这样，语文课才会有厚度。比如，林达有一套系列著作"近距离看美国"，第一本是《历史深处的忧虑》，第二本是《总统是靠不住的》，第三本是《我也有一个梦想》。而《我也有一个梦想》写的正是美国种族关系的历史和现实。如果我们读了这本书，理解这篇课文都会不一样。因此，我一直主张教师应该有着丰富的人文阅读。

我说的纯粹是即兴的想法，也许是胡说，根本不符合小学语文教学的规律和特点，那就算我没说。我要谢谢你为我提供了这么一个学习的机会。

2012 年 5 月 4 日

附：《黑孩子罗伯特》全文

1963 年，在华盛顿市林肯纪念堂前，马丁·路德·金发表了著名的讲演，他说："我有一个梦，我梦到有一天黑人男孩和女孩能跟白人男孩和女孩手拉手像兄弟姐妹似的走在一起……"

二十多年后的一个春天，美国南方的一个小镇。

这个小镇的东北角上住的全是黑人。他们的失业率很高，大都靠社会救济金过日子。小罗伯特和他的妈妈就住在这灰暗的黑人区里。

小罗伯特自从懂事后就不喜欢他破烂的家，他讨厌那满地乱跑的老鼠，他讨厌那冲鼻的霉臭……他梦见自己长大后跟妈妈搬到了别的地方，他梦见自己开着一架飞机在天空中飞翔。一提到飞机他的劲儿就来了，他简直是迷上了那架放在玩具店橱窗里的战斗机模型，每天放学后他都要转到那儿去看上一眼。店主虽然知道他家里穷没有钱买玩具，却总是让他看个够，从来不赶他走，也没骂过他"小黑鬼"。

罗伯特最不愿意听人家叫他"小黑鬼"，尤其是怕班上邻座的丽莎这样叫他，他不懂为什么老师一不在跟前丽莎就不停地叫他"小黑鬼"，弄得他像做错了什么大事似的。他一生下来就是黑面孔，这怎么能怪他呢？他真不知道黑人有什么不如白人的地方。难道他不是五年级学生中成绩最好的吗？虽然丽莎常带头奚落他和别的黑人孩子，可他并不恨丽莎，心里还有些喜欢她。他觉得丽莎既聪明又漂亮，红红的脸好像春天开的玫瑰花儿。他不止一次想跟丽莎拉拉手做朋友，但是都被她拒绝了，她说："哼，谁跟你做朋友！我爸爸最讨厌黑人，他说你们黑人又蠢又脏。"

半年前，镇上唯一的大工厂——S纺织厂突然破产停工了。随后，街上的店铺没几个月就关闭了三分之一。罗伯特很担心玩具店也会倒闭，那样就会运走他那架心爱的战斗机。虽然他早已开始为买战斗机而存钱，但是妈妈每星期只给他五角零花钱，所以他存了好长时间才存了九块钱，而战斗机的标价是三十九元，还差三十块呢！三十块对罗伯特来说是很大的一笔钱了。他本想去送报挣点儿钱，或是挨家挨户去找点儿小工做，无奈总遭人白眼。罗伯特为攒钱买战斗机这事非常苦恼。有一天他把心中的苦恼告诉了班主任尤金太太，尤金太太立刻决定让罗伯特在那个周末去她家打扫卫生，后来又介绍他去几个朋友家做些杂事。

两个月之后，一个星期一的早晨，罗伯特把他那数过无数次的钱拿出来又数了一次，一共是四十二元，买战斗机和上税都够了！他小心翼翼地把钱全装进裤子口袋里，准备下午去玩具店买战斗机。想到心爱的战斗机终于要到手，他非常开心地吹着口哨上学去了。走在路上，罗伯特发现玫瑰花开得好红，红得像丽莎的脸蛋一样漂亮。想到丽莎，他不知道为什么她有一个星期没有上课了。

在教室里，罗伯特一天的心思都放在那架战斗机上了，好不容易才等到该放学了。谁料尤金太太突然宣布说："丽莎得了肺炎，住院治疗需要很多钱。她爸爸自从S纺织厂倒闭后就失了业，家中生活很困难，希望大家能帮忙捐点儿钱。请同学们回家后和父母商量一下，捐多捐少都没关系。"

"肺炎严重不严重？得了肺炎会不会死？"一个女孩问。

"可能。"老师点着头答道。

丽莎可能会死？罗伯特听了禁不住打了个寒战。要是丽莎死了，岂不是永远见不到她了吗？呃，天哪！丽莎，你不能死，绝不能死！罗伯特摸了摸裤子口袋，深深地吸了一口气，三步两步冲到讲台前，把钱全部掏了出来。他把钱交给尤金太太，说："给丽莎治病。"

"哦？"老师愣了一下，"最好先回去跟你妈妈商量一下。"

"我妈妈不知道我有这么多钱。这些钱……都是……都是……我存着要买战斗机用的。"罗伯特一提到战斗机就想哭。

"罗伯特，这些钱你存得很不容易，你要全捐给丽莎？"

罗伯特点了点头就赶紧转身跑出了教室。一出教室，他的泪水就大颗大颗地涌了出来。他怕老师再多问两句自己就会改变主意。他是多么喜欢那架战斗机呀！可是他也很怕丽莎因为没钱治病而死去。想到战斗机，想到丽莎，他一路伤心地哭着回了家。

丽莎还是死了。班上的黑人孩子里只有罗伯特去参加了她的葬礼。本来罗伯特也担心去白人教堂会被人撵出来，可是为了要跟丽莎说最后一次"再见"，他还是鼓足勇气跟尤金太太和十几个白人同学一块去了。他们在小教堂里刚坐下来，丽莎的爸爸和老师说了两三句话就朝罗伯特坐的地方走了过来。罗伯特紧张极了，生怕这个高大的男人把他赶出教堂。以前丽莎不是说过她爸爸最讨厌黑人吗？他的心怦怦地跳得很厉害，赶紧低下了头。

"罗伯特！"

一双大手重重压在了罗伯特瘦小的肩上，吓得他全身发起抖来。他满怀惊恐地抬起头来应道："先生？"

"丽莎的妈妈和我想请你在仪式完毕后代表小朋友们为丽莎扶灵出殡，行吗？丽莎在家常说你好，尤金太太也告诉我你把辛苦积攒的钱全捐给我女儿看病了。谢谢你了，好孩子！谢谢你，哦，谢谢你，孩子，你——"丽莎爸爸的喉头哽住了，他一把将罗伯特紧紧地抱在了怀里。

罗伯特没想到父辈的拥抱竟是这么亲切温暖，他更没想到拥抱他的竟是丽莎的爸爸。他仿佛看见了丽莎红红的脸笑着，友好地向他伸出了双手，他禁不住低声哭了起来。

教堂外面的玫瑰花开得好红啊！

5. 如何理解并缔造 "完美教室"？

> 所谓"完美教室"，就是师生共同度过的一段快乐时光，一起走过的有诗意的日子。它的核心理念是"幸福"。完美，是一种朝向；幸福，才是目的。因此，"完美教室"也可以叫做"幸福班级"。

李老师：

您好，我是一个非常愿意加入新教育试验队伍的老师，也愿意从"缔造完美教室"开始行动。但有一些问题还弄不太懂，我却不知道该如何去理解。因此我想，李老师能否就如何理解并缔造"完美教室"进行深层次的讲解？

我非常赞赏你的这个想法，当然也非常愿意和你谈谈"缔造完美教室"这个话题。

究竟什么是"完美教室"呢？

新教育实验的发起者朱永新老师说——

"缔造完美教室"，就是在新教育生命叙事和道德人格发展理论的指导下，利用新教育儿童课程的丰富营养，晨诵，午读，暮省，并以理想课堂的三重境界为所有学科的追求目标，师生共同书写一间教室的成长故事，形成有自己个性特质的教室文化。

新教育实验的榜样教师常丽华老师说——

教室是我们的愿景，是我们想要到达的地方，是决定每一个生命故事平庸还是精彩的舞台，是我们共同穿越的所有课程的总和，它包含了我们论及教育时所能想到的一切。

我说——

"完美教室"之"教室"，显然已经不同于我们一般所说的物理意义上的教室了。"教室"，在这里是一种借代，代指班级；或者说是一种象征，象征着一群人共同生活的一段历程；缔造完美教室，强调的是一种班级文化的建设，一种集体精神的滋养；这样的环境里，每一面墙壁，每一张课桌，每一把椅子，每一个物件，都打上了浓浓的主观性——表达着高远的追求，洋溢着高雅的气质，蕴含着高尚的灵魂，彰显着鲜活的生命。

全面地阐述完美教室的元素，我们可以罗列出诸如"自创的班级文化"、"自订的班级制度"、"自生的班级课程"、"丰富的经典书籍"、"多彩的班级活动"等等；说起完美教室，我们会自然想到班名、班训、班歌、班徽等一系列外在的文化符号——这些当然是需要的，但还不是完美教室的最核心的要素。

我想从另一个朴素的角度说：完美教室，有快乐，有收获，有故事，有成长……

一、完美教室有快乐

人们常用"金色年华"来描述孩子的童年和少年，描述孩子的学生时代。这个"金色年华"的含义，自然包括"快乐"。

但是，现在的学校生活，班级生活，对孩子来说快乐吗？

以前我住在学校，每年高考最后一天的晚上，我站在阳台上，总能看到操场对面学生宿舍前火光冲天，还伴随着阵阵欢呼。那是刚刚考完最后一科的高三毕业生们在烧书，他们以这种方式庆祝他们的"赢得解放"与"获得自由"，欢呼那值得诅咒的日子终于一去不复返了！看着火光映照着的一张张年轻而狂喜得有些扭曲的脸，我不禁想，12年前，同样是这样一群人，他们将跨进小学的头一天晚上，该是怎样的兴奋——明天就要进小学了，从此就是"学生"了啊！小书包放在枕边，看了又看，摸了又摸，就是睡不着。妈妈一遍遍地催促："孩子，快睡了吧！明天好早点去学校报名。"孩子可能才勉强闭上眼睛，可心里还憧憬着美好的明天。然而，12年过去了，他们怎么如此仇视自己曾经那么向往的校园生活呢？难道孩子天生就不爱学习吗？我们只能说，是我们没有快乐的教育，让他们仇视教育。

很多年前，我曾写过这样一段话："对于一个具体的孩子来说，'教育'意味着什么呢？我认为，首先意味着让他成为一个现在就感到快乐的人。需要解释一下：这个'快乐'显然主要不是指吃得好穿得好，甚至也不仅仅是指成才以后将来谋得一份好职业以便过上好日子，而是孩子在受教育的过程中，不仅充分体验到求知的快乐，思考的快乐，创造的快乐，成功的快乐，而且还充分体验到纯真友谊的快乐，来自温暖集体的快乐，来自野外嬉戏的快乐，来自少年天性被纵情释放、青春的激情被随意挥洒的快乐……"

所谓"完美教室"，就是要还教室以这样的快乐。

教室里的"快乐"是多方面的，但我这里想着重强调"活动"的快乐。没有活动便没有集体。一间教室如果除了上课便是考试是不会让学生有任何快乐的。班主任善于组织（或引导学生自己组织）各种生动有趣、寓教于乐的活动，最能使学生心灵激荡，个性飞扬。班级活动，就内容而言可以涉及德、智、体、美、劳各个方面；就形式而言可以是学习交流、思辨讨论，可以是游艺娱乐、文艺表演，可以是体育竞争、劳动比赛，可以是社会调查、远足郊游……一次又一次花样翻新、妙趣横生的活动，使班级内始终充满生机并对学生保持着一种魅力。历届学生来看我，说得最多的是当年的各种活动，以及这些活动带给他们的永远的快乐记忆。

一位毕业多年的学生在其博客上这样回忆他在我班上生活的快乐——

我不知道怎样写才能最真切地诉说那段诗一般美丽的日子。毕业离开李老师这么多年来，那段日子常常在我脑海中浮现。李老师常常带我们出去郊游。每次郊游，他总是像一个大孩子一样坐在我们中间，女生们把花戴在他头上，男生们跟他摔跤、扳手劲……在认识李老师之前，我只有在电视上看过这样欢乐的场景，从来没有想象过还有这么融洽而没有距离的师生关系，居然会出现在我的生活中！

这样快乐，不正是我们应该给孩子留下的记忆吗？而这样的记忆，不正是我们的教育应该给孩子创造的精神财富吗？

二、完美教室有收获

刚才说了，完美教室必须有快乐，但仅仅有快乐又是不够的。校园毕竟不是公园，教室毕竟不是游戏厅。伴随着快乐，孩子必须还要有收获——知识的收获，能力的收获，人格的收获，阅历的收获……

孩子的收获，必须通过课程来实现。课程是实现教育最主要的载体。国家统一的义务教育课程，当然是孩子获取知识培养能力的主要途径。但针对不同地域，不同年代，不同学校，不同班级，不同学生，我们完全应该并且能够开发出更符合具体实际的课程。比如新教育实验已经比较成熟的"毛虫与蝴蝶"儿童阶梯阅读课程，晨诵、午读、暮省课程，读写绘课程，童话剧课程，等等。我们更提倡每一个完美教室的缔造者——即以班主任为核心的教师团队，能够根据自己的教育理念、人文视野、科学素养、文化储备，针对学生的特点，开发"班本课程"。

回忆我 20 世纪 80 年代的未来班，说实话，那时课程意识并不特别强烈，但我依然还是非常粗糙地为学生开设了"社会调查课程"、"音乐欣赏课程"、"旅游课程"、"阅读课程"。那时候我并没有多么深刻的理论思考，只是觉得统一的课程还不足以表达我的教育意愿，或者说，相比起我认为的学生成长的需要，统一的课程还有不少缺陷甚至空白，于是，我便"缺什么补什么"地开设了上述课程。

社会调查课程，用现在的话来说，差不多就是"综合社会实践"课程。我有意识地设计了全班的社会调查内容、形式、规模，每个月都至少让孩子们利用一次周末的时间，以小组为单位走上街头，走进工厂，走向田野……关注改革热点，了解民意社情，采访市长官员，感受万家忧乐。每次回来都要写调查报告，并在班上交流。

音乐欣赏课程，分为三种形式，一是"每周一歌"，我精选一些经典的儿童歌曲，亲手刻印成歌单，发给孩子们，并教他们唱；二是"名曲讲座"，我根据自己阅读的《中外名曲鉴赏辞典》，用老式唱机给孩子们播放名曲并讲解：《梁山伯与祝英台》、《莫扎特小夜曲》、《卡门序曲》等等；三是"口琴乐团"，我让每个孩子买一支口琴，然后我教孩子们吹奏，这样，我班的口琴乐团便诞生了，平时自娱自乐，每逢节日便登台演出。

旅游课程，通俗地说，就是我带着学生到野外玩儿：星期天，节庆日，还有寒假和暑假，都是我和学生一起玩儿的时候。近到郊外的一片山坡，一块草坪，一丛树林，远到云南、重庆、贵州，都留下过我们的足迹和笑声。我曾与学生站在黄果树瀑布下面，让飞花溅玉的瀑水把我们浑身浇透；我曾与学生穿着铁钉鞋，冒着风雪手挽手登上冰雪世界峨眉之巅；我曾与学生在风雨中经过八个小时的攀登，饥寒交迫地进入瓦屋山原始森林……每一次，我和学生都油然而生风雨同舟之情，同时又感到无限幸福。这种幸福不是我赐予学生的，也不是学生奉献给我的，它是我们共同创造、平等分享的。

文学课程，就是每天中午，我和孩子们共读一本书。《青春万岁》、《烈火金刚》、《爱的教育》、《红岩》、《钢铁是怎样炼成的》，还有舒婷的诗歌，路遥的小说，刘宾雁的报告文学……陪伴着我们度过了无数美妙的时光。这不是我语文课的简单延伸和补充，而是给学生打开一扇扇文化的窗口，文明的窗口。

这些课程带给孩子的是人性的滋养，心灵的擦拭，情感的陶冶，思想的点燃。——这就是"收获"。

三、完美教室有故事

那天和朱永新老师聊天时，他不经意说了一句话："一个孩子，一个日子，这就是教育。"这让我怦然心动：是呀，呵护每一个孩子，善待每一个日子，不就是我们的教育吗？

孩子和日子，便构成了完美教室的"故事"。

美国2009年度教师托尼·马伦发表的获奖感言是这样的："最优秀的教师有一个共同的品质：他们知道如何读懂故事。他们知道走进教室大门的每一个孩子都有一个独一无二、引人入胜、却没有完成的故事。真正优秀的教师能够读懂孩子的故事，而且能够抓住不平常的机会帮助作者创作故事。真正优秀的教师知道如何把信心与成功写入故事中，他们知道如何修正错误，他们希望帮助作者实现一个完美结局。"

我曾在拙著《每个孩子都是故事》一书的序言中引用这段话，并做了这样的阐释——

　　在生命的河流里，教师走进了孩子的故事。这个故事如河流一样不可逆转，而且每一天的风景都不可预知——或令人欣慰，或令人惊叹。故事的原创是孩子，但编辑是教师。如托尼·马伦所说，教师帮助孩子"把信心与成功写入故事中"，为孩子"编辑错误"，并"帮助作者实现一个完美结局"。

　　在这里，孩子和教师已经通过教育融为一体——帮助孩子成长，也是帮助自己成长；丰富孩子的生命，也是丰富自己的生命；成就孩子的未来，就是成就自己的未来。这种师生之间的互相依存又是以故事的方式呈现出来的。从某种意义上说，教育就是和孩子一起编织师生的生命故事，并追求一个"完美的结局"。

　　孩子每一天的故事不可复制，教师每一天的生命也不可重现。教育的严酷与责任都在于此。读懂孩子，并和孩子一起愉悦而谨慎地编织故事，让教师和孩子的生命互相映照。这是教育的意义和幸福所在。

　　在一间教室里，围绕着一个个孩子，将会有多少故事发生啊！一桩桩，一件件，便汇成了一个班的"青春大片"——或扣人心弦，或催人泪下，或妙趣横生，或耐人寻味……主演是孩子，导演便是教师。

　　回忆我30年的班主任经历，我的脑海里闪过一个又一个幸福班级，一间又一间完美教室。那个周末，我和孩子们背着背包，用我们的双腿丈量美丽的成都平原，我设计的代号为"南下风暴"的军事游戏，让孩子们青春的身影越过竹林，越过田埂，越过一片又一片金色的油菜花；那个周二，我带着孩子们把语文课搬出校园，走进农贸市场，让他们用笔描绘往来行人的举手投足，后来突然下暴雨了，孩子们躲在街边屋檐下，继续观察着雨中的街景；那一次全班同学瞒着一个贫困同学悄悄为他捐款，然后我和同学们翻山越岭，来到他家所在的小山村，我们远远地看着他在地里干活，便在田埂上站成一排，突然呼喊着他的名字，然后看着他惊讶地抬起头，继而眼泪夺眶而出；还有那一个晚上，我们在大渡河畔支起帐篷，点燃篝火，唱歌跳舞，彻夜狂欢，为三年的初中时代划上了一个辉煌的惊叹号……每每想起这些人，我便心潮澎湃；常常记起这些事，我便热泪盈眶。当然，还有一本本班级史册，一张张黑白照片，以及一直传唱到现在的班歌《唱着歌儿向未来》……这一切便构成了孩子们的故事和我的传奇。

没有故事的教室，便如同没有色彩的花朵，没有树叶的森林，自然谈不上完美；没有传奇的教育，如同没有情节的电影，没有冲突的戏剧，当然谈不上幸福。任何一个普通教师，如果能够把平凡故事变成一部不朽的传奇，他便成了一个伟大的导演！

四、完美教室有成长

在完美教室里，一个又一个日子在不停地流逝，当一千个日子或两千个日子过去之后，生命便丰盈起来。这里的"生命"，显然不只是指生理，更是指精神。如果只是指前者，那是一个自然过程，有没有教师，孩子都会一天天长大；但对精神成长而言，这便直接和教师有关了。

我们经常用"善待"、"呵护"、"陪伴"、"引领"、"关怀"等词来表述教师对孩子成长的态度。其实，这里的成长不但是师生共同的，而且是互相促进的。也就是说，"善待"、"呵护"、"陪伴"、"引领"、"关怀"这些词同样可以用来描述孩子对老师成长的作用。只不过教师对学生的成长促进是主动的，有意识的，而学生对老师的成长促进是被动的，无意识的。但成长本身是共同的，而且是同时发生的。

我有一个叫"胡夏融"的学生，毕业十年后，在网上写了一篇文章，题目是《善良：李老师对我最大的影响》。文章这样写道——

现在回忆起来，那段时光是我人生中非常宝贵的经历。是李老师改变了我，告诉我，也告诉大家，"让人们因为我的存在感到幸福"，是李老师告诉大家，让我们的心中充满爱与关怀，孝敬爹娘，爱护弟妹，关爱他人，乐于奉献……

在我的记忆中，2000届初三班就是一个家，同学们就是这个家的孩子，李老师就是这个家的父亲。在这里，没有冷漠，没有孤独，没有自私自利，没有勾心斗角，处处充满了帮助，充满了温馨，充满了真心的祝福和鼓励，充满了团结和友爱，大家同甘共苦，共同进步……

李老师既是我们的好老师，更是我们的好朋友，他对我们很好很好，我们所有人都喜欢他，那个时候在我心中，这个世上没有比他更好更温暖的人了……一直以来，我都以作为李老师的一名学生而感到自豪，甚至后来我还一度质疑自己从事科研工作是否真正有意义，因为我一直认为，做科研所发表的论文和承担的项目比起李老师对人的成长关怀来讲显得太微不足道了。

孝敬爹娘，爱护弟妹，尊敬师长，友爱同学，让人们因为我的存在而幸福，这是李老师10年来给我留下的最最宝贵的精神财富。李老师对我的教育已经融入了我的血液，无论这个世界如何改变，我始终相信，爱和善良是世间最美好的品质，真挚的情感永远值得我们去歌颂……

10多年前，胡夏融是我班上的一个学生，当时我正在写《心灵写诗》，该书有一节题目叫《从胡夏融处学宽容》，我有这样真诚的文字——

两年来，胡夏融多次对别人说他"非常崇拜"我，但我实在愧对这份"崇拜"。我不止一次地在班上真诚地说过："胡夏融是我的老师！"的确，胡夏融以他的正直、善良，更以他的宽容，不但感动着全班同学，凝聚起大家对集体的感情和责任心，而且也感染着我。作为他的班主任，我常常以他为镜子，由衷地向他学习。每当遇有同学犯错误而忍不住想大发雷霆时，我就提醒自己：如果是胡夏融遇到这样事，他会怎么处理呢？

每带完一个班，看着孩子们在知识、能力、人格等方面的进步，我会问自己：我有什么进步呢？我的教育智慧是否更加丰富？我的教育技能是否更加娴熟？我的教育情感是否更加充沛？我的教育思考是否更加深刻？我的教育良心是否更加纯净？我的教育视野是否更加开阔？等等。

陪伴着孩子们成长，同时自己也在成长，才是真正的教育幸福，这是完美教室的最高境界。

有快乐，有收获，有故事，有成长，便构成了完美教室的生命。

因此，所谓"完美教室"，就是师生共同度过的一段快乐生活，一起走过的有诗意的日子。"完美教室"的核心理念是"幸福"。完美，是一种朝向；幸福，才是目的。

因此，"完美教室"也可以叫作"幸福班级"。

祝贺你即将成为新教育人，并期待着你在缔造"完美教室"的过程中，收获职业幸福，并让自己也走向完美。

2012 年 7 月 16 日

6. 如何与学校的同事处理好人际关系？

> 与同事搞好关系，不是一种技巧，更不是一种圆滑，而是我们发自内心地对周围老师的尊重与欣赏。以开阔的胸襟和善良的眼光对待周围的同事，人际关系自然越来越好了。

尊敬的李老师：

很冒昧地在这个时间打扰到您，因为现在我的心中有好多心事都解不开。它们甚至已经影响到了我的教育事业。我也没想到我跟同事之间的不愉快，会闹到他将偏见带到了我带的学生班级里。有一次，我跟同事吵架，我以为吵完就完了，谁知道后来同学多次反映给我，同一本教材的内容，我们班讲的速度就比别的班要快很多，很多知识点都来不及吸收。我同事之前带我们班的时候讲课都蛮好的，就是吵完架之后态度猛然来个大转弯。我也意识到这个问题的严重性，想知道如何处理好同事之间的关系，毕竟学生是无辜的。

作为一个年轻班主任，你现在的烦恼是处理不好人际关系。其实，我觉得不要把人际关系想得那么复杂。我曾经给一个年轻老师说过这个观点，他不同意，反驳我说："不是我把人际关系想得很复杂，而是本身这人际关系就很复杂。你想或者不想，它都很复杂。"呵呵，作为一名老教师，我何尝不知道人与人之间的一些复杂关系？但我的态度是，以单纯对复杂——让别人复杂去，自己单纯些！

我这里的所谓"单纯"，其实就是两点：第一，尊重；第二，欣赏。

先说尊重。"尊重"在人际关系中的意义是不言而喻的。人是有尊严的，因此每一个人都希望得到别人的尊重。如果再说得深刻一些，作为生活方式的民主，其核心便是对人的尊重。也就是说，尊重别人，就是一种民主生活方式的体现。在拙著《民主与教育》中，我这样写道——

> 民主不仅仅是一种政治制度，也是一种生活方式，这是对民主更为深刻的理解。将民主看作一种个人的生活方式，即认为民主不只是一种形式或者说外在的东西，而是一种内在的修养。这种内在的修养体现于日常生活和与人交往的过程中：相信人性的潜能；相信每个人不分种族、肤色、性别、家庭背景、经济水平，其天性中都蕴含着发展的无限可能性；相信日常生活与工作中，人与人之间是能够和睦相处能够真诚合作的。民主的生活方式，意味着自由、平等、多元、宽容、妥协、协商、和平等观念浸透于社会的每一个角落，体现于生活的每一个细节。而这一切的核心，便是"尊重"。

既然民主是一种生活方式，而其核心是"尊重"，那我们自然应该在生活中体现出对人的尊重。对朝夕相处的同事，更应该尊重。这个道理人人都懂。但理论上明白了在行动上却不一定做得到。我年轻时也懂得要尊重同事，但实际上我恰恰做得不好，所以刚参加工作时，我的人际关系也存在一些问题。在和同事交往特别是交换看法时，我往往片面地强调或者说表现出自己的所谓"真诚"、"直率"，而忽略了对方面子和接受程度。

一次，快半期考试了，我和备课组长一起研究考试命题。在讨论一道题的答案时，我和备课组长发生了争执——

"圆规一面愤愤地回转身，一面絮絮地说，慢慢向外走……"这里的"圆规"是借代还是借喻？我认为应该是借喻，因为前面已经说杨二嫂瘦骨伶仃像圆规，这里便只用喻体"圆规"来指代杨二嫂。可是，备课组长却说是借代。争论了很久，我们谁也说服不了谁。

本来，作为年轻教师应该尊重老教师，尤其是自己的指导老师。可是我当时很天真地认为，即使我的答案不对，与老师争论也属于"学术问题"，与"礼貌"无关；当然，如果与我争论的老教师真这样看，这的确也就只是个"学术问题"，然而这位老教师恰恰不这样看，他认为我不够尊重他。而且，不只是这件小事上我没有"尊重"他，在他看来，我在许多问题上都没有尊重作为组长的他，而是"我行我素"，比如，语文课我把学生带到菜市场，叫大家仔细观察后回来写作文；又比如，我让学生轮流上讲台当小老师讲课文；再比如，本来按常规要讲两节课的课文我却只用一节课来讲，节省下的课时我给学生读小说……

这些在我看来是教学改革的尝试，实话实说，这些"我行我素"如果放到今天，我会被人誉为"大胆的教改探索"；然而在当时我只是个嘴上无毛的小伙子，因此在备课组长看来，简直是"乱弹琴"！

今天看来，我并不认为我在对待组长的态度上是正确的。尽管我的做法是"创新"是"改革"，但我完全可以抱着尊重的态度与组长多商量多沟通。我相信，如果这些事放在今天，我会坚持改革的同时又赢得组长的理解与支持的。

但当年，由于我和备课组长的争执，他对我越来越怀有成见，觉得我处处抢他的风头；而我则抱定"走自己的路，让人说去"的信念。这样一来，我们的冲突更加剧烈。

我为此吃了不少苦头，这里就不细说了。我想说的是，经过我的反思，我意识到了自己的问题，便努力改正不足。尽可能尊重身边的同事。我并不认为，我就变圆滑了。其实，尊重别人并不意味着要放弃原则而一味迎合，而是让自己善良的天性在与人相处时自然表达。

我长期担任班主任，非常爱学生，学生也非常爱我，如何让学生像爱我一样也爱每一个任课老师，这也是处理好人际关系中很重要的一点。我之所以给你特别提出这一点，当然是有针对性的。由于班主任处于某种中心地位，所以往往更容易被学生们关注和尊敬，相比之下，任课老师和学生接触相对少一些，则容易被学生们忽略，感情相对要"淡"一些。弄不好，有些老师会吃醋。这样一来，自然会影响你和他们的关系。所以，你要善于通过点点滴滴的发现，让学生们也像爱班主任一样爱所有任课老师。

在这方面，我有些做法，也许可供你参考。

新年前夕，我让学生们给任课老师写贺卡；虽然班主任不提醒，学生也会写的，但班主任要细心地想到会不会有老师会遗漏，比如实验室的老师，等等。另外，我留心任课老师的生日，每到哪位老师生日前夕，我都会暗中让学生做些小小的准备，第二天给过生日的老师一份小小的惊喜与感动。

有一次，我班的英语老师上课迟到了十来分钟却没有受到任何"处罚"，学生就不高兴了。因为在我的班上，班规也管我这个班主任的，比如我如果迟到了或不按时下课等等，将按班规处理，一般是唱一支歌；如果无故缺课或冤枉了学生，还要罚扫教室。这些规定，我完全能够接受。因为在我看来，师生遵守共同的规则，天经地义。但对其他任课老师呢？最初我怕老师们的认识跟不上，所以班规没有对任课老师做任何要求，也就是说班规不管任课老师。

既然班规不管科任老师，这位迟到的英语老师当然就没有被"罚"。但学生对她不高兴，她对我就不那么高兴了。我想，班规不管任课老师，其实对任课老师不利，也无助于任课老师在学生中树立真正的威信。于是，我私下和这位老师沟通，坦诚地说了我的想法。我特别强调，我不是想"罚"她，而是真正帮她树立威信。她终于理解了我。第二天上课时，主动给同学们唱了一支歌，同学们的掌声让她非常开心。后来我把相同的道理给所有任课老师们讲了，他们都同意接受班规的约束。于是，班规里便对所有老师都作出了限制性的规范：不得迟到，不得提前下课，下课不得拖堂，不得当着学生的面吸烟，不得用脏话批评学生，等等。时间一长，老师们都习惯了，教学行为更规范了，学生自然更尊敬老师了。

当学生和任课老师发生冲突而明明学生没有做错什么的时候，是班主任最难为情的时候。维护"公正"而直接指出老师的不对吧，这样有伤老师的尊严；维护老师的面子而批评学生吧，又对学生不公平。我的做法是尽可能做双方的工作，增进双方的理解。

曾经有一个物理老师，是个小伙子，他在一次课堂上评讲作业的时候，因一个学生没有交作业，便狠狠批评了他，其实这个学生已经病了好几天，于是该生便解释了几句，这个老师厉声喝道："你居然还顶嘴！"一边说一边走过去给他一个耳光。这事在班上引起强烈反响，我也觉得物理老师不对。被打的学生找到我哭诉，物理老师在我面前埋怨学生不好管。一时间我也不好办，非常为难。

我仔细分析，觉得物理老师的举动很反常，便和物理教研组长一起对这个物理老师进行了分析，从教研组长那里，我了解到，原来物理老师的母亲因患癌症住进医院已经一个多星期，最近他的情绪低落，很容易发怒。知道这一情况，我完全理解了物理老师的失态。于是，我专门去医院看望了物理老师的母亲，我还动员班干部代表全班给物理老师写了一封慰问信。然后我又找被打学生谈心，给他说了物理老师最近遇到的困难，我说老师打你肯定不对，但老师在这种情况下，情绪容易失控，你要多理解老师。我建议他给物理老师写一封恳切的信，再次就不交作业的原因做个解释，并向老师表示慰问。

我对这个学生说："我不是要你忍气吞声，委曲求全，而是希望你表现出你的宽容与大度，在这个前提下，给老师有理有节有情地提意见，老师会接受的。"同时，我也找物理老师谈了谈，主要是说教师的修养，我说我理解你的冲动，因为你是有原因的，但无论如何打学生是不对的，何况这个学生是被你误解了。我建议他在适当的时候，与这个学生沟通一下。我说的"沟通"其实就是"道歉"的委婉表述。一周之后，我没有想到，这个老师不但向这个学生道了歉，而且还在全班认了错，全班同学用掌声向老师表示了谅解。

有时候，在同一年级，某位平行班的班主任可能同时担任另外一个班的任课教师，这时候如果出现了老师在教学上偏心的情况，也很让班主任棘手。有一年我教高三，学生给我反映，教数学的凌老师明显偏心，在咱们班评讲试卷，就只说A、B、C、D答案选项而很少作分析，说明为什么要选某一答案；但在她当班主任的那个班，则讲得非常细致。还有，她给她班上的学生增加了许多模拟试题，而这些试题她根本不给我班学生做。等等。

开始我认为这是学生的偏见，所以便对学生说，不要瞎想，你们的基础好，凌老师讲得略一些，给你们少做一点题，不是很正常吗？但后来我略作了解，知道学生所说基本属实。作为班主任我真的很为难，我理解她把我班作为竞争对手的心理，但也不能太过分了呀！我的学生也是你的学生呀！然而，我不能这样直截了当地去质问她，还得想办法和她搞好关系，特别是不能让学生和她产生对立。

有一次，凌老师病了，而且病得不轻，但她依然坚持上课。那天下午放学后，我把班长叫到办公室，悄悄对他说："凌老师最近是带病坚持给你们上课的，今天晚上又是她的晚自习。你做两件事：第一，在讲台上放一把椅子，请凌老师坐着给你们上课；第二，用班费给凌老师买点营养品，周末去凌老师家里慰问她。"

第二天上班，凌老师坐在我后面，很有感触地说："李老师，你班的娃儿确实懂事！"

我故作惊讶："怎么啦？"

她说："我病了好几天，我自己班上的学生都没有觉察到，可你班的娃儿就感觉到了，昨天晚上专门在讲台上放了一把椅子，要我坐着给他们上课。我非常感动！"

我心中一喜，但嘴上却很平淡地说："学生尊敬老师，应该的嘛！你也要多注意身体呀！"

过了一周，凌老师再次很感动地说，星期天我班一群学生去她家里看她，给她买了营养品，还感谢她带病坚持上课。凌老师再次说："我班的学生怎么就没有你班的学生懂事呢？"

这以后，我明显地感到了她对我班的热情，学生也反映，凌老师不偏心了，甚至对他们更加关心。

我曾经把这件事给一些年轻老师讲过，有的老师坦率地对我说："李老师，你这是教学生讨好老师，教他们世故。"我则不这样认为。班主任让学生和老师之间增进沟通，引导学生关心老师，用情感去打动老师，感化老师，这没有什么不对。

只有尊重，才能赢得尊重。我觉得这是处理人际关系中的一个"法宝"。

再说"欣赏"。

我一直认为，人与人之间相处的最高境界就是互相欣赏。当然，我也知道要真正做到这一点并不是那么简单的。欣赏远方的人容易，欣赏和自己没有"利害冲突"的人不难，欣赏自己身边的人不容易。比如说，我们欣赏李娜，欣赏姚明，欣赏刘翔……我们也可以欣赏远方的同行，比如欣赏程红兵，欣赏魏书生，欣赏窦桂梅，欣赏朱永新；但我们能够欣赏自己办公室的某个同事吗？能够欣赏和自己一个年级的同学科教师吗？实话实说，不容易。

不容易不等于做不到。欣赏别人，能够不断完善自己提升自己，"以人为镜，可以知得失"。通过别人的长处，看到自己的不足，这不就提升了自己吗？同时，你欣赏别人，被欣赏的人感到了自信，心中充满阳光，对你自然特别感激，你给对方带去真诚的鼓励，还搞好了人际关系，多好！

当然，这和我们的胸襟有关。如果斤斤计较于一些琐碎的得失，弄得和同事成了"不是你吃掉我，就是我吃掉你"的敌人，你快乐吗？你如果心中有阳光，看谁都是阳光灿烂的，看谁都很顺眼，反之如果你心里一直有阴影，你看谁都很阴暗，谁都见不惯。都是同事，工作中难免会有摩擦有争执甚至冲突，事情过了就过了，积在心里干什么呢？有人之所以心里老不平衡，老见不惯这个见不惯那个，是因为心小了。俗话说："心眼小了，事就大了。心胸大了，事就小了。"

你看学校一些老师，随时都是那么开心那么大气那么乐呵呵的，难道他们就没有遇到过不顺心的事吗？当然不是，而是他们心胸很豁达。你现在老纠结的一些事，老想着"要讨个公道"，再过 10 年 20 年 50 年，还算事吗？尘埃落定，什么都是浮云！

以欣赏的眼光看别人，就是要多看甚至放大别人的优点。一定不要老盯着别人的不足。完人是没有的。谁都有不足，甚至缺点。但这不妨碍我们向每一个人学习。多看看别人的优点，多想想自己的不足，你会感到周围的每一个人都比自己强，都值得自己学习。当你向别人学习的时候，别人也会把你当作学习的对象。千万不要恨别人，这是自己折磨自己。一次和任小艾老师聊天时，她说了一句话我觉得很有道理："恨一个人，就是在自己心里钉一个钉子，是自己惩罚自己，自己折磨自己。"想想也是。如果你心中装着某一个"仇人"，这个"仇人"又是你的同事，不但你一想起就郁闷甚至"气不打一处来"，而且还低头不见抬头见——天天如此，真是痛苦啊！

要珍惜缘分。想想，人生就这么几十年，茫茫人海中，能够相遇相识相伴于一所小小的学校，居然能够成为一个办公室的同事，纯属偶然，但恰恰因为偶然，便让人感到多么奇妙！现在大家相处的每一天，每一分钟，都那么普通，但若干年后大家退休了，某一天在大街上或小巷不期而遇，一定会非常惊喜，然后站在路边滔滔不绝，一定会说到今天的一切，该多么亲切！假如你现在对周围的人——哪怕只有一个人——充满仇恨，这为你以后的退休生活留下了不快的记忆，何苦啊！但如果你现在和每一个人都和谐相处，真诚相待，这给将来留下多少温馨的记忆啊！

所以，我还是说，要互相欣赏，要学会宽容，要珍惜彼此的缘分。有了欣赏，有了宽容，有了珍惜，人际关系就简单而温馨多了。

一是尊重，二是欣赏。以我三十多年的教育经历，我有理由说，凭着这两点，足以应付各种所谓复杂的人际关系。

你也许会说："我的身边的确有小人呀！难道小人也要'欣赏'吗?"我理解你的心情，我还记得你前段时间给我说，你周围有不少"小人"对你的"嫉妒"和"诽谤"。对此，我想说的是，不要轻易给别人戴上"小人"的帽子；再说，即使真有小人，我们难道能够降低到小人的道德水准吗?

类似的经历我年轻时当然也有过。开始我也和你一样感到郁闷，感到不平。但渐渐成熟之后，我越来越认为，我遇到的所谓"挫折"并不都是周围的错，我自身的确也有许多缺陷呢！心态一平和，我便开始冷静地思考来自同事的议论，同时反思自己的不足。

我想，平时所遇到的来自同事的议论，不外乎三种情况：中肯的批评、善良的误解和恶意的中伤。对于中肯的批评，我应"闻过则喜"，不应"一蹴即跳"。既然是自己错了，"跳"也没用——那只会显出自己心胸的狭隘。

我曾经感到委屈的是，既然是中肯的批评，为什么不当面向我提出，而要在我背后议论呢? 现在我却认为，只要人家说得对，就别计较别人是当面提出还是背后议论；如果硬要"计较"，不妨"计较"一下：为什么别人不愿向我当面提出呢? 真的这样一"计较"，可能又会"计较"出自己的一些不足——这不又有利于自己进步了吗?

对于善良的误解，也应心平气和地对待。同事之间，在性格特点、处世方式、思维角度乃至教育观念等方面的差异是客观存在的，所以，某些正确的见解与做法暂时不被人接受甚至遭到误解，这是难以避免的。既然人家没有恶意，也就大可不必怨恨人家。明智的做法是，能够解释的尽可能解释，一时解释不清的干脆不解释，自己该怎么干就怎么干；要相信"日久见人心"，更要相信"事实胜于雄辩"——消除误解的最好的办法莫过于做出让人信服的成就！

至于恶意的中伤，也没有必要"奋起自卫"、"迎头痛击"，仍然不应与之争斗。因为恶意中伤者往往是你说的那种真正的小人。本不是一个档次的人，他根本无法理解我的思想境界更无法进入我的精神世界，我何必与他一般见识呢? 因为"当你与傻子吵架时，旁边的观众往往分不清究竟谁是傻子"（外国谚语）。真正如苏霍姆林斯基所说的"大写的人"，是不可能因小人的流言而失去自己的尊严的。

当时我还有一个想法——摆脱嫉妒最好的办法是"拉开距离"。想想，如果鲁迅来到我们语文组，谁会嫉妒他？假如徐悲鸿到我们学校教美术，谁会嫉妒他？当我们不管周围的流言蜚语而埋头干自己的事业，执著地前行，三年五年过去了，我们一定会将自己与那些小人的距离拉开。当他望着你的越来越远同时也越来越高大的背影自叹不如的时候，他还能嫉妒你吗？

有了这样的认识，我觉得我真正成熟了。以开阔的胸襟和善良的眼光对待周围的同事，人际关系自然越来越好了。

总之，我要告诉你，与同事搞好关系，不是一种技巧，更不是一种圆滑，而是我们发自内心地对周围老师的尊重与欣赏。如果你真正做到了这两点，何愁搞不好人际关系呢？

2012 年 12 月 12 日

7. 如何处理理想与现实的冲突？

> 作为一个基层的教育者，要打碎"镣铐"是不可能的，这也不是我们的任务与使命；既然"镣铐"不可能打碎，那我们要思考的就是，如何在"镣铐"的束缚之下把舞跳得相对自如一些甚至优雅一些。

李校长：

虽然几乎每天都可以在校园见到您，但我还是想通过书信和您交流。您知道，我是一个已有七八年教龄的老师，由于教学实践比较早，到现在为止，我还是一个比较年轻的老师，正是因为自己的年轻，所以越来越对自己的教育行业感到"不满"，我不由得想起当年自己刚踏入这个行业时还怀有无限憧憬，要对这个行业做出一番事业，想要培养出一代又一代的学生，想将自己的青春与热血都挥洒在这一片三尺讲台上，可随着对这个行业的深入，使我看见了教育的"枷锁"，让我明白有些事力不可及，也有一些事，并不是自己想要做就能做到的。每每想到这儿，我的心都凉了半截，周围曾经让我感到美好的一切，也黯淡起来。以前听到学生一声"老师好"，我都会感到温馨；可现在，同样是一声"老师好"，我却无动于衷了，觉得什么都"就那么回事儿"。不是我没有理想，而是现实太让人失望，甚至绝望！

你工作已经八年，说起来还算青年教师，但恕我直言——我们已经是老朋友了，相信你也希望我对你直言——我感到你的心已经开始老了。别不高兴我这样说，既然和你推心置腹地谈心，我就得说我的真实想法。

你说现在学生对你说"老师好"，你却无动于衷了。我想象，当时你可能很漠然地爱理不理，脸上没有笑容，更没有回礼说"你好"，只是若有似无地点了点头。是不是？但你自己想想，如果八年前你第一次来到学校，迎面而来的学生叫你"老师"，向你问好，你会有怎样的激动？你会有一种自豪感："哦，我是老师了！"这份温馨而又纯真的感觉，是从什么时候失落的呢？

或者说，从什么时候开始，我们面对一个个学生，面对一堆堆作业本，面对教材，面对备课本，面对家长……我们开始厌倦了呢？每天早晨被闹铃吵醒，真不想起床呀！想到又是一天艰辛的重复性工作，实在是心烦；可是，如果时光倒流到参加工作的第一天，早晨醒来，一想到那紧张而充实的教育生活，那活蹦乱跳的孩子，以及孩子们脸上那天真烂漫的笑容，我们是怎样的期盼？又是怎样的精神抖擞？

在我看来，持之以恒乃至十年几十年如一日地保持第一次踏上讲台的那份纯真与激情，是任何优秀老师之所以"优秀"的第一条件，也是我们获得教育职业幸福的最重要的因素之一。

是的，如你所说，你的确遇到了很多很多困难，这些困难是你参加工作之初没有想到的。你说，读师范的时候，你想到过学生的调皮，想到过上课的挫折，甚至想到过被学生气哭，但就是没有想到，在应试教育的铜墙铁壁面前，曾经有的教育理想是那样的苍白无力！你说读了很多教育理论著作，包括读了我的书，可是面对现实，面对学校和上级的种种这个"不准"那个"不准"，还有上面对"教学质量"的任务和指标，你感到自己被逼到了教育的悬崖绝壁，除了拼命抓分数，别无退路，可要命的是学生却不争气，一次次让你失望乃至绝望，于是你气不打一处来，什么"教育的本质是对人性的尊重"、"教育是心灵的艺术"……这些从书本上学来的当初自己深信不疑的东西统统抛到脑后！于是，你不得不退缩，向你过去所不齿的"野蛮教育"缴械投降。于是，你很累，不停地喘息，有时还感到窒息。

我不想给你讲什么大道理——你不是说你已经看了很多书了吗？我只想说的是，这一切就是"教育本身"。教育的复杂性，教育的艰巨性，以及教育过程的不可预测性……都在其中了。但是，教育的挑战，教育的智慧，还有你所期待的也就是我经常所说的"教育的幸福"也在其中了。打个不太恰当的比方，就像你爱上一个人，结了婚，你爱上的就不只是爱人的优点，包括爱人所有的缺点也接受了——甚至爱上了。从来就没有一个抽象的只有优点的爱人等待着你去爱。你爱的是一个完整的人！如果你打定主意和"教育"这个爱人厮守一辈子，那一切都是你的选择。否则，干脆"离婚"，而且趁早。

你可能会说："李老师，你说的我都同意。但你说了半天，并不解决我的实际问题呀！"

错了，问题只能你自己去解决。我只能帮你分析，我可以建议你改变思维方式，拓展胸襟与视野，调整好心态……可最终问题的解决还得靠你自己。关于"理想与现实的冲突"，我很有共鸣。我也是从年轻时代走过来的。你说的一切我几乎都遇到过。

其实，凡是有理想有良知的教师，都曾感叹："面对现在的教育现实，要实现自己的理想，简直就是戴着镣铐跳舞！"我们的失望乃至绝望，很多时候是因为我们欲打碎"镣铐"（彻底改变教育体制）而不得。其实，这里应有一个思维方式的转换：作为一个基层的教育者，无论校长还是教师，要打碎"镣铐"是不可能的，这也不是我们的任务与使命；既然"镣铐"不可能打碎甚至卸下"镣铐"都不可能，那我们要思考的就是，如何在"镣铐"的束缚之下把舞跳得相对自如一些甚至优雅一些。——同样是在我们学校，同样是在应试教育的大环境下，我们学校不少老师不一样从容不迫地这样"舞蹈"着吗？

作为校长，我无法改变大的教育现实，但我想的就是如何在现有框架下，尽可能做一些自己可以做的事？比如"新教育实验"所倡导的"六大行动"，我是可以做的——我们的书香校园不就建起来了吗？这和所谓"体制"不冲突啊！还有我狠抓教师队伍建设，采取一些激励措施提升教师，这也和"体制"没有直接的冲突。没有"镣铐"，我也许可以实现我教育理想的百分之百；戴上"镣铐"，我却只能够实现我教育理想的百分之十甚至更少，但总比一点都不做要强吧？

无论是你作为一名教师，还是我作为一个校长，我们有着共同的无奈，但我们完全是可以超越这种无奈的。考试制度无法改变，教育评价无法改变，教材无法选择，学生无法选择，但是教育教学过程的手段、方法、技巧以及你走进学生心灵的路径、方式却是可以改变或选择的。给你一个班，作为班主任，在不违背上级总体要求的前提下，如何让这个班充满生机，富有特色，尤其是对孩子富有吸引力，给孩子的未来留下温馨而富有人性的记忆？在这些方面，你都不是一点创造的空间都没有的。从某种意义上说，在现行教育体制下，真正的教育艺术，就是"戴着镣铐跳舞"的艺术。在与应试教育的"周旋"（"周旋"就包括了应对与超越）中形成自己的教育个性，就是我们的教育大智慧。著名的教育名家魏书生老师，不就是在应试教育的荆棘丛中走出了一条属于自己个性的路子吗？他是我们这个时代的最杰出的教育舞者。

真不是当面说你好话，你的确相当有潜力——具备了成为优秀教师的潜质。但我现在对你并不满意，或者正面说，我对你的期待依然强烈甚至焦灼。不是说你现在就是不好的老师了，其实你现在也不错的——尽管你现在有着明显的职业倦怠，但你依然尽心尽责，教育教学常规，那是没得说！如果你本人的素养能力只能这样了，那我也就认了。可你明明可以更加优秀的啊！

你也许会说："我不追求什么'优秀'，平平淡淡才是真。"你又错了，我说的"优秀"，不是说你一定要"出人头地"、"名扬四海"，而是你要让自己每一天的工作乃至你的人生更加有成就感，更加有滋有味。

这里的"优秀"不是"对外"，不是你要做给别人看，而是你要对得起你自己，是"对内"，对自己的心灵世界。即使同为蜗牛，每天只在地上爬，与坚持不懈爬上金字塔顶，这两只蜗牛的感觉绝对不一样。何况我们不是蜗牛，我们是人，是有尊严的人！如何赢得自己的尊严？尊严就在每一天平凡的工作当中。再说了，我们通过优秀的工作赢得世俗的名利，也不可耻呀！这本身也是我们价值的标志。

如果你真的做出了实实在在的成就，产生了社会影响，各种名利自然会来找你："特级教师"呀，"教育专家"呀，"全国模范"呀，"特殊津贴"呀，等等。到时候，你也不要觉得不好意思：靠自己的人品、良知、辛勤、智慧让自己增值，有什么不好意思的！你应该感到光荣与自豪！当然，哪怕这些都没有，不要紧：我不"杰出"，但我很幸福啊！和现在相比，你完全可以更幸福的。

按世俗的观点看，我现在"功成名就"，我再怎么干，也很难再得到什么了；当然，我只要不犯错误，哪怕平庸一些，也不太可能失去现有的什么。那我何苦还要当这个"吃力不讨好"的校长呢？并没有谁端着枪逼着我当校长呀！这个校长完全是我自己想当的。因为我总想不断地挖掘我的潜力，我总想不断挑战自己：看我在教育上能够走多远？我对我这个校长定了一个成功的标准：那就是教师的成长乃至成功。无论做班主任还是教语文，我算是有了较大的成功感。但是我还有一个最后的梦想：就是希望在我的引领下，能够有一批甚至一大批老师成长起来，成为真正幸福的教师！到这个学校来当校长三年多，已经有不少老师让我感到了信心，看到一些平庸的老师越来越出色，我发自内心地感到欣慰。

开学这几天，老师们的精神面貌明确发生了可喜的变化，我非常开心，同时也给了我越来越坚定的信念：要无限地相信老师的潜力！那天晚上在网上和一个老师聊 QQ，这个老师说了一句话："老师要以发掘学生潜力为工作的一个重点，要自居伯乐。"我马上说："我俩在不同的层面上，遵循同一个道理。你是老师对学生，我是校长对老师！"这个老师接着说："也许，你错过的是一个有潜力的学生。但是如果缺少老师的发掘，这个学生也许就错过了自己的一辈子！"这话说得真好！我立刻仿照这句话回复过去："也许，你错过的是一个有潜力的老师；但是如果缺少校长的发掘，这个老师也许就错过了自己的一辈子！"你就是我"发掘"的对象，呵呵！你的成长，就是我的成功！我期待着你不断给我当校长的成就感。

今天拉拉杂杂说了这么多，从你同样真诚的眼神中，我相信你已经体会到了我的苦心。既然你接受我的这些观点，愿意自己更加幸福，那我以后就要"逼"你了——在继续严格要求做好各项常规的同时，我还要逼你思考，逼你读书，逼你写作，逼你上网……你做得好，我会在大会上表扬你——不要怕我表扬你啊！但你如果犯了错误，我也会批评你，甚至把你骂得狗血喷头，呵呵！当然，如果我做错了，你一样可以当面批评我，当面骂我。但请记住，即使我和你吵架，我也永远不会失去对你的信心。总之，我会随时关注你的，永远做你事业上的精神支柱。你有了什么困难，随时可以找我。我就是你的 110。

2010 年 2 月 25 日

8. 如何与"不支持自己"的校长相处？

> 人与人之间的距离，说到最后就是人格的距离，其中胸襟便决定了我们人格境界的高下。斤斤计较于一些不平事，耿耿于怀于一些"整"过自己的人，在事业上无论如何是走不远的。作为教育者，更需要的是一种平和的心态，是一种宽阔的胸襟。

李老师：

曾经年轻的我在一个小山村教书，那时我教书的地方很小，比现在的学校要小好几倍，可能也是因为学校比较小，所以校长也没什么能力。当初我教书的时候，他曾因为对我教育方式的不满而跟我发生多次不愉快，压制了我很长一段时间。还好幸运的是，我从山里走了出来，到了大城市里一所比较出名的学校教书，现在的事业正是如火如荼。而我当年的校长，至今为止，仍然在那一个小山村里教书。我说这个并不为了别的，只是为了证明我的离开是正确的选择。

小伙子，看了你最近发表在某报的一篇谈成长经历的文章，我有些不安。

作为现在小有名气的青年教师，你的自豪我非常理解，而且我也很钦佩你的教育追求，甚至为你成长历程中为追求理想而百折不挠的精神所感动。你在叙述你刚参加工作时，用了不小的篇幅说你先后经历的校长对你的"压制"以及你的"抗争"。你很单纯，我相信你在"控诉"这几位校长的时候，主观上并没有想过要贬低他们，你只尽量客观地讲事实，以展示自己的"不容易"而已。但是，你现在是有一定影响的教坛新秀了，别人看了你这篇文章会怎样想呢？噢，你现在功成名就了，那几个曾经压制你阻挠你的校长至今还在乡村学校，你可以以胜利者的姿态去傲视甚至蔑视他们了。而且，你说那几个校长当初如何"跋扈"如何"霸道"，都只是你的一面之词——也只能有你的一面之词，因为那些乡村校长不太可能和你一样有机会发表文章，用比较时尚的术语说，叫没有你现在拥有的"话语权"。你现在说的话媒体可以为你放大很多倍，扩散到很远很远，而他们的声音根本传不出小山村。这对他们来说是不公平的。因此，你这样说，实际上损害的是你的形象。

千万不要误会，我不是要教会你"圆滑世故"，不是说句话写篇文章都要考虑别人如何想。其实，即使曾经压制过你的那几位校长不可能看到你的文章（对于身处偏僻乡村的他们来说，这种可能性很大很大），你也不该这样写。这不是文风问题，更不是处世方式问题，而是胸襟和境界的问题。

我不是说你说的那些校长没有错，我相信你说的都是事实，我相信那几个校长的确思想僵化，心胸狭隘，作风霸道——只是我不相信他们会有意"整"你。我表达的意思是，对你来说，这么多年过去了，如何看待你曾经的曲折经历？如何对待那几位校长？这体现出你的是成熟程度，更考验着你的境界，而这种成熟和境界，将决定你最后能够走多远。

刚才我说了，我不相信校长会有意"整"你。的确如此，无论他们如你所说是多么"呆板可笑"、"嫉妒心特别强"，我都认为，一个校长还是希望学校好，还是希望年轻教师优秀——至少他们第一次和你见面，是不太可能就对你有什么成见的。当然，随着时间的推移，工作中的争论、摩擦乃至观念冲突是可能的。但我们不能动辄就把自己和校长的矛盾往道德上去靠，把校长想得那么"坏"。我也不否认的确有极个别的如同土皇帝一般的乡村校长，但你怎么连续调几所学校，都遇到"坏校长"，你的运气怎么就那么糟糕？这究竟是校长的原因，还是你的原因？我认为都有，但对年轻教师来说，还是应该反思一下自己。

我经常收到不少年轻老师的来信，诉说自己的苦恼——校长观念陈旧思想保守呀，理想不被校长理解呀，校长处处给自己设置障碍呀，等等。我想到我的经历。在我成长历程中，也经历过好几位校长，也曾有过"成长的烦恼"。这里，我给你讲讲我的故事吧！

我最初参加工作的那几年，和你一样非常纯真，只想着把班带好，把课上好。我脑子里面有许多想法，身上洋溢着永不消退的热情：把学生带到大渡河边上作文课，语文课上给学生读小说，给作曲家谷建芬写信请她给我们"未来班"谱班歌，假期带着孩子全国各地去旅游，甚至还和学生一起去原始森林探险……校长一方面赞赏我的工作干劲，同时也提醒我不要"太理想化"，还有个副校长甚至语重心长地提醒我："不要和学生太随便了，要注意你毕竟是老师！"开始还是好心地劝说，因为我很固执，所以后来便发展为面对面的冲突。

有一次半期考试，学校为了防止作弊，要求每班都安排一半学生到另一个年级的教室里去考试，即所谓"混班交叉考试"。但我坚决不从，我觉得我班学生早就可以不需要监考老师而实行无监督考试了，如果我按学校的要求做，那简直是对我班学生的不信任甚至侮辱！我和校长吵了一架，硬是没有让我班一个学生到外班去考试——也就是说，那次考试，只有我班学生是整整齐齐坐在本班教室考试的！

不能说我当时没有委屈感，但过后我冷静一想，校长和我的冲突，并不是校长要和我这个人过不去，而是认识上的分歧：校长考虑问题的出发点是防止作弊，而我则首先想到的是相信学生并保护学生的自尊心。而且，这种思考问题的角度不同，说到底还是因为各自所处的位置不同：作为一校之长，校长更多的是考虑全校的考试秩序，考虑如何防止大面积作弊现象的出现；而我作为一个班主任，则只考虑我班上的学生的童心如何不受伤害。这事如果放到现在，我会服从学校大局的，同时我会给学生解释，学校这样做是统一部署，而不是对我班同学不信任；事后我也会认真地向校长阐述我的想法：不能因为极少数人作弊，就不信任绝大多数学生；要尽量避免在防止个别人作弊的时候，伤害大多数学生的童心；有时候信任学生恰恰是防止作弊的方式之一。放弃和校长正面冲突而和他多沟通，我这样做不是圆滑，而是真正的理智和成熟。

类似的冲突还有很多，现在想来，正是这些冲突以及冲突后的反思，让我成长起来。前不久一位记者去采访乐山一中原老校长，老校长对记者说："刚参加工作那几年的李镇西，就像《亮剑》中的李云龙一样，优点突出，缺点也不少。让我又爱又气！"说实话，当初我是恨过老校长的，但现在我发自内心地感谢老校长对我的一次次敲打。

后来我调到省城一所中学，也和校长发生不少冲突。比如，我带班一直致力于培养学生的自我管理能力，所以特别不接受学校要求班主任时时"到场"守着学生；又如我的作文教学提倡教会学生修改作文，因此自己经常不批改作文……这些"改革"举措会遭遇学校管理层怎样的批评可想而知。但我那时候已经比在乐山一中成熟多了，我比较能够理解校长的难处——如果他"放纵"了我，也许真有本来就不负责任的老师就会钻空子，打着"改革"的旗号放任学生自流。所以，我没有埋怨校长不理解我，而是做出了成绩，让校长放心，并给我"特殊政策"允许我进行"教改实验"。我真感谢校长！不过我觉得从某种意义上说，这些"特殊支持"是我的成熟和成绩赢得的。那年带高三，我班的高考成绩可以说是异常辉煌。试想一想，如果我一开始就和校长吵架，同时我的工作成绩一塌糊涂，那校长是永远也不可能支持我的。

用一般人的眼光看，这位校长后来挺"对不起"我的——当然，也有人认为是我"对不起"他。主要是在那所学校工作六年半之后，我因故要求调离学校，而校长坚决不放人。但经过一番"挣扎"，我最后还是离开了他。他的愤怒可想而知。于是，以前他对我的所有欣赏，都变成了对我的鄙视。他在不同场合说了一些比如"人品很差"之类对我很有伤害的话。但我始终保持沉默，至今没有说过一句他的不是。

我总是这样想，不管怎么说，他是有恩于我的，是他把我从小地方调进省城，给我一个更开阔的发展空间，我没有理由恨他。他的年龄，他的经历，他特定时代所受教育给他的观念，都决定了他必然把我当作他的"私有财产"，认为我应该终身效命于他；而我一旦要求调离，他自然认为我"忘恩负义""翻脸不认人"，气愤之中，说一些难听的话，我完全理解。

因此，虽然他后来很长时间根本不理我，我照样在每个元旦前夕给他发贺年卡，每次我出版了新书都给他送去——尽管每次他都不那么热情让我很尴尬。每当听到有人给我转述他说我的坏话，我总是想他曾经给我的支持，想我第一次到学校时候他亲自抱着我的行李包一步一步走上五楼休息室的情景；我总是抱着一个信念：老校长毕竟是一个好人，他总有一天会理解我并原谅我的！

果然，十多年后的一天，他突然来电话向我问好，听着他的声音，我有些激动，声音发颤："老校长，谢谢您的宽容！您多保重身体！"那以后好几天我心情都特别舒畅，因为这个世界上少了一个恨我的人，何况这个人是我事业的恩人！

其实，我的经历中也的确遇到过个别曾经给我小鞋的领导，但我依然感谢他，因为正是有了他对我另一种意义的磨砺，我的性格才会更加坚韧，我才会有了今天的一些成就。从这个意义上说，"感谢折磨你的人"这句话真是有道理的。

"只有大胸襟，能够做大事业！"我想到了我的导师朱永新老师这句话。朱永新老师作为现在国内知名度极高的教育专家，以他的个人魅力和教育思想影响了许许多多教育者；同时，他又是全国人大常委、民进中央副主席。在旁人看来，他的事业无疑是很成功的。但我认为，朱老师首先是做人的成功——而在他的做人之道中，最重要的是他胸襟博大。

在苏州大学读博的时候，我就从师兄的口中了解到，朱老师的豁达大度是他所有的同事和学生都很佩服的。他不是没有遇到过挫折和刁难，但正是这些挫折和刁难拓展了他的胸襟。他做教务处长的时候虽然把苏州大学教务处建设成为了全国最好的大学教务处，受到教育部的表彰，但是有人不理解他、不支持他，甚至还打击他，但是他不但没有与这些人发生过冲突，反而这些人最终成为了他的好朋友。

当年评副教授的时候，尽管朱老师学术成果显赫，但因为年轻，所以被一位信奉"论资排辈"的领导压制，坚决不同意破格聘任朱永新为副教授。几年后，这个领导"倒霉"了，"下课"了；有人来向朱老师调查那人的情况，朱老师不但没有落井下石，反而说那人的好话。

后来，朱老师还专门到那人的家里去看望他，安慰他，让他非常感动。朱老师就是以这样宽阔的胸襟赢得了几乎所有认识他的人的由衷尊敬，他的新教育事业因此而越来越兴旺。朱永新老师常常告诫我们："要学会做学问，首先要学会做人，而做人首先要学会与人相处，要与人为善，要豁达大度，要以德报怨，你最终才能有所成就。"

听我啰嗦了这么多，不知你是否有所共鸣。你换一种眼光，重新看你在文中所"控诉"的那几个校长，可能会有新的感受。作为一个男子汉，你要尽可能善待一切人，包括忍受各种委屈，须知男人的胸襟就是被各种委屈撑大的。

我不是说无原则的逆来顺受——如果真的事关原则，那还得按规则办，包括通过法律解决；问题是，生活中哪有那么多的"原则问题"？很多时候，事情的大小完全是我们自己的心态决定的。

现在很多看来令自己咬牙切齿、让我们"实在咽不下这口气"的人和事，再过五十年，当我们白发苍苍的时候再看，真的是微不足道，如烟如风而已。我越来越觉得，人与人之间的距离，说到最后就是人格的距离，其中胸襟便决定了我们人格境界的高下。斤斤计较于一些不平事，耿耿于怀于一些"整"过自己的人，在事业上无论如何是走不远的。

教育需要一种平和的心态，教育者需要一种宽阔的胸襟。我特别喜欢苏东坡的《定风波》。"竹杖芒鞋轻胜马"的从容闲适，"回首向来萧瑟处，归去，也无风雨也无晴"的豪迈恬淡，应该成为我们教师的常态。你说呢？

2010 年 6 月 5 日

成为最好的自己

守住自己朴素的教育心，善待每一个日子，呵护每一个孩子，岁月总会给我们以丰厚的馈赠。

9. 什么才是真正的"一线教师"?

> 敬业，但不愚昧；郁闷，但不沉沦；嫉恶如仇，却决不迁怒于自己选择的教育工作；偶尔也发发牢骚，但决不因此而与教育为敌，与孩子为敌；就算迫不得已做"应试教育"的奴隶，但思想上决不做助纣为虐的奴才；环境昏暗，内心却始终燃着一盏明亮而温暖的灯；身居一隅，目光却始终投向"诗和远方"……

你来信说，你常常为自己是"一线教师"而自卑，因为你不像那些名师专家有"理论水平""视野开阔"；你同时又说，你自己也为自己是"一线教师"而坦然，每天和孩子打交道，也挺好的。

你的来信引起了我的思考：所谓"一线教师"就一定视野狭窄吗？什么才是真正的"一线教师"呢？

好，我就谈谈这个话题吧！

一

有一次在贵州讲学，我提到云南一位普通而让我尊敬的女教师。我说："表面上看，我是所谓'名师'，而她则毫无知名度，但我和她，谁更能代表全国广大的一线教师？当然是她！她没有出版过专著，没有做过大型讲座，也没有获得过显赫的荣誉，甚至连学校荣誉都没有。但她每天都过着平平淡淡而踏踏实实的日子，陪着一届又一届的孩子成长，备课、上课、批改作业，组织班级活动，和孩子一起玩儿……她所有的学生都记住了她。全国千千万万的老师就是这样的。她就是典型的一线教师。今天，在座的每一位老师也和她一样，默默无闻却令人尊敬。我向你们表示敬意！"说完，我深深地向台下的老师鞠躬。

2001年9月10日教师节那天，我写下一篇短文《把祝福献给普通的老师们》，其中有这样一段文字：

　　他们可能一辈子都没发表过一篇论文，却兢兢业业地上好每一堂课；他们也许从来没有机会上公开课，却把一批又一批的学生送进了高一级学校；他们可能由于办学条件差、生源不理想等原因，很少有学生考上大学，但他们仍无怨无悔地爱着自己的每一个学生；他们的工资经常被拖欠，他们因此也发牢骚，但发完牢骚后仍然夹着教案走进了教室；他们给一届又一届的学生声情并茂地讲长城、讲故宫、讲"江南忆，最忆是杭州"、讲"一桥飞架南北，天堑变通途"，可他们的双脚迈得最远的地方不过是几十公里以外的小县城；他们的丈夫或妻子已经下岗，因而日常生活捉襟见肘，但当自己的学生因家境困难打算辍学时，他们会毫不犹豫给学生以微薄而温暖的资助；他们的教学方法既不能归入这个"模式"也不能纳入那个"体系"，他们不过就是老老实实地上好每一节课，仔仔细细地批改每一道作业题；走在繁华的都市大街上，他们朴实、木讷、憨厚、迟钝甚至有些"猥琐"，但在学生的心目中他们永远是最美丽、最英俊、最有才华、最有激情的偶像；沉重的人生压力使他们的腰背已经微微有些佝偻，但正是这些微微有些佝偻的腰背铸就了中国基础教育的脊梁！

这就是我眼里的"一线教师"。十六年过去了，我依然这样评价绝大多数的"一线教师"。

注意，我在这里特别强调的是"绝大多数"，可见我并不认为所有"一线教师"都是值得我尊敬的。

二

不知从什么时候开始，在某些人（当然是极少数，但因为这极少数人活跃在网上且掌握了一定的话语权，所以往往给人感觉为数不少，影响不小）眼里，"一线教师"四个字有了另外的含义。它成了一种"人格保险箱"，好像只要说一声"我是一线教师",就占据了"道德高地",在人品上就比"非一线教师"要高尚得多;它成了一种"批评豁免权",可以抵挡一切批评,好像可以批评任何人,就是不能批评"一线教师",否则就是"与人民为敌";它成了一个"吐槽垃圾桶",抱怨、发泄甚至讽刺、谩骂,似乎源于一个"正当理由",那就是"我是一线教师";它成了一种"政治正确"的"保证书",只要是"一线教师"说的话,都是对的——我想起了小时候看过的一部阿尔巴尼亚电影中的一句台词:"墨索里尼,永远有理!"在这里可以改为"一线教师,永远有理",我把这种现象称作"教师民粹主义"。

我不相信这少数在网上叫嚣的老师能够代表所有"一线教师"。而且我相信,绝大多数真正的一线教师也不认可这些人是他们的代表。

只想听顺耳的话,而一听不合己意的话便愤愤不平,这就是少数自称"一线教师"的人的特征。以最近我的"有趣"经历为例——我写《谁给谁抹了黑——请教屯留县纪委》,为几位 AA 制聚餐却被通报批评的老师鸣不平,于是赢得网上一片喝彩:"李老师和我们最贴心!""李老师才是真正的专家!";我写《体罚并非世界教育的主流》,戳穿有人所谓"世界上大多数国家的学校体罚都合法"的谎言,便有曾经的喝彩者说:"站着说话不腰疼!""你来我们这里带个班就知道了!""李老师离一线老师越来越远了!";我写《也说"没有教不好的学生,只有不会教的老师"》,对这句流传很广的"名言"提出质疑,于是网上点赞不断:"还是李老师理解我们!""李老师的文章总是那么接地气!";我写《夏老师没有自杀为何让某些人失望》,于是先前有的点赞者又说:"李镇西变了""让我们寒心"……

本文草稿写好后,曾在网上发过两段,马上有一位网名为"心已远"的网友评论:"我觉得凡是没有正在从事一线教学的老师没有资格评价一线老师,哪怕你做过一百年的一线老师,只要现在不是,就请闭嘴,包括镇西老师。"

一言不合,便武断地要别人"闭嘴"——如此霸道,有半点胸襟吗?如此评论,有半点逻辑吗?

如果这样的人说他能够代表"一线教师",恐怕才真正会激起广大真正的一线教师的"公愤"。

三

尽管我知道这样的"老师"总喜欢——不，是"只喜欢"——听符合他心意的话，我今天依然要"冒天下之大不韪"，对极少数自称"一线教师"的人说点他们"不爱听""很反感"的话。

的确——我承认，是有一些不良媒体把教师中个别"害群之马"的所为当做热点新闻来渲染，比如说"现在的老师对重要的知识，课上不讲，课下收费再讲"，又比如热衷于报道哪个学校的教师"奸淫""猥亵"女生了，还由此造出一个类别化的称谓："禽兽教师"……这些事不能说不是真的，但毕竟是个别的。一些不良媒体却往往以此"妖魔化"我们整个教师群体，令人寒心。

但对这些负面报道的反感，并不能成为我们拒绝正视自身问题、更新教育观念、改善教育方式的理由。我们本身的确也需要不断成长，需要继续加强式的建设、提升职业认同感、提高教育教学的专业素养——这是每一个"一线教师"的追求。尤其重要的是，作为一线教师，应该听得进各种善意而中肯的批评，应该正视自身的不足，这是不断完善自己，超越自己的前提。

要知道，我们是教育者啊！我们的所言所行直接影响着我们每天面对的孩子，并间接影响着中国的未来——你别给我扯"家庭教育更加重要"，我在这特定的语境里重点是谈学校教育，谈教师素养，"家庭教育更加重要"是另一个话题，如果你非要硬说"家庭教育更重要"，那我只能说你是铁了心和我抬杠。

四

最近读到一篇题为《引入"倒推力"促进教师专业发展》的文章，作者叫"龙向东"，是贵州的一位中学教师——一位标准的一线教师。龙老师在引用了德高望重的顾明远先生"我们教师水平太低，所以提高水平是对的"的话之后，这样写道——

    刚看见那句话的时候，我也有点疑惑：这样讲到底准不准确？是不是太过了？昨天下午，我去参加一个家长会，才体会到也许顾老所言并非夸张啊。

第一位老师上来，先请大家安静，然后很不客气地说："不愿听的就出去！"接下来，是介绍成绩："这次我们班考倒数第一！已经是第三次倒数第一了！"听了这话我感觉很意外，一般人不会这样讲的，这是缺点啊，隐瞒都来不及，还当众强调，难道要自我批评？到了后来才知道她这样强调的原因，"孩子就是一张白纸，考得不好肯定是家长的责任，就是家长不重视！""我教的另一个班就考第一，同样是我教，这不是家长的责任会是谁的责任？！"她讲话的主要内容就是孩子们考试成绩很差，家长要承担全部的责任。然后当众宣读每位学生的成绩。

对这位老师的做法，我有几点看法：一是不大尊重家长和孩子，不是将他们当成朋友，而是当成不欢迎的人，无视孩子的隐私权；二是过于重视考试成绩，把教育当成了考试，通过宣读成绩给孩子"贴标签"，诱导广大家长、孩子给孩子"贴标签"；三是逻辑推理非常混乱。

第二位老师上场了，同样是当众宣读成绩，接下来布置若干作业：书法抄写一遍然后听写、朗读下学期的课文三遍然后背诵默写部分篇目、写六篇作文、阅读作业、家长签字……总之很全面。然而我在想，提前把下学期的东西都学完了，下学期干什么呢？在我看来，很多作业并不是非做不可。成年人们可以回忆一下，你小学所学的课本知识现在还记得多少？对你的人生产生了多大的影响？假期布置这么多作业，孩子们还有多少时间去发展兴趣和特长呢？我倒以为，教师过多地布置作业，恰恰暴露了老师对自己的教学缺乏信心。因为没底气，所以才大量全面地布置作业，这么做不过图个心安罢了。作业的多少应当取决于客观的必要性，而不是主观必要性；如果教师对于教学内容缺乏把握，当然也就不可能形成"客观必要性"，于是就只能依赖"主观必要性"。

五

当然不能说每一个老师都是这样的，但这样的老师恐怕就不是个别的了。这样的老师还不是我前面所说的那种品质恶劣的"害群之马"，相反他们都是很敬业很负责任的老师。也许有读者会为这两位老师辩护："他们也没办法啊，都是应试教育的体制给逼的！"

可是我要问，离开了渊博的学问、高超的智慧、精湛的技艺，就算是应试，仅凭着通过家长去"督促"孩子在假期里"书法抄写一遍然后听写、朗读下学期的课文三遍然后背诵默写部分篇目、写六篇作文、阅读作业、家长签字……"就能把孩子的成绩真正提高吗？

面对这样的"一线教师"，大道理不用多讲，每个老师就问自己一个朴素的问题：我愿意把自己的孩子交给这样的老师吗？从某种意义上说，这样的老师越"认真负责"，孩子越受害匪浅。

有的老师动辄"抱怨"，而且还为"抱怨"找了一个"正当理由"，说"抱怨是对官僚主义施压"，是一种"抗争"。可我以及任何人都没有看到过任何教育弊端是靠"抱怨"解决的。有吗？你给我找哪怕一个例子，就一个！我曾经在一篇文章中把那种成天唉声叹气、怨天尤人，而对工作敷衍塞责、对学生毫不负责的老师，称作"怨妇"。于是，有自称"一线教师"的人就说他"很反感""很寒心"，说我"站着说话不腰疼"，说"名师哪知一线教师的苦"，说"专家、名师都是既得利益者"……

六

需要特别说明的是，"抱怨"是不可避免的，谁敢说自己就没抱怨过呢？包括我，任何人遇到不如意多少都会抱怨几句，这很自然。我经常批评的"抱怨者"不是指这样的老师，而是特指那些只抱怨、不工作，或混日子、消极应付、耽误孩子的"老师"。我再强调一遍，发牢骚本身无可指责，有良知的老师也会发牢骚，但正如我前面所说："他们因此也发牢骚，但发完牢骚后仍然夹着教案走进了教室"，埋怨几句不公，但不因此而迁怒于孩子，不因此而懈怠职业，这样的老师不是我说的"怨妇"。

我从来就不主张教师面对不公而逆来顺受。对于种种教育弊端，我们当然需要呐喊，但这种"呐喊"应该理性而有程序地表达。比抱怨更重要也更有效的，是通过途径反映、申诉乃至抗争。

我所知道有这么一位一线教师（由于某种原因，我隐去其姓名），就在我所在附近的地区（同样由于某种原因，我隐去其具体的区市），为教师待遇问题依法起诉地方政府，这位老师的诉讼请求有四：第一，依法判决被告向原告公开市政府发放绩效年终目标奖的范围、划分该范围的依据，以及为何将教师划分在年终目标奖范围之外；第二，依法判决被告向原告公开原告2001年至2016年应发和实发的第十三个月工资数额；第三，依法判决被告向原告公开原告2009年至2016年应发和实发的绩效工资数额；第四，依法判决被告承担诉讼费。法院已经受理此案。不管最终结果如何，这位一线教师依法行使权利维权的行动值得我为她点赞。

所以我2017年2月就教师待遇搞了一个大型调查，并根据调查写成一篇万字报告，递交全国人大和全国政协；所以我2017年6月就教师所承担的"非教学工作"也搞了一个大型调查，然后也写了一份调查报告，递交教育行政部门。这就是"理性而有程序地表达"我们的"呐喊"——提升教师的职业尊严感和幸福感，关键在于"加薪"和"减负"双管齐下。

但教育种种问题的解决不是一个早晨能够完成的，需要有一个过程。在这些问题没解决之前，我们只能做我们权限范围内能够做到的，比如调整自己的心态，扩大自己的视野，丰富自己教育素养，提升自己的专业能力。一线教师这样做，本身也是在超越自己，让自己越来越强大，最终赢得别人的尊重，包括赢得相对富足的物质待遇。

七

那天，我的朋友李海林先生在我的微信圈里留有一段话，愿老师们能听得进去——

高待遇从来都不是社会赏赐给你的，你必须用其他人所没有的特殊知识和技能为社会服务，迫使这个社会给你想要的。问题是，我们有多少别人没有的特殊知识和技能呢？不知道老师们能否听得进这样的话。事实上，所有卓越的教师没有一个陷于贫困的。每当这个时候，老师们又痛斥这个社会的不公，认为是权贵在做怪，或者斥责这些名师吹牛拍马。他们看不见成功的教师所付出的艰辛劳动和巨大付出。如果他们看到了，又在私底下说，这些傻子，这样辛苦又有什么用。这是一批没有希望的人。可悲的是，正是他们，在教我们的孩子。

"事实上，所有卓越的教师没有一个陷于贫困的。"李海林老师这句话也许说得有些绝对了——可能也有一些老师很卓越却由于某些原因而陷于贫困，但至少大多数或我认识的许多"卓越教师"，没有一个不是从"一线教师"成长起来的，其中许多人至今依然是"一线教师"，而他们的确没有一个"陷于贫困"的。

看看那些名师的经历吧，你会发现他们大多"崛起于畎亩之中"，成长起点恰恰是"一线教师"。

比如中国教育学会名誉会长顾明远先生，还有石中英先生、刘铁芳先生、王崧舟先生……他们刚参加工作时，都是普通学校或乡村小学的一线教师，有的学历并不高，但现在都成了当代中国最具影响力的教育专家。他们现在当然不可能"陷于贫困"。可当初他们作为一线教师时同样遇到了许多困难、坎坷、不公，如果他们因此抱怨因此沉沦因此得过且过，会有今天的卓越吗？

还有著名特级教师王栋生（笔名"吴非"）老师。这么多年来，他多次撰文抨击某些"一线教师"的种种有违师德的言行，而他自己直到退休都是标准的"一线教师"。当然，他是一位有着非凡影响力的"一线教师"。这个影响力不是靠他"抱怨"得来的，而是他多年奋斗的实至名归。

我自然想到冰心那首著名的小诗——

> 成功的花，
> 人们只惊慕她现时的明艳，
> 然而当初它的芽儿，
> 浸透了奋斗的泪泉，
> 洒遍了牺牲的血雨。

八

也许有人会说："您说的都是名人，而名人毕竟是少数啊！"好，那我再说几位非名人的"一线教师"——

我想到了李国斌老师。李老师是四川金堂县的一位高中语文老师，不幸于 2004 年患上了淋巴癌。在生命已经被医生宣判了"死刑"的情况下，他依然乐观，笑对人生，在与病魔作斗争的过程中，他一次次创造了生命的奇迹，居然不可思议地重返课堂，而且当班主任。关键是，他不只是应付式地完成教育教学的常规工作，而且是积极思考，大胆改革。他在病中完稿并出版《我的学生我的班》，记录他自强不息、锐意进取的教育故事。在一个小县城教书，所有"一线教师"所遇到的困难他都遇到了，但他没有抱怨，更没有沉沦。他说："我知道，作为学校一个小小的班主任，虽然没有呼风唤雨的本事，不能左右学校的教育规定和要求，不能决定教育的'大气候'，但是我可以营造教育'小环境'。在遵循教育自身的规律和学生身心发展的规律的前提下，按照自己对教育的理解和思考，在我管理的班级进行教育改革试验。"

还有胡兰老师。作为一名乡村女教师，她长期在最基层的学校陪伴着农村孩子——不仅仅是"陪伴"，还潜心研究教学、探索教育改革，在教书育人方面成绩卓著，因此而荣获"全国模范教师"的光荣称号。2014 年 8 月，她在一次体检中，偶然被查出患有脑部恶性肿瘤胶质瘤，做了开颅手术。医生说她三年后复发的可能性为 90%。可是，手术后四个月，她便主动要求重返课堂，继续当班主任、教语文。一年后，病情复发，她一方面接受治疗，一方面继续工作——没有谁强迫她上班，也没有谁对她进行"道德绑架"，是她自己把教育当做自己生命的存在方式。她在 2016 年工作总结中写道："2016年，对我来说是不寻常的一年。这一年，我饱受脑部肿瘤复发困扰，在忍受病痛发作——疼痛、头晕、乏力等不适症状折磨的同时，咬牙坚持，负重前行，努力展示积极乐观、豁达向上的健康形象。我战胜了病痛，战胜了困难，没有成为学校和同事的拖累，并尽我所能，把微弱的光亮惠泽于一同前行的所有人。"

九

有"一线教师"可能又会说了："你说的都是患有绝症的人，并不具有代表性。"

好，那我就说说罗民吧！"罗民"，这个名字可能知道的人不多，他是我的网友，网名"滇南布衣"。十五年前我和他在网上相识，感动于他长期坚守在云南南部的一个山坡上，陪伴着 12 名孩子。于是，我利用一个暑假专程去看他。几间低矮阴暗的土房，残砖垒砌的乒乓球桌，玉米地旁坑坑洼洼的"操场"……就是"校园"。就是在这里，罗民年复一年地陪伴着一批又一批孩子。其艰苦一言难尽。临走时，我问了他一个问题："你没有想过调出村小，到县城工作？"他说现在还没有想过。我说是不是没有机会，他说不是，"我的一个表叔曾在县里机关工作，曾经主动给我说过，如果想调到城里来可以去找他。"我问，那你为什么现在不想调到城里工作呢？他说："我想还是再在乡下待一段时间，把现在乡里各小学这一批三十多岁的老师带一带，他们很有培养前途的。我想通过他们去改变现在的乡村小学教育。"话语中，"布衣"流露出一种使命感。我说，你真相信你能够改变现状吗？他说："能！1993 年我曾经有几次机会调进城，但我没有，而是去了金鸡村小学。现在看来，我改变了金鸡村小学，正是在我任教期间，金鸡村小学修建了全乡第一所钢筋水泥的教学楼，而且培养出金鸡村第一个大学生！"十五年过去了，我和罗民早已失去了联系。但经常想起他。不知他现在是否还在那山坡上教书，也许早已调到县城，物质生活改善了许多。这无可厚非，因为这是他自己奋斗的结果。

还有我的微信公众号上写过的汪敏老师、王兮老师、卢晓燕老师、刘朝升老师、蒋长玲老师、王晓波老师、郭文红老师、卢韵笛老师……这些令他们的学生感到温暖的老师，许多人连他们的名字都没有听说过，可他们不都是"一线教师"吗？

十

但有的自称为"一线教师"的老师却不是这样的。他们总是那么"悲情"而"悲壮"。2000 年前后，那时我刚上网，在一些网站论坛担任版主，和许多每天在教室上课的一线教师相识。其中有一位来自重庆的小学教师（姓名这里隐去），每次上网或给我写电子信件总是那么"满腹委屈"，因而"悲愤不已"，透过网络我似乎都能感到他满脸纵横的泪痕。我每每开导他，他却总是说"你们名师不懂我们……"后来我只好放弃了对他的"使命感"。

这么多年过去了，不知他是否还生活在自己的"悲情""悲壮"和"悲愤"之中。

什么叫做"你们名师不懂我们……"？总有人把"专家名师"一刀切地骂为"高高在上""夸夸其谈""脱离实际""专制帮凶"……总有人有意无意（对有人来说，是"故意"）把"专家名师"与"一线教师"对立起来——好像"专家名师"一定是"高谈阔论""脱离实际"的胡说八道者，而"一线教师"一定是"富有经验""实事求是"的勤奋实干者；一旦贴上"专家名师"的标签，你就已经"输三分"了，而只要声称自己是"一线教师"则"怎么说都有理"。

而真理不认身份，只认事实。无论"专家名师"还是"一线教师"，都可能胡说八道，也都可能勤奋实干。何况二者可以是互相转换或合二为一的：同一个人，可能先是"一线教师"后为"专家名师"（比如前面所说的顾明远、石中英等先生），或者成为"专家名师"后又重返课堂成为"一线教师"（比如，2004 年 4 月，我以特级教师和博士的身份，从成都市教科所的岗位上主动回中学教语文并担任班主任），或者成为"专家名师"后依然一直是"一线教师"（比如，我多次说到的著名特级教师吴非先生）。以"出身"论"英雄"，曾经是一个荒唐年代的特征，难道这个荒唐还要继续下去吗？

十一

吴非曾建议我"脱离群众"（他对这四个字有特殊的解释），他对我直言："远离尘嚣也就远离市侩主义——说实话，和装作听不懂的人去说理，你就比他还要蠢。"

是的，我知道"永远叫不醒一只装睡的耳朵"。我倒也没有"蠢"到指望这篇文章能够"说服"谁"改变"谁，但我希望我的文字能够让自强不息的一线教师感到不孤独。

几年前我去看吴非时，他很自豪地谈到南京师大附中语文组："我们语文组有些老师真不错，庄敬自强，有真正的教师修养，他们有一个共同的特点：不苟且！"

当时，他说的"不苟且"三个字让我心里一震。不苟且，意味着抵御外在的诱惑，坚守内心的良知，不管社会风气如何，决不放弃应有的理想、情操和气节——

敬业，但不愚昧；郁闷，但不沉沦；嫉恶如仇，却决不迁怒于自己选择的教育工作；偶尔也发发牢骚，但决不因此而与教育为敌，与孩子为敌；就算迫不得已做"应试教育"的奴隶，但思想上决不做助纣为虐的奴才；环境昏暗，内心却始终燃着一盏明亮而温暖的灯；身居一隅，目光却始终投向"诗和远方"……

我身边乃至遍布于全国各地许多角落的千千万万默默无闻的普通老师就是这个样子的。

他们才是真正的"一线教师"。

我相信，你也是这样的"一线教师"，因此你不必自卑，完全可以继续你的"坦然"。

2017 年 7 月 22 日

10. 我怎样才能成为"名师"?

> 当我们怀着浮躁的心去计较每一次得失,过于在乎自己是不是名师,到头来可能什么都不是。
>
> 相反,什么都别去想,守住自己朴素的教育心,善待每一个日子,呵护每一个孩子,岁月总会给我们以丰厚的馈赠。

李老师:

您好,我是一名教师,我有多年的教学经验,并且我带的学生,都很喜欢我。也是因为他们的喜欢,才给我带来莫大的鼓舞,让我得以有成为名师的梦想。当我送走第二批毕业生时,我便在心里定下了目标,并将目标划分为几个阶段,想一步一步走上名师的道路。您是全国知名特级教师,又出了很多著作,对于怎样走上名师这条道路,您现在一定有自己独特的经验。所以我冒昧讨教一二,希望能在您这儿学到成为"名师"的方法。

你说你立志成为名师,还给自己定了目标,要争取多少年获得"市级名师"称号,多少年获得"省级名师"称号。

我对你的志向表示赞赏。现在有理想的人不多了,包括教师队伍中有理想的人也不多。而"混日子"的却大有人在。因此,你有追求有志向,无论如何是一件好事。

不过,我的赞赏很有限,因为我感到你对名师的认识还有些模糊。因此,我想在这里谈谈我对名师的理解。

在我看来,教师大体可以分为普通教师、优秀教师和名师。特别要说明的是,这里的所谓"大体可以分为",并不是人为地把教师分为三六九等。不是的。教师之间的差异是客观存在的。无论"分"不"分",普通教师、优秀教师和名师的区别都明摆着。我还要特别指出的是,这三者之间的差别并不在于师德——爱心呀敬业啊等等，而在于专业素养和技能以及他们所取得的成绩。所以，那些师德低下的所谓"教师"，包括我前面所说的"混日子"的人，不在我今天的论述范围内。

普通老师指的是专业素养平平，教学能力平平，教学成绩也平平的老师，他们也想把工作搞好，工作也算尽心尽力，但由于缺乏经验，更缺乏智慧，所以各方面都显得"很一般"。这些老师中有相当一部分是刚参加工作的年轻人，这些年轻人只要善学习、肯钻研，假以时日，他们完全可以成长为优秀教师。

还有一类老师，无论教龄还是年龄，都不算短，但教育教学水平却一直不见长进，也许他们工作态度一贯端正，甚至肯吃苦，但思想却往往懒惰，不愿琢磨，不愿思考，不愿学习。久而久之，就更不想上进了。这样的老师是很可怜的，辛辛苦苦，勤勤恳恳，甚至任劳任怨，但长期体验不到教育成就感，他们也很痛苦，不过也有一些人早已麻木。他们麻木了，无所谓痛苦不痛苦，但苦了孩子啊！

所谓"误人子弟"，不一定是因为老师的不负责，更多的时候是因为认真负责的老师却没有教育智慧。吴非老师说过一句话，大意是，一个学校最可怕的是，一群愚蠢的老师却兢兢业业。这话也许听起来很刺耳，但仔细一想，不是没有道理。

优秀老师的标准很多，但在我看来，至少必须具备这样三个条件：

第一，课要上得特别棒，棒得让学生每天都盼着上他的课。会上课，这是优秀老师最直观的一个特点。也是最容易被学生追捧的原因。我曾经在一次培训时，对年轻老师说："要特别重视第一堂课，要设法在第一堂课就吸引学生。如果学生通过第一堂课就佩服你，下课铃声响起的时候，教室里一片叹息，下课后孩子们纷纷去看课表，看第二天你的课是什么时候，那你就成功了。"当然，仅仅是第一堂课上得好，学生对你的崇拜显然不能长久，我们要追求每一堂课都精彩。不同的老师，其精彩的侧重点也许不同，比如有的以幽默见长，有的以逻辑取胜，有的富于思辨，有的善于抒情……另外，视野开阔，信手拈来，将知识与学生生活相联系，甚至与学生的生命共鸣，等等，这些都能够使课堂精彩纷呈。

第二，所教学生的成绩也非常好，特别是中考或高考成绩。作为对学生负责的老师，不必也不应该讳言考试成绩。哪个学生到学校来不是希望考一个好成绩？哪个家长把孩子送给你，不是希望你给他的孩子一个好成绩？但偏偏现在有人讳言应试成绩，有时候不得不说，却说得羞羞答答，好像一说应试成绩就不好意思，就是"应试教育的帮凶"。有一个学校声称："高考成绩只是副产品！"我对这话很不以为然。虽然我们经常说学生"做人第一"，学校"育人为主"，但"做人"也好，"育人"也好，那是一个长期的过程，而学生以学为主，教师以教为本，不抓教学质量，无论如何说不过去。理直气壮地把高考成绩作为自己的产品一点都不理亏！学校如此，教师也是如此。如果一个老师的课上得好，但考试却一塌糊涂，他却声称是在搞"素质教育"，谁信？一个优秀的老师，没有令人信服的中考或高考成绩，其"优秀"必然会大打折扣。

我还要特别强调的是，精彩的课堂与出色的分数，这二者对优秀老师来说，必须同时具备。有的老师课上得好，却考得很差，那不是真正的课上得好，也许不过是哗众取宠，以廉价甚至低俗的"幽默"博取学生的喝彩。有的老师考试成绩好，但课却不受学生欢迎，因为他的分数是靠"题海战术"靠"加班加点"得来的，这样的老师也难以说是真正的"优秀"。

第三，班主任也当得非常好，能够带出一个蓬勃向上的班集体。优秀老师应该具备综合的优秀素质，显然就不仅仅是学科教学过硬，还应该擅长当班主任。班主任不但能够让一个老师真正深入学生的心灵，享受仅仅作为科任老师而不能享受的来自孩子的快乐，而且能够检验出或者说展示出一个老师全面的教育素养。所以我们常常说，一个没做过班主任的老师，不能算是一个真正的老师！我个人的体会是，如果只是上课而不担任班主任，总觉得没有深入到教育的深水区，对学生的认识以及对教育的把握，都仅仅是隔靴搔痒。一个仅仅只是通过知识和孩子打交道的人，不可能真正走进孩子的心灵，也不可能真正获得孩子的爱戴，当然他也不可能获得教育的真谛，也永远不可能享受完整的教育幸福——而一个老师离开了这些，还能够说是真正的"优秀"吗？

在我看来，做到了上面三点，就可以叫"优秀老师"了——不管他是否获得了来自官方的荣誉称号，他的优秀都已经写在了学生及其家长的心里。这样的优秀老师可以说每个学校都有。在你的身边也一定有。他们应该是你学习的榜样。你想让自己优秀，请先向身边的优秀老师学习。

再说"名师"。名师肯定是优秀老师，优秀老师具备的所有品质，包括我说的三点，名师都应该具备，这应该没有疑问。但优秀老师却不一定是名师。在我看来，名师与优秀老师的区别并不在于是否会上课，是否有令人信服的教学质量和是否擅长当班主任，而在于是否有更大的影响力。

注意，我这里说的是"更大"的影响力。我的意思是，优秀老师也有影响力的，但往往只是局限于一个学校或一个小小的片区。而名师的影响力，则往往辐射到一个省乃至全国。如何才能产生这么大的影响力呢？这就要靠"能说会写"。因此似乎可以说，能说会写让优秀教师更上一层楼而成了名师。

所以，名师的条件还得加上——第四，"能说"；第五，"会写"。

这里的"能说"，指的是演讲能力或报告能力强，能够通过演讲或报告传播自己的教育智慧；再说具体些，要有思路清晰的概括能力，要言不烦的提炼能力，逻辑严密的分析能力，绘声绘色的叙事能力，等等。会上课的老师一般也会演讲，但也不一定。因为听课的对象是学生，而听讲座的往往是教育同行；上课更多的是把教材上的知识传授给学生，而讲座则是将自己的教育实践展示给老师们。我见过这样的老师，课上得好，分数也考得好，带班也很不错，但就是不会作报告，面对下面黑压压的老师心里便发怵。于是，这样的优秀老师便只能在校内或学校附近有限的范围内有影响。但是，通过报告，优秀老师则能够直接将自己的教育经验、教育智慧、教育思想向全国的老师们宣讲，影响力自然扩大。

这里的"会写"，指的是写作能力强，能够把自己的教育案例教育感悟教育反思等写下来，通过发表文章出版著作产生积极的社会影响。仅仅通过做报告开讲座，面对面影响的老师也是有限的，而通过文字传播，其影响则可以超越时空。无法想象，如果没有《给教师的一百条建议》《把整个心灵献给孩子》、《给青年校长的谈话》《帕夫雷什中学》等著作，我们怎么可能知道苏霍姆林斯基？又怎么可能了解他的教育思想和教育智慧？所以我曾经说过，苏霍姆林斯基是自己"创造"了自己。通过什么"创造"？当然首先是他一生的教育思想和教育实践，但还有一个不可缺少的条件，就是他的几十部教育著作。如果说他生前的影响力不仅仅是他的文字的话，那么几十年过去了，现在他所拥有的国际影响，则主要是源于他那百科全书式的教育著作。同样的道理，一个名师，往往是通过报纸、杂志或出版社，让自己产生越来越大也越来越深远的影响——而这，正是名师区别于一般优秀老师的地方。

名师的特点当然不只是上面这些，比如还有教育爱心、高远理想、开阔视野、独到思想、科研能力等等。但我觉得，这些都可以通过上面所说的五点体现出来。

最后我还想对你说的是，名师不是教育行政部门或什么机构评选出来的。我所知道的钱梦龙、于漪、魏书生等名师，从来都没获得过"名师"称呼。"特级教师"可以评，"学科带头人"可以评，"劳动模范"可以评，就是"名师"不能评。因为名师之"名"指的是其影响力，而"影响力"是自然而然形成的，并且是一种客观存在，不可能通过"评选"产生。现在评选各级所谓"市级名师"、"省级名师"之类的做法是很荒唐的，同样的道理，评选"名校"和"名校长"的做法也是很荒唐的。

能否获得种种荣誉称号，往往取决于别人——领导呀同事呀等等，有时候由不得自己；但是否能够成为名师，则全靠自己。不信，你看看上面五条，不都是自己就可以掌控吗？说得"极端"一些，哪怕不是"特级教师"，不是"全国劳模"，自己也完全可以把自己打造成名师。其实我这个说法并不"极端"，因为是有例子的——这个例子就是我。20 世纪 80 年代我的课就很受学生欢迎了，教学质量也不错，我的"未来班"还上了《中国青年报》；90 年代我所写的《爱心与教育》在全国产生了巨大反响。可由于种种原因，直到 2003 年，我才评为四川省特级教师。

写到这里我突然想，其实，名师也好，优师也好，都是一种自然而然瓜熟蒂落的成果，并不是对功利"孜孜以求"的结果。你将这些目标列入"时间表"，不妥。所以我在本文开头说对你的赞赏"是有限的"。当我们怀着浮躁的心去计较每一次得失，过于在乎自己是不是名师，到头来可能什么都不是——这叫"多情总被无情恼"。相反，什么都别去想，只要守住自己朴素的教育心，善待每一个日子，呵护每一个孩子，岁月总会给我们以丰厚的馈赠——这是"道是无晴（情）却有晴（情）"。

你应该有这个耐性和信心。

2012 年 9 月 30 日

11. 教师成长有哪些关键因素?

> 机遇、实践、阅读、写作、思考、个性、心态、童心，是教师成长的过程中不可或缺的八个重要因素。

李老师:

在这里我想跟您分享一个喜讯，我从师范大学圆满结业，由于学习成绩优异而被市里一所重点中学选中，由此成为一名教师。这可是我从小到大都没有改变过的梦想啊，我一直期望自己有一天能站在三尺讲台上，孜孜不倦地传递着知识，给学生一个美好的童年时代。因此我更想做一名优秀的教师。刚踏入教师这个行业，想咨询下前辈，怎样才能让我这个新来的教师健康成长？在这条教师的道路上，我应该具备哪些品质，才能成为一名合格的优秀教师？

我首先要祝贺你完成了师范大学的学业，并且以一个优秀大学生的身份顺利地被一所有名的重点中学选中，正式成为一名教师。其次我要说我很赞赏你对自己专业发展或者说自我提升的主动意识。你说你很想尽快成长起来，问我教师成长有哪些关键因素。你的这个问题，让我的思绪情不自禁回到了我的年轻时代。今年刚好是我从教三十周年，那我就结合我的成长经历谈谈教师成长的话题吧！

仿佛昨天才大学毕业刚刚分配到乐山一中，可一转眼已经过了整整三十年了。由一个除了激情与理想就什么都没有的小伙子，到现在成为一个还算有一定经验的老教师，回顾我的三十年，我觉得对我来说，成长路上有这么八个关键词——

机　遇

我是"文革"结束后恢复高考的首届大学生。这是我的幸运，也是我们这一代人的幸运。如果不是恰逢高考恢复，真的很难说我以后的人生会是怎样。因此，评价我的成长历程，必须将我和我们这一代人放在一个大变革的时代考察。

20世纪70年代末80年代初的中国，刚刚从"十年浩劫"的噩梦中醒来，中国共产党第十一届三中全会给从灾难中重新站起来的中华民族注入了新的生命活力。那是一个风云激荡的年代："真理标准问题"大讨论、"天安门事件"平反、张志新冤案的披露、伤痕文学的轰动、朦胧诗的崛起、陈景润与哥德巴赫猜想、科学的春天、中越边境战争、中国女排扬威世界、中美建交……中国，拉开了改革的大幕，开始了新的长征。

作为"文革"后恢复高考的第一届大学生，我们满怀激情地在"新长征"的号角声中开始了学习。梦想也罢，理想也罢，让中国早日屹立于世界强盛民族之林，是我们发自内心的渴望。当时，中国足球一次赛赢科威特的胜利，就足以让我和我的同学高呼着"中国万岁"，在校园彻夜狂欢！在那民族复苏的新时期清晨，足球的胜利已经不仅仅是足球的胜利，它寄托着千百年来中国人民渴望腾飞于世界的梦想！

而这个梦想具体到我和我的大学同学，那就是怎样以我们的青春与智慧，让中国教育腾飞？三十年后，现在想来，这个理想当然很"理想"，但那是我们发自内心的渴望。尽管现在我们也不能说当初"狂妄"的理想已经实现，但心中有这个理想和没有这个理想是不一样的。至少追求这个理想的过程对我来说，一直延续到今天。

说实话，一个普通的人在大时代面前，真的微不足道。但如果顺应潮流，一个普通的人也能成为时代英雄。我当然远远算不上"时代英雄"，但因为我不自觉地把握了历史脉搏，顺应时代潮流，因此至少在事业上也取得了一点问心无愧的成就。我是中国共产党十一届三中全会路线的真诚拥护者。正是这条路线开启了改革开放的伟大时代。这是一个呼唤思想自由的时代，是"让思想冲破牢笼"的时代，追求人的解放的时代，宽容个性鼓励创新的时代……我有幸和改革开放同行，并和中国的前进一起成长。我用整个心灵拥抱中国共产党改革开放的伟大事业。可以说，没有改革开放，就绝对不会有我的成长！

应该说，今天的时代和三十年前相比，有了很大的不同，但总的说来是在前进。个人选择的自由更大，个人发展的机会更多，资讯比过去更发达，信息也比过去更丰富。我相信你能够顺应这个时代，把握各种机遇。

一个人的成长不但要顺应时代，还得有"贵人"相助，这也是机遇。三十年中，我有幸得到了许多人的相助。对我事业所有的支持者，我都心怀感激。其中，我必须特别提到这些人——

谷建芬，著名作曲家。谷建芬老师对我的意义，远远不只是在我刚踏上工作岗位的时候给我的学生谱了一首班歌，而更在于谷老师代表了所有曾经和我素不相识却给我以关心支持的人，正是他们提醒我，人家并不是教育者都如此关心我的教育，那么我作为教育者，有什么理由不把我每一天的工作做好呢？我不止一次提醒自己：李镇西啊，丝毫不能懈怠啊，因为在你的身后有多少人注视着你啊！

王宝祥，《班主任》杂志首任主编。1985 年，当我看到《光明日报》刊载消息说"我国第一本《班主任》杂志即将创刊"时，便寄去了我写的一篇9000 字的《教育漫笔》，这是我的第一篇教育文字（不敢说是"文章"更不敢说是"论文"），没想到很快收到主编王宝祥老师亲笔回信，王老师不但给我的文字以充分的鼓励，而且还说《班主任》杂志将分两期连载。同样的，当时王宝祥老师和《班主任》杂志对于我的意义，也远不只是发表了我的第一篇文字，而是给我以莫大的鼓舞，原来教育文章是可以这样写的！从那以后，我开始了我的教育写作——直到我现在的三十多本教育专著问世。

蒋自立，湖北著名教育专家。80 年代中期，我还是一个初出茅庐的年轻人，他已经是名满四方的名师了。我读到他不少教育文章，便给他写信求教各种教育难题。蒋老师给我一封封回信，鼓励我不懈努力。后来，正是在蒋老师的帮助下，有了我的第一次面向全国的讲学。

杨兴政，成都玉林中学原校长。其实，因为我在玉林中学工作七年后的调离，杨校长到现在对我都还很有意见，但我一直对他心怀感激。因为是他把我从乐山一中调进了成都。这是我教育生涯中的一个重要转折点。我的教育视野得以更加开阔，我的教育平台得以更加宽敞。后来因为调动，杨校长很不高兴，但不管杨校长怎么"记恨"我，我永远感激杨校长。

王绍华，成都石室中学原校长。我至今记得第一次见绍华校长时他对我说的话："李老师，我知道你不喜欢做行政，那我就把你朝教育专家的方向培养。"后来他果真如此。王校长以他的能力尽量给我提供各种平台，包括让我出席纪念苏霍姆林斯基 80 诞辰研讨会，使我结识了苏霍姆林斯卡娅。可以说，我由普通教师走向所谓"名师"，是在石室中学王绍华校长的帮助下完成的。

苏霍姆林斯卡娅，乌克兰著名教育家。结识苏霍姆林斯基的女儿，由追随苏霍姆林斯基到成为其女儿苏霍姆林斯卡娅的好朋友，无疑是我事业的一个转折点。这里没有任何功利色彩。但我因此对苏霍姆林斯基的了解从书本扩展到了现实，由中国延伸到了乌克兰。后来我多次与卡娅接触，还亲身来到帕夫雷什中学，让我对伟大的苏霍姆林斯基的了解更加全面而深刻，这些无疑也深深地影响着我的教育思考与实践。

朱永新，苏州大学博士生导师。毫无疑问，1999 年偶然认识朱永新老师，并于次年成为他的博士生，这也是我教育生涯的几个重要拐点之一。正是在苏州大学脱产读博期间，我再一次相对比较系统地阅读了古今中外的教育名著，我的教育胸襟得以拓展；正是在和朱老师朝夕相处的日子里，我们一起探讨着中国教育的现状与未来，我们共同发起了"新教育实验"。是朱老师建议我"还是应该做做校长"，这是我后来立志做校长的重要原因。我从朱老师那里学到的，比知识更重要的，是他宽广的胸襟。他的一句："只有大胸襟，能够做大事业！"一直影响着我。

朱小蔓，中央教科所原所长。严格地说，我和朱小蔓老师见面的时候并不多，但她的思想和她的为人的确深深地影响着我。作为一名班主任，我阅读了朱老师不少书，比如《情感教育论纲》、《教育的问题与挑战：思想的回应》、《关怀德育论》等等。我曾先后和朱小蔓老师一起在苏霍姆林斯基和陶行知的墓前朝拜，表达着我们共同的怀念与敬仰。和朱老师的几次接触，她的善良，她对身边每一个人的尊重，让她真的拥有一种美丽的气质，这是精神散发的芬芳。道德教育，在她那里远不止是"说教"，而是一种质朴自然的为人。

雷福民，武侯区教育局原局长。因为是"原局长"，所以我在这里说几句由衷的感谢话，不算"拍马屁"吧？是雷局长一个手机短信，把我请到了武侯区做校长。在那之前我和他素不相识。我多次说过，我和雷局长没有任何私人关系，我们完全是因为志同道合走到一起的。他不但给我提供了有力的支持——比如我刚当上校长，他就免去了学校原来欠下的教育局一笔270万元的债务，而且给了我其他地方很难有的自由，他对我个性的宽容达到了现行体制下能够达到的最大程度，坦率地说，我看不出我在中国其他地方当校长能够拥有这样的宽松和自由。

温家宝，温家宝同志对我平民教育的一段批示，给我和我的同事们以极大的鼓励。温家宝并不知道"李镇西"是谁，这个人对他来说也不重要，但是我和我同事所从事的"平民教育"，却牵动着他那颗柔软的平民心。毫无疑问，在现行中国体制下，国家领导人的一句话的确能够带来一些特殊的效应，这个"效应"当然也给我校的发展提供了许多机遇，也给我的事业——其实是我和我的同伴们共同的事业以强力的推进。

傅勇林，我参加校长培训班时的老师——所以我一直习惯并喜欢称他为"傅老师"。当年听他的课，就被他渊博的学识与儒雅的气质所倾倒。后来他邀请我参加过民进的公益活动。再后来他出任成都市人民政府分管教育的副市长，以他的方式继续给我的事业以支持。去年正是在他亲自关照下，我们学校成为成都市唯一的"城乡统筹教育改革综合试点学校"，许多政策让我能够实现多年来我的教育理想——把每个孩子放在心上，办适合每一个孩子的教育。

我相信，在你今后的旅途中，也一定会遇到许多关心和帮助你的人。

实　践

所谓"实践"，就是不停地做。教育首先是做出来的，不只是"说"出来或"写"出来的。所以，一名真正的教育者，一刻也不应该脱离学校，脱离学生。但是，这里的"做"又不只是拿着"旧船票"简单地重复"昨天的故事"，而是绝不重复自己，不断地创新，不断超越自己。

有人在学校工作了一辈子，但实际上只当了一天老师，因为他每一天都是一样的，都是昨天简单的重复。有人做了三年教育，却实实在在当了1000天老师，因为他每一天都充满创造。我可以骄傲地说，我的教育生活的每一天都是新的。

我的班主任工作，一直都在探索。我带的每一个班都有不同的研究主题。最早的"未来班"，是我的教育处女作，显然不完善，于是在第二个"未来班"便有了许多改进；接下来，第三个班，我着力研究"青春期教育"，后来的班，我先后研究"集体主义教育"，"班级民主管理"，"公民教育"……三十年过去了，我的班主任历程有着清晰的足印，见证着我的成长与成绩。

我的语文改革也是如此。从"语文教学"到"语文教育"，再从"语文素质教育到语文民主教育"（"浪漫语文"——"训练语文"——"生活语文"——"创造语文"——"人格语文"——"民主语文"……），我从来没有停止过对语文教育的探索。我的所有教案都没有重复过，哪怕是第二遍教同一篇课文，我也从不会"参照"以前的教案。我把教每一篇课文都当作我的"第一次"，于是，每一次都有新的感悟，新的发现，新的收获。于是，我由一名中文系毕业的大学生，成长为中学语文特级教师。

我的教育角色也在不断超越，单纯的教师和班主任，再到学者——博士生和成都市教育科学研究所的专职研究人员，再到中学校长……虽然我作为"教育者"的身份一直没变，但这一身份的呈现方式却发生了变化，每一次变化，都标志着我教育事业的向前推进。

我先后所任教的学校也不重复——最早的乐山一中是省重点学校，后来的成都玉林中学当时是普通中学，后来的成都石室中学是全国名校，再后来的成都市盐道街中学外语学校是一所全新体制的改革学校，接下来我又来到城郊结合部的涉农学校成都市武侯实验中学。执教学校的变化，同样标志着我教育视野的转换、教育实践的丰富和教育探索的深化。

一直在一线实践，并且一直不重复自己。我希望你也如此。不断超越的过程，就是自身潜力不断挖掘和自我价值不断实现的过程。

阅　读

阅读，能够让心灵飞翔。无论怎样强调阅读对于教育者的重要性，我认为都不过分。三十年来，阅读一直伴随着我，成了我的生活方式。我比较注重四类阅读：读教育报刊，这是为了了解同行在思考什么；读人文书籍，这是为了拓展自己的人文视野；读有关中学生的书，这是为了从另外一个角度走进学生的心灵；读教育经典，这是为了直接聆听真正经典的永恒声音。

我特别要强调，人文阅读对教育的意义。我长期订阅《炎黄春秋》、《随笔》、《老照片》等杂志，最近一年，我阅读了《人民日报：叫一声同志太沉重》、《南渡北归》、《聂元梓回忆录》、《中苏关系史纲》、《瞿秋白传》、《民主的细节》、《西班牙旅行笔记》、《我和八十年代》、《一句顶一万句》等著作。这些阅读和教育都没有直接联系，但是，这让我站在宇宙的高度看待人生，站在人生的高度看待教育。让我对教育的理解更深刻，更全面。每次阅读，都能够让我和思想泰斗对话，与人文巨匠为伴，站在人类文明的高地俯瞰人生，审视课堂，增强我作为知识分子的使命感。以思想者的眼光审视教育，以教育者的情怀感受世界。

现在做校长了，我在全校倡导阅读，组织读书沙龙，让老师们也从阅读中获取教育的养料，从更开阔的背景下理解教育。那么我现在也建议你，一定要把阅读当作自己的习惯，甚至当作自己的生活方式之一。

写 作

写作，就是记录生命的流淌。写作对于教育的意义不言而喻。写作不仅仅是单纯的写作，它必然伴随着实践、阅读与思考。它与实践相随，与阅读同行，与思考为伴。实践是它的源泉，阅读是它的基础，思考是它的灵魂。"只有做得精彩，才能写得精彩！而且通过写作，可以促使我们更好地做！"

三十年前，我本来是一名"文学青年"，老想着当"作家"，但命运让我成了中学教师，于是我便把教育当作诗来写——我的《爱心与教育》最初的名字就叫作《心灵写诗》。当我孜孜以求当作家时，我找不到写作的灵感；当我放弃作家的梦想而全身心投入教育时，文学的激情却涌上心头。

最初读苏霍姆林斯基时，我为这位伟大的教育家三十多年如一日地坚持写教育日记的精神所感动，那朴素亲切的文字不但让我感动，而且也启发了我：这样的文字，其实我也可以写呀！当然，我那时绝对没想过将来也要写什么"教育名著"，但用文字记录下自己青春的足迹，总是一件有意义的事。于是，我也试着写我的教育故事了。从那以后，我一直保持着写教育日记和教育随笔的习惯，直到今天。

在我看来，教师的写作，就是教育思考的很重要的途径。写作的过程，就是我们反思、审视、总结、提炼、升华自己的教育实践的过程。有时在外面向同行们作汇报时，我会说："对教育的爱大家都是一样的，对教育的执着大家也是一样的；如果说我有什么不一样的地方，仅仅是对这份爱与执着多了一点思考并用笔将其记录下来了。仅此而已！"的确，在同样有着丰富实践基础的前提下，也许恰恰是写作使我现在拥有了有的老师所羡慕的所谓"成功"。迄今为止，我出版了《爱心与教育》《走进心灵》《从批判走向建设》《李镇西与语文民主教育》《教有所思》《民主与教育》《怦然心动》《心灵写诗》《听李镇西老师讲课》《做最好的家长》《做最好的老师》《做最好的班主任》《用心灵赢得心灵》《李镇西和他的学生们》《李镇西教育演讲录》《我的教育心》等 40 余部著作。

可以毫不夸张地说，写作为我的教育事业插上了翅膀。

我不知道你的写作能力如何，但我想，教育写作不是文学创作，所写的文字也不一定非要发表不可，只要朴实真实地记录下自己的教育故事、教育感受、教育思考，你就在成长了。

思　考

思考，就是任思想燃烧。教育，是关于精神的事业。很难设想，作为精神引领者的教师，会没有思考的习惯。不断地实践，伴随着不断的思考，在我看来这是一名合格教师起码的素养。在谈到什么是"教育科研"时，我曾说："带着一颗思考的大脑从事每天平凡的工作，就是教育科研。"这里的思考，也包括对自己的反思。

凭良知做事，用常识质疑，这是我的常态。思考，有时候并不需要多么高深的"理论素养"，只需要良知——作为一个有良知的人，应该知道什么该做什么不该做。同样，质疑一些谬误，也不需要多么坚实的"学术功底"，只需要常识，就可以判断什么是对的什么是错的。比如 80 年代我对任安妮之死与宁小燕之死的反思。

任安妮是我班上的一个女孩，因为迟到，我罚她在教室外面站了一会儿。这事看起来不大，我的做法也不特别过分。但后来我才知道她迟到是因为生病，而且再后来她因白血病去世了。也许是这么一个突发的事件，才唤起了我沉睡的良知。我开始反思自己，如果任安妮没有生病，我就可以罚她站吗？当然不是。罚不罚站和学生是否病了没有关系。但我永远不可能面对活着的任安妮说声"对不起"了，但是我每天还面对着健康成长的一批又一批学生，如何善待他们尊重他们？这考验着我的教育良知和教育真诚！反思的结论是，尊重学生并不是教育本身，只是教育的前提，但剥夺了孩子的尊严，就剥夺了教育的全部。

宁小燕是 80 年代乐山某中学的高一女生，在老师和家长的心目中，她品学兼优，正是这位品学兼优的学生，却"莫名其妙"地自杀了！所有人都不知道更不理解她为什么要自杀。当时我只是一个普通的青年教师，但出于对教育研究的兴趣，我利用周末专程去了宁小燕的学校采访调查，我得到了她的日记作业，回来后用了半年时间研究。最后我得出结论，从法律意义上说，无论老师还是家长对宁小燕之死都没有责任，但是从教育的角度说，宁小燕的所有教育者对她的死都有责任。因为他们都不了解宁小燕的内心世界。宁小燕那么多的苦恼，却得不到排解，最后只有一死了之。宁小燕并不是我的学生，但她的自杀却让我反思我的教育：教育是心灵的艺术；离开了心灵的理解与引导，就失去了教育最根本的意义！

这样的思考，三十年来一直伴随着我的教育。去年年底，《中国教师报》请我写几句新年寄语。我写道：

2012 年，我祈愿中国教育回归朴素。我们的教育已经取得令人瞩目的成就，这是不可否认的客观存在；但在某些方面，我们的教育油彩越来越厚，口红越来越艳，脂粉气越来越重，这也是不争的事实。培根说："德行如宝石，朴素最美。"教育也是如此。朴素的教育就是真教育。扯下标签，剥除包装，拒绝炒作，告别华丽。愿 2012 年，是中国教育回归朴素年。2012 年，我祈愿中国校园恢复宁静。校园本来应该是宁静的，但问问现在的校长和老师，是否真能如胡锦涛先生所说"静心教书，潜心育人"？无止无休的"验收"、"迎检"，花样翻新的"特色"、"模式"……耗费了多少人力、精力、财力？学校不断被折腾。喧哗嚣叫中，教育没有了。越是宁静的校园，才越有真教育。愿2012年，每个校园都能成为教育的一方"静"土……

就在前天，我还发了一条微博："年初发表了《我想办一所没有特色的学校》，引起了不同的反响。关于'特色'，我的完整观点是：第一，我不反对特色；第二，有真特色当然好；第三，没有特色也不要紧；第四，特别反对假特色；第五，特色是经过实践与时间积淀而成的，不能'速成'。第六……"

像这样的思考与质疑，的确是基于良知与常识。而我们现在的教育，违背良知与常识的做法何其多矣！你还年轻，以后还会遇到很多现实与良知碰撞的时候，但无论如何，我们要坚守良知，遵守常识。

个　性

我一直是一个富有争议的人。原因之一，就是我的个性。而三十年来，我一直顽强地保持个性，所谓"保持个性"，就是保持纯净的自我。以世俗的眼光，我的个性给我带来了不少"麻烦"，让我失去了很多很多，但我认为，因为失去了我本来就没有想得到的，所以我便多了一些人没有的宁静心态，就让我更加专注于我所热爱的事业，因而取得了一些成绩。从这个意义上说，正是我的个性成就了我的事业。

我一直试图保持一个怎样的"自我"？

崇尚率真。儿童的心总是一尘不染，眼睛里容不得一粒沙子。我们当然不可避免要长大，但是那份率直，那份赤诚，我永远不愿意丢弃。写真情，说真话，办真事，做真人，是我永远的追求。

远离城府。人与人之间相处的最高境界，就是彼此尊重，互相信任。我最不齿最痛恨的就是不动声色地算计，彬彬有礼地欺骗。人应该拥有智慧，但拥有智慧的代价不应该是纯真的丧失。

保持本色。无论是年轻教师还是"教育专家"，无论是班主任还是校长，无论是面对孩子还是面对教师，我都希望自己善良依然，纯正犹存，热情不退，我都希望自己捧出的是一颗纯净的心。

抛弃面具。我们的时代，是人人都戴着面具生活的时代。我理解有时候必要的客套甚至必要的违心话，也是难免的。但我更喜欢素面朝天，真诚待人。以心灵赢得心灵，是我的做人准则。

追求单纯。人生一辈子也就几十年，什么都想得到，结果往往什么都得不到。不如单纯一些，再单纯一些，这样我们活得也会更轻松更快乐。单纯地对待教育，会让我们真正走进教育的世界，并收获属于我们的单纯的教育幸福。

拒绝成熟。"成熟"在不少人心中往往是"圆滑"与"世故"的代名词，而这恰恰是我最深恶痛绝的。我不反感生存的策略，我也会警惕不被欺骗，但作为教育者，还是"幼稚"一些好，这里的"幼稚"其实就是"纯真"。

忠于心灵。守住内心最朴素的信念，除了追求真理，决不随波逐流，决不追赶时髦。不要给孩子说一些自己都不相信的话。有人说："一个人如果给别人宣扬他自己都不信的一套，那他就做好了做一切坏事的准备。"

执着理想。时间流逝，但有些东西绝对不能变。比如少年的理想。我永远铭记19岁的王蒙在他的长篇小说《青春万岁》中说过的一句话："忠实于少年时代的友爱、热情与誓言，这是人生最严肃的事情。"

你现在很纯真，对教育也很执着，我希望你再过十年、二十年、三十年，走进校园，踏进课堂，都依然保持着这份纯真与执着。

心　态

不止一个人对我说过："你的个性，让你失去了很多。"但也有人说："是你的个性成就了你。"我同意后者。所谓"失去了很多"，关键是"失去"的是什么？无非就是荣誉呀职位呀等等，但这些本身就不是我追求的东西。所以，我从来不为"失去了很多"而有过一丝遗憾。因为，更多的时候，我的"个性"的确"成就"了我。比如，简单，直率，敏锐，执着，"死心眼儿"，我行我素，"走自己的路，让人说去"……恰恰让我一直保持着单纯的教育心。教育，对我来说，就是目的，而不是"往上爬"的手段。

我不是没有过机会。80年代，从中央到地方各级领导都提出"培养第三梯队"，我也曾是培养对象。1986年，我被提名为"校长培养候选人"。我特意找到当时的教育局领导："就让我做普通教师吧！我的志趣我的性格都不适合当校长。"后来由于种种原因，好些个"好处"都和我擦肩而过。2002年以前，也就是我参加教育工作的头二十年，我几乎没有什么"荣誉"、"头衔"——也不是绝对没有，比如1998年我获得了中宣部"五个一工程"奖，2000年我获得了"全国中小学十佳教师"提名奖，但和我后来相比，这些荣誉，实在"寥寥"。

90年代中期，我的一个同事曾对我说："你怎么这么沉得住气？你的教育教学成就这么突出，居然什么都没有！应该去讨个说法，讨个公正！"是呀，很多人无法理解，我居然长时间甘于当"三无教师"（无职位，无荣誉，无获奖）而专心于每一天的课堂——用现在流行的词，叫"淡定"。

是呀，为什么我能够三十年如一日地保持对教育的一往情深？

我认为我心态好。

去年教师节前夕，我为我校老师写了一副不算特别工整的对联："朴素最美关注人性做真教育，幸福至上享受童心当好老师。"这是我对做教师应该具备的良好心态的概括。对联开头四个字，源于我特别喜欢的英国思想家培根的一句话："德行如宝石，朴素最美。"人生如此，教育也如此。朴素是一种单纯的情怀，是一种宁静的心态，也是一种自然而然的教育状态，更是一种从容不迫的人生进程。教育，以追求幸福为最高目标。我从年轻时便想透了一个简单的问题：我是为自己工作，为自己的幸福工作。这和校长无关，和名利无关，只和幸福有关。教育，就是追寻或者说创造幸福的人生。而幸福源于心态。

年轻时我就这样对自己说，现在我也经常对年轻老师说："如果你对职业不满意，只有两种选择：要么改变职业，要么改变职业心态！"不是没有遇到过困难，特别是遇到一些每天都惹祸的"后进生"，有时候也忍不住要埋怨几句，但更多的时候我这样调整自己的心态：埋怨一万句，第二天你还得面对这个后进生，你还得给他上课给他批作业，难道因为你的埋怨他第二天就不来学校见你了吗？所以，埋怨只能平添自己的烦恼，何苦呢？

心态不好，往往是因为我们总觉得自己不幸，因为处处不公平。其实，不要老觉得自己最不幸，不要老觉得自己遇到的最不公平。放眼这个社会，这个国家，更多的人比我们更苦更累。这不是自我麻醉的阿Q精神，而是一种理智豁达的胸襟。

我也遇到过同事的嫉妒，但我认为摆脱同行嫉妒的最好方式是"拉开距离"！——不计较，不往心里去，当你埋头苦干做出成绩，在各方面都远远把嫉妒者甩在后面让他望尘莫及的时候，他还会嫉妒你吗？我也遇到过领导的不理解，但我认为赢得领导理解并支持的最好方式是"做出成绩"！——嫉贤妒能的校长毕竟是极个别的；一般来说，没有哪个领导不希望自己的部下做出成绩？也没有哪个领导不希望自己学校的年轻老师追求卓越？关键是你要做出成绩，而不只是空谈。当你拿出成绩，你就为自己赢得了更好的成长环境。

我始终认为，幸福比优秀更重要。因为"优秀"与否是别人的评价，而"幸福"与否是自己的感觉。这是一种心态，也是一种胸襟。

"空长灭征鸟，水阔无还舟。"我从李白这两句诗中读出了"胸襟"。现在，我把这十个字也送给你。

童　心

其实刚才我已经谈到这个话题了。所谓"童心"，就是永葆纯真，拒绝"成熟"。

我今年54岁了，可我自认为我还保持着24岁时第一天参加工作时的兴奋、憧憬、向往、纯真……因为我有童心。童心就是单纯之心。回想我刚参加工作时，真的很单纯，没有任何功利的想法，只有单纯而专一的热爱，就想着如何让孩子快乐，让自己快乐。当然，80年代90年代的教育界，也没有那么多名利的诱惑。那时候，根本就没有"职称"之说，也就谈不上要去争什么"中级教师"、"高级教师"的想法；那时候也没有"奖金"一说，只要不杀人放火，干得好干得不好每个月工资都是五十二元五毛；那时候中学教师的荣誉，除了学校表扬发个奖状，就没有什么了——好像有了"特级教师"的说法，但太遥远，根本想都不敢想，也就不去想了！所以，我只能单纯地工作，就想着如何从工作中寻找乐趣。不像现在，各种职称，还有各种荣誉，什么"教坛新秀",什么"市优秀青年教师",什么"省级骨干教师"还有"学科带头人",更有名目繁多的"十佳"之类,如果我现在刚参加工作,说实话,很难不心动,很难把持自己一颗单纯的心。我这样说,并不是否认现在政府以各种方式表彰激励教师,我是说,面对眼花缭乱的"荣誉"、"头衔",守住童心的单纯最重要。

单纯的教育情怀,就是没有任何功利心的对教育的热爱与对孩子的依恋。这里,我想再次引用两句让我特别感动的话。一句是:"谁爱儿童的叽叽喳喳声,谁就愿意从事教育工作,而谁爱儿童的叽叽喳喳声已经爱得入迷,谁就能获得自己的职业幸福。"这是前苏联教育家阿莫纳什维利的话。一位教育家,还有如此细腻的情怀,这份对教育的热爱,就是童心。还有一句是:"对孩子的依恋之情,这是教育修养中起决定作用的一种品质。"这话是大家所熟知的前苏联教育家苏霍姆林斯基的话。说到什么是教育最重要的,我们往往会想到"思想"、"理念"、"模式"等等,但苏霍姆林斯基说那些都不是起决定作用的,而"起决定作用的品质"是"对孩子的依恋之情"!如此依恋孩子,如此朴素而深情的表述教育,源于童心。

我现在当校长了,经常提醒自己不要忘记了工作第一天所拥有的那份童心。什么是"好教育"?我愿意用一句朴素的话表达我对"好教育"的理解,那就是——把孩子放在心上的教育。把孩子放在心上,就是怀着一颗童心和爱心,理解孩子,尊重孩子,为他们提供他们需要的服务,为他们现在的快乐和将来幸福付出我们的情感和智慧。注意,这里的"孩子"是指学校每一个孩子,而不是指部分成绩好的所谓"优生"。因此,如果要准确地表述,应该是"把每一个孩子放在心上"。

这里我想说一件小事。一天,成都市教育局和武侯区教育的同志陪着《中小学管理》杂志社的编辑曾国华老师来我校采访我。采访过程中,我看到门外有个女孩往里面张望,我赶紧叫住她:"小朋友,是找我有什么事吗?"那女孩赶紧摆摆手,并准备走。我干脆起身走到门口:"没事,你说。"原来她妈妈生日快到了,她希望我给她妈妈写几句祝福的话。我说:"你真有孝心!好,我写。进来吧!"她跟我走进办公室。我拿起笔,然后问:"你叫什么名字呢?"她回答:"杨苓。"于是,我在她的本子上写道:

杨苓的妈妈：

　　你有一个好女儿，因为她很孝顺，她请我为你写几句话。我祝福你和你女儿身体健康、生活幸福。我坚信，你的女儿一定会给你带来幸福的！

李镇西

2012 年 3 月 29 日

她高高兴兴地走了。

市教育局的同志说："以前我们读中学的时候，特别怕校长。没想到李校长和学生这么亲密。"曾国华老师也说："如果换一个校长，也许会对同学说，对不起，现在我正忙着，有什么事过一会儿再说。"我说："不对，对我来说，当学生来找你的时候，学生就最重要。所谓'把孩子放在心里'，不是一句空话。"

我曾经说过，说起办学，我们往往容易想到"理念"、"模式"、"规模""国际化"等宏大概念，唯独忽略了每个在校园里笑眯眯地给你打招呼的孩子。只有把这些一个一个具体的孩子放在心上，我们的教育才是真教育，才有价值。

只要你把孩子放在心上，孩子就会把你放在心上。上个月我去马来西亚讲学，一周以后回到学校，碰到一个初三的孩子对我说："李校长，好久不见您，我好想您！"那一刻我真感动！这是一颗童心对另一颗童心的思念，也是一颗童心因另一颗童心而感动。

我特别骄傲的是，三十年来，我一直保持着这颗童心。

我还想给你讲一件最近我和学生的故事。

前几天收拾书房，看到一盒老式磁带——就是 80 年代大收录机用的那种盒带。这磁带每次搬家我都舍不得扔，于是尽管几十年来搬了很多次家，这磁带一直在我的书柜里面。那天我拿起它，想，现在怎么还能放出来呀？收录机都没了！于是，我拿到学校，请我校的计算机老师袁伟帮我转录到移动硬盘上。

一周以后，袁老师真的帮我把这磁带里的声音抢救出来了。那天早晨，我从电脑上点开这个磁带文件听，一下激动起来，整个身心都回到了 80 年代，回到了三十年前我参加工作的时候。我听到的第一段录音是当年谷建芬给我班谱了班歌后，孩子们为了感谢谷阿姨，在我的口琴伴奏和指挥下演唱的一组送给谷建芬老师的歌曲，有班歌《唱着歌儿向未来》，还有《少年少年祖国的春天》、《中国少年先锋队队歌》。演唱之前，还有一个女孩对谷阿姨"抒情"呢："亲爱的谷阿姨，您给我们谱写的班歌，我们收到了，我们感谢您……"声音奶声奶气，特别可爱特别甜美！我一边听，一边回忆：这是谁的声音呢？噢，想起来了，是许艳！于是我赶紧查到许艳的电话，给她打了过去。

电话那头，许艳很惊讶，因为我很少给她打电话，我说："我先不说什么，你先听听一段声音！"我把手机对着电脑的扩音器。听着听着，许艳开始兴奋了："是我的声音！但我都不敢相信！李老师居然保留了三十年！谢谢李老师！"

我把这个消息在 QQ 群里告诉了许艳那个班的学生们，他们都希望早点听到声音，便约定在清明小长假期间搞一次聚会。于是，前几天，我回到乐山，和现在已经四十多岁的学生聚会了。

在一个茶楼，我拿出 U 盘插进电脑，不一会儿声音通过音频线从音箱里出来了，回荡在厅里："亲爱的谷阿姨，您好！感谢您为我们谱写班歌……现在，我们正在李老师的指挥下演唱您谱曲的歌，李老师口琴伴奏……"大家静静地，甚至是屏住呼吸，听着从三十年前飘来的声音。然后又禁不住激动，感叹起来。张海波说："李老师太有心了，连我们的父母都没留下我们以前的声音。"

随着扩音器里响起当年的班歌声，大家轻轻地唱了起来。因为时间久远，旋律和歌词已经记不太清了，开始有些断断续续。但随着当年歌声的提醒，记忆渐渐复苏，大家和着当年的歌声唱了起来："蓝天高，雁飞来，青青松树排成排，我们携手又并肩，唱着歌儿向未来……"

一曲终了，大家仿佛回到了三十年前。张海波说："旋律真美，歌词也写得好！"

我对大家说："刚才的歌声，是两个声音的交织，一个是三十年前的声音，一个是现在的声音，这两种声音都是你们的，但此刻互相重叠。这是一种多么美好的时空交错，又是多么神奇的少年与中年的生命呼应！"

97

你看，因为一颗童心，我收获了多少教育的幸福啊！

这篇文字已经够长，我的经历属于那个时代，所获得的经验不一定适用于你。但我还是真诚地讲给你听。尽管我俩的个性不一样，你今天所面临的社会环境也和我当年有所不同，但我坚信，只要从事教育，无论哪个时代，有些东西总是相通的。所以，写的这些，对你的成长不会一点意义都没有。

最后，我想以许多年前我写过的一段话作为结束。几年前，我出版了我的教育日记《心灵写诗》，序言中有这样几段话——

　　我不止一次地庆幸我是一名教师，与青春同行使我的心永远年轻；因为我是语文教师，这便使我能用一双"文学的耳朵"随时倾听"花开的声音"，并把这种世界上最美的声音用文字表达出来。

　　大自然的季节继续有序地轮回，日月星辰继续默默地运行，青春的花朵会继续绽放在永远充满欢声笑语的校园，生命的翅膀会继续从容而磅礴地拍打着事业的天空，还有无数我预测不到的精彩或平淡的故事、欢乐或悲伤的细节、情理之中或意料之外的奇迹……在前方的驿站等待着我，因此我的教育日记也会一篇一篇地写下去，去迎接一个又一个生命的精彩瞬间。

　　唯一能够预测的是——

　　我将永远与青春同行！

2012 年 4 月 12 日

12. 如何对待自己的教育失误?

> 真正的教育者，也不是没有失误，只是他总会从失误中汲取新的前进力量。善于把教育失误变成教育财富，这是任何一个教育者从普通教师走向教育专家乃至教育家的最关键因素之一。

李老师:

您好，我得向您承认一件事情，这件事情使我最近一直处在深深的内疚跟自责之中。事情是这样的，有一次我开班会时发现我的一个学生在课桌下看小说，临近初三中考，我着急他的成绩，加上当时个人原因，心情非常不好，于是刻薄地批评了他。现在回过头想一想，我完全可以用另外一种方式去告诉他当时的行为有多么不好。当时全班同学都在，我肯定伤害了他的自尊，我想这是我作为一个教育者的失败。

来信说你最近一直处于自责和内疚中，因为你冲动中批评学生时语言刻薄，损害了学生的自尊心，还损害了你和学生的感情。

你的自责和内疚让我有些感动。因为这是你还有教育良知的体现。几乎没有教师没犯过类似的错误，包括我。甚至可以说，正是在一次次这样的错误中，我才得以成长起来。当然，前提是要有对错误的反思。

我还是不想空谈。我给你讲讲我和一个学生的故事吧。

1985年2月15日，农历腊月二十六，是寒假的第一天，我带着1987届初一班的一群孩子在郊外玩儿了一天，我们打扑克，野炊，在河滩上摔跤斗鸡，总之疯狂了一天。第二天，也就是2月16日，我还沉浸在欢乐之中。当时，我正好参加工作三周年（我是1982年2月参加工作的），想到三年来教育赋予我的喜怒哀乐，实在是感慨万千。太多的感受和想法，抑制不住，我拿起笔开始了写作，没什么构思，没什么框架，一切都是想到哪写到哪，连题目都是很随意的《教育漫笔》。那时我正迷恋着苏霍姆林斯基的著作，因此文字风格自然而然或者说情不自禁地打上了苏霍姆林斯基的烙印。就这样，整整四天，我在母亲家里写呀写，等到最后一个字落笔，窗外响起了阵阵迎接牛年的爆竹声，因为那天——2 月 19 日正是除夕。

那时，我不知道我第一次写的这篇 9000 余字的文章算不算"论文"。但我还是很满意的，因为我觉得至少内容很真实情感也很真诚，所以开学后，我把这篇文章给当时分管德育的吴忠中校长看。结果他大为称赞，把这篇长文印发全校。再后来，我看到《光明日报》上有一则"我国第一份《班主任》杂志即将创刊"的消息时，便将这篇文章投寄给了《班主任》杂志。不久收到主编王宝祥老师的回信，说"大作很好，拟在第二三期连载"云云。

这是我写的第一篇教育文章，也是我发表的第一篇作品。当时我心中充满了丰收的喜悦！

这篇处女作，不仅仅写了我的成功我的喜悦，也写我的教训我的内疚。今天我要展示的是文中这么几段——

师爱的一个重要内容，是教师应尽量（只能做到尽量）不要伤害学生心灵中最敏感的地方——人的自尊感。

在这一点上，我的教训多于经验。我教 1987 届初一班时，有一个叫付侥的女孩，我平时很关心她，但有一次她违反了学校纪律，我出于严格要求，责令她写了一份检查，并用大字抄出来贴在校园内。当时我觉得这样做很好，严格要求嘛，为她好嘛！但这样做却伤害了她的自尊心。如果我们在无微不至地关心学生的同时，又不知不觉地伤害学生的自尊感，那么，这好比是我们一方面热心播撒师生感情的种子，一方面又在粗暴摧残师生感情的幼芽。

我越来越信服这种观点，教师想尽量直截了当地帮助学生改正缺点，把他的缺点公之于众，以使其他学生从中吸取教训，不犯类似的错误，这种方法是最不成功的，因为这无异于开"批判会"，把孩子心灵中最敏感的地方——自尊心、个人尊严、自豪感统统暴露于外，并使之受到伤害，这种教育所造成的损失是难以估量、无法弥补的。

说实话，当初我写下付饶（那时还不知道应该用化名）的名字时，心里隐隐作痛。今天读这段文字，我依然感到深深的歉意。不过，我要说的是，无论是当初，还是现在，我对自己的解剖是无情的，反思是真诚的。如果说后来我在教育上有什么成就的话，可能和我随时这样解剖和反思不无关系吧！

真教育，就不能只是记住甚至随时夸耀自己的成绩，也应该牢记自己的羞愧。14年以后的1999年，我在出版《教育是心灵的艺术》时，特意把这篇文章收入其中——我就是要把我的这些教训钉入我教育历史的"耻辱柱"，随时提醒自己。

但一个人的缺点不是说改就能马上改正的。意识到错了是一回事，真正彻底改正又是一回事。我这篇文字中对自己错误的认识不可谓不深刻，对自己的谴责也不可谓不严厉，我自己想改正的决心也绝对是真诚的。但实际上——我又得说实话，那以后我依然犯过类似的错误，虽然程度没那么严重，情节也没那么恶劣，但后果仍然是损害了学生的尊严。直到90年代中期以后，我才基本上没有犯类似的错误了。你看，大人要改正自己的错误都要花这么长的时间，可我们常常骂学生："说要改正，说了多少遍了！怎么又犯了？你叫我怎么相信你？"

回头还是说付饶。如果仅看我上面那篇文章中的描述，也许有人会认为付饶是一个很让老师头疼的"差生"，其实完全不是，相反，当时付饶在班上是一个很可爱的女孩。她成绩不错，作文很好。我记得有一次她给我纠正了一个错字，她说"玩耍"的"耍"字上面是个"而"，可我当时上面写的是"西"字少一横（很遗憾不能打出这个字，因为根本没这个字），我一直都是这样写的。正是从那次付饶给我纠正之后，我再也没有写错过这个字了。还记得征集班歌歌词时，她写的歌词就写得不错。因为她是班上年龄最小的孩子之一，所以她比别人更天真活泼，至今我的影集里，还有一张我和几个女生在峨眉山春游的照片，照片上，付饶笑得特别灿烂特别纯真。可是她又比班上其他女孩多一点内涵，常常在作文中流露出一些思考，尽管在成人的我看来，这种思考本身也是一种可爱的天真，但她的思考是很真诚的。总之，这是一个很有个性的女孩。

101

付饶对我也很尊敬。记得有一年元旦，我打开寝室门，外面放着一束鲜花，并有一张贺卡："祝李老师新年快乐！"是付饶送的。我感动了很久。付饶并不经常犯错误，她也不是那种桀骜不驯的人，所以我实在不记得她当时犯了什么错误，以至把我气得非要她写大字检讨贴在校园不可。可以确定的是，我当时肯定失态了，而失态的原因——当然是现在的分析，估计是咽不下"这口气"，心里老想着"我就不信我制服不了你"，老想着"如果这次不制服你，我这老师还有什么威信呢"等等。现在许多刚参加工作的年轻老师和学生发生冲突时，正是这样的思维。

不过，付饶依然尊敬我，毕业时还送给我一张她的大幅照片，背面赠我一段话，这段话是她从《奋进之路》中摘抄的——

送给李老师：

被别人争论是一种幸运。既然有那么多的争议，说明他在被许多人重视，说明他没有慵懒地平静地生活。他以勇敢的奋进和热情的呼喊书写自己的历史。这种争议不过是它的回声，但他也要为之付出代价。在他打破了自己周围的生活平衡、而他自己又被别人打破了心灵的平衡之后，他还要及时调整自己的精神，包括稳定自己的情绪，便还要披荆斩棘，从困境中寻求解脱。

——《奋进之路》

您的学生：付饶

一九八四年毕业考试前夜

从这段赠言看，付饶虽然年纪小，却很理解我。当时我初出茅庐，敢闯敢冲，好多做法都令人瞠目，的确争议不少。可付饶却安慰我鼓励我。这的确让我感动。

后来我有了女儿，一次碰见付饶，我让女儿叫她"姐姐"，付饶说："怎么叫姐姐呢？应该叫阿姨，你是我们的哥哥呀！"

付饶毕业后，我再没见到过她，后来我又调往成都，我就再也没有听到她的任何音讯。但付饶这个名字我一直记在心中，因为这个名字代表一个教训。我想，我虽然不可能弥补给她造成的尊严伤害了，但我完全可以把这份真诚的愧疚化作对今后每一个学生的善待。尽管如我前面所说，我虽然后来也犯过类似的错误，但如此恶劣而严重的尊严伤害，毕竟再也没有发生过了。

大概是 2002 年吧，我去扬州讲学，刚进酒店，突然手机响起，一听："李老师，我是付饶！"我简直不相信我的耳朵："啊？你是付饶啊！你怎么知道我的手机号呢？你怎么想到给我打电话呢？这么多年，你在哪里呢？"她说，她现在在深圳工作，她在书店里看到我的书，很激动，便想到要给我联系，但没有联系方式，便通过各种途径找我，找到我的学校，然后又索要我的手机号，她给学校办公室的老师说："我是李镇西老师的学生，很多年没联系了，我想念他！"于是，她终于得到了我的手机号，便马上给我打电话。可以想象，当时我的激动……

但一晃又过去十年了，由于种种原因，我俩依然没见面。几乎每年我都要去深圳讲几次学，也想过约付饶见见，但我竟然把她的手机号弄丢了，而我又换了手机号。因此，要想再和她联系，几乎是不可能的了。

这次去深圳讲学，我再次想到了付饶。我突然想到好像在我的旧笔记本电脑里还存有一个电话号码表，里面也许有付饶的手机，于是我便打开那个旧电脑，果真有付饶的手机号，但这么多年了，这个号付饶是否还在用呢？赶紧打过去，居然是付饶的声音！

我多次和以前的学生相见，但这次真的很激动。付饶也和我一样激动。要见面的前几次就打电话来问我住的酒店，问讲课的地点和时间。"我一定要去听！"她说。她还说："你当年给我写的字，我还保存着呢！到时候给你看。"

深圳作报告那天早晨八点，付饶就给我发短信说"我到酒店大堂了"，不一会她进了我的房间。"付饶，你一点都没变！走在大街上，我一眼就能认出你。"我说的是实话。

我给她看我特意为她带来的几个"文物"——我当年和她还有几个同学在峨眉山的照片，我当年教他们唱歌用过的歌本，特别是还有她当年写的班歌歌词《我们，新一代》。我说："2002 年中央电视台为我做访谈时，说到班歌创作，我还展示了你的歌词，主持人还朗读了呢！"

让我惊讶并感动的是，付饶也给我带来了"文物"——我当年给她批改的作文——是我让同学们以书信的方式给我提意见。付饶的信全文如下——

敬爱的李老师：

　　您好！

　　我正在给您写信。

　　自从您教我们以来，整日操劳。望着您渐渐消瘦的背影，越来越凹陷的眼窝，同学们都在心里暗暗地难过，您每天清早最先来到教室写早读要求或放英语磁带，上午就在办公室里备课，查资料，下午又忙着做同学的思想工作或给后进同学补课，晚上您又在灯光下为同学们的学习、思想、身体操劳，几乎常常彻夜不眠。您可知道，您的一举一动、一言一行都被同学们看在眼里，您把高尚、朴实、勤俭的美德像种子一般播撒到我们幼小的心灵里，在我们纯洁的心灵里勾勒出一幅美丽的图画。您的学生常常谈起您，那时，我们是多么的自豪呀！有谁愿意主动建立"家长联系簿"？五十几个学生呀，每个星期不知要牺牲多少休息时间写学生的情况。谁也不愿意，但我们的老师第一个提出，并且坚持写。这怎么不使您的学生自豪骄傲呀！抬起头，望着整洁美丽的教室，我们又想起了您，敬爱的老师，这花费了您多少心血，多少汗水呀！四幅画，牺牲了您多少个星期日啊！才使我们的教室这般优雅。看看教室后面的板报呀，"乳汁"包含了您多少的爱呀！还有……

　　但正像这些行为一样，有些被您忽略的事却给同学们不太好的影响，那虽然是您一时的疏忽，但作为一个老师，一个班主任，您要知道您的每一个细微动作都被五十三双眼睛紧紧盯着，给他们极大影响，这也许过分了些。

　　一次，您在班会上当众宣布说，您坚决不给谁的壁报写刊头，必须自己动手。大家当时虽然有些泄气，但一想到大家都一样是自己写，所以，又都鼓起了信心，不想，您却偏偏给毛利、许艳她们办的报纸写了刊头，也正像您那些举动一样，使同学们非常震惊，造成了不太好的影响。

　　我相信，这一定是您一时的疏忽，但谁能没有缺点，不犯错误呢？

希望您今后注意。

　　祝您:

　　身体健康，工作愉快!

您的学生: 付饶

一九八三年元月十九日

我的批语——

感情真挚，谢谢你对我的鼓励!
所指出的不足的确是我的疏忽，今后一定尽力避免。
基本符合书信格式。

一月二十二日

看着这发黄的作文和已经褪色的字迹，我实在感动不已。
"李老师，这是你当年送我的生日贺卡!"付饶说着打开了一张白色包装纸，里面是一张明信片，背面是我当年写的字——

　　未来班付饶同学收
　　美好的心灵永远不会是平静的自满自足的一潭死水，它充满了焦灼、不安、期待，充满了追求，其中首先是对于事业，对于道德和对于情感的追求。

——王蒙

(付饶同学十四岁生日，抄以赠勉)

一九八四年三月三十一日　李镇西(盖章)

我简直感到震惊——一篇作文，一张贺卡，付饶居然保存了近三十年!
报告开始了。我在谈"爱，是一种尊重"的时候，我提到了当年我对付饶自尊心的伤害，我说:"但是，付饶并没有记恨我。这是毕业前她送我的照片和写的赠言……"我一边讲，一边在多媒体上展示出她送我的照片。老师们都被感动了。我说:"快三十年了，今天我和付饶再次相见，现在她也来到现场……"付饶站起来转身向大家鞠躬，老师们以热烈的掌声欢迎付饶！

我说："今天付饶见到我，给我看了她珍藏至今的当年我送她的生日贺卡。"屏幕上打出了贺卡，所有老师再次被震撼。

我说："学生的胸襟总是比老师的胸襟要宽阔得多！"

晚上，我这篇文章正要结尾，手机响了，付饶打来的。我问她有什么事，她说："李老师，你那天讲课说到你当年对我的所谓'伤害'，我想告诉你，你千万不要那样想，不要老是自责，当时站在你的角度是对的，你是想纠正我的错误，虽然具体做法你觉得有些过分，但这也算是一种挫折教育，对我以后是有积极意义的。"

我知道付饶是在安慰我。我问："我现在都想不起当时你究竟犯了什么错误，我要那样处理你。"

她说："当时我把一个鸡蛋扔在窗外，你很生气，说是一种浪费。"

我说："可也不至于让你写大字检讨贴在校园里呀！是不是你当时态度不好呀？"

她说："也许吧，我记不得了。但是李老师你不要老自责。真的没什么的。"

我说："谢谢你！还是那句话，学生的胸襟总是那么宽阔！但是，正如我经常给学生说的那样，别人原谅你，是宽容；自己原谅自己，是堕落。我可是通过那件事进行了认真的反思，这是我后来有所进步的原因。"

她说："我们当时都能感到你是真心对我们好，所以这些不算什么。孩子的眼睛是雪亮的，能够分辨出老师是不是真爱我们。披着爱的外衣但实际上并不爱我们，我们也能看出来的。如果老师不爱我们，哪怕他不批评我们，我们也不会爱他的。"

我说："谢谢！谢谢！我当时没有经验，常常急躁，但我的确是很爱你们，而且很投入，是一种很单纯的投入。你们可能不知道，最初教你们的时候，我没当你们班主任，就教你们一个班的语文，一个月以后，你们太可爱了，我就给你们的班主任冯老师说，让我当班主任吧！冯老师说，也好，我是教体育的，还是你这个教语文的当班主任对学生比较好。后来我去给学校领导说，领导就同意了。如果这事放到现在，人们肯定会说我，简直是有病！但我当时没想那么多，就是单纯的喜欢。"

106

付饶说："从你的成长轨迹来看，说明一个道理，一个人只要真心热爱他的工作，而且足够的努力，坚持不懈地做下去，他一定会成功的，而且所谓的名呀利呀，都是副产物，早晚会到来的。你看你，其实你当年教我们的时候没想过名利呀成功呀等等，就是很单纯地教我们，带着我们成长，但你现在不也成了全国闻名的教育家了吗?"

我说："我可不认为我是什么'教育家'！不过，几十年来，我觉得我们互相看着或者说见证了彼此的成长，你们在成长，我也在成长。"

…………

这个电话通了很长时间。最后我说我给她寄我的书去，她说："我读过的。"我说："我给你寄一本《做最好的家长》去，也许对你教育女儿有帮助呢!"

我和付饶断断续续三十年的故事，对我来说，不仅仅是饱含着师生情感，更标注着我成长的足迹。这个"成长"的含义，首先是"反思"，即对错误的反思。

著名翻译家傅雷先生曾在其译作《约翰·克利斯朵夫》的卷首语中这样写道："真正的英雄不是没有卑贱的情操，而是永不会被卑贱的情操所征服；真正的光明不是没有黑暗的时候，而是不会被黑暗所湮没。"同样的道理，真正的教育者，也不是没有失误，只是他总会从失误中汲取新的前进力量。几乎可以这么绝对地说，任何一个教育者在其教育生涯中，都会犯这样或那样的错误。区别优秀的教育者和平庸的教育者，不在于教育者是否犯错误，而在于他如何对待已经犯了的错误。这里所说的"如何对待"，不仅仅是指想方设法弥补错误所造成的损失，而主要是指对错误的反思——对成长中的年轻教师来说，这一点非常重要。善于把教育失误变成教育财富，这是任何一个教育者从普通教师走向教育专家乃至教育家的最关键的因素之一。

把教育失误变成教育财富，前提是我们能够诚实地对待自己的事业，严肃地对待自己每一天的工作，唯有这种真诚和严肃，能够让我们坦然地面对自己的失误——为了我们心爱的事业和学生，我们勇于解剖自己和否定自己，因为这能够使我们更加成熟，使我们的教育走向成功。泰戈尔有这样一句诗："真理之川从错误之渠中流过。"也正是从这个意义上说，每一次错误，对所有具备真诚反思精神的教育者来说，都是一个进步的台阶，我们沿着错误的台阶一步一步走向事业成功的高峰。相反，那些敷衍地对待自己的工作并且被某些狭隘的功利思想束缚头脑的人，往往会拼命地掩饰错误，会给自己找许多"借口"和"理由"来原谅自己。对这样的人来说，每一次自我原谅都是新的错误，这个错误同时也是一个陷阱——他们即使可能从这次错误的陷阱中艰难地爬上来，但随时都可能掉进另一个错误的陷阱，而永远不能够走向教育的成功。

　　我想，你还年轻，以后有这样或那样的错误也是难免的，但我坚信，你也能够在错误中成长起来。

2012 年 11 月 6 日深夜

13. 读不懂一些教育理论著作怎么办？

> 一本经典的书，应该让每一位读者都读懂，倘若读不懂，它就不是真正的经典，应当适时放下。我们读书的目的，更多的是汲取思想、精神、原则，并同自己的实际相联系，获得启迪，产生新的属于你自己的智慧。

李老师：

随着教书年限的增长，我发现一些特别尴尬的问题，我想这个也是老师中普遍存在的问题，那就是我读不懂很多教育理论书，但这些书又被一些教师跟学者称作"经典"书目，说是非读不可。可我读了几页就再也无法坚持下去，发现里面讲得太深奥，不知道是不是自己的智商有问题。

于是想问问李老师您有没有跟我一样的经历，如果有，您是怎么摆脱这种经历的，平时您又看什么书，也想请李老师介绍一两本好书给我，好让我学习学习。如果您不嫌麻烦，我很想向李老师请教一下真正的读书方法。如有打扰，请见谅。

你问我："有的教育理论书读不懂，怎么办？"这也是许多老师问过我的问题。我的回答总是："读不懂就不要读！"

其实这个问题也曾经是我的苦恼，我也曾经为读不懂一些高深的理论书而自卑。后来我读博士，导师朱永新对我说，读不懂，不一定是你理解力有问题，更多的时候是作者本身就没有把这个问题真正搞懂，那写出来的东西自然不好懂。朱老师对我说，读不懂就不要读。我现在也是这样对老师们说的。有些翻译的著作我们也读不懂，可能是作者没把理论表述清楚。还有一种情况就是翻译的问题，原著也许很畅销，但翻译很糟糕。比如，前段时间我读《漫步教师心灵》，语言真是别扭，甚至还有病句。我估计多半是翻译的问题。苏霍姆林斯基的书为什么好懂？除了苏霍姆林斯基本人的表达非常流畅之外，翻译者杜殿坤先生是一位杰出的翻译家。深刻和通俗并不矛盾，苏霍姆林斯基的书很通俗，但同样深刻。

现在有的专家本身就没想要你读者读懂，你都读懂了，怎么会显出人家的"高深"？作者硬着头皮写的书，读者当然只有硬着头皮读。我不愿硬着头皮读，那就不读！老师们不要因此而怀疑自己的智商，不要自卑。既然那些书我们读不懂，那不读就是了，我们找能够读懂的书来读！

我一直认为，读书应该是一件给人快乐的事，当然，这里的快乐不是浅薄的开心，也包括"思考"的幸福。但有的书就是成心不让读者读明白的，你怎么思考脑子里都是糨糊，怎么办？很简单，不读就是了。因此，在这个意义上，我特别不赞同有人所谓"海拔五千"之类的阅读主张。

刘瑜这个名字以前我是不知道的，但读了她写的《民主的细节》，我一下对这个年轻女子佩服得紧。她用非常老百姓的语言，引人入胜地说清楚了什么叫"民主"。打开这本书，我们不用"海拔五千"，只需在草原上漫步，就可以走进"民主的王国"。我曾想，我在写博士论文《民主与教育》时，曾经翻阅了那么多关于民主的"经典著作"，怎么没有看到一本像《民主的细节》这样深刻而朴素的著作呢？刘瑜为什么能将这个宏大的问题写得这么轻巧呢？

前天读到《南方周末》上刘瑜的一篇文章，叫《从经典到经验》。读完之后，我一下明白了，原来刘瑜以前也被晦涩的著作烦恼过，也曾怀疑过自己的智商。因为有过痛苦的经历，于是她便决定不把这个痛苦传给别人——她自己写书，就发誓不要让读者"海拔五千"。下面，请允许我大段大段地摘引刘瑜《从经典到经验》的文字——

　　我至今仍然记得1998年左右的一次阅读噩梦。当时我在读希腊学者波朗查斯的《政治权力与社会阶级》中译本。我至今也不知道是因为翻译得不好还是作者本人文笔极晦涩，总之阅读的感觉就是四个字：寸步难行。大多时候完全不知道作者在说什么，偶尔似懂非懂又觉得作者基本上是在胡说八道。有时候枯坐两小时只能翻四页，速度相当于从沼泽里往外拽一辆马车。等读到第三个小时的时候，就杀人的心都有了。

类似的读书经历，我有过很多，从福柯到哈贝马斯，从亨利·詹姆斯到奥克塔维奥·帕斯，读着读着就有把作者从坟墓里拖出来揪住其衣领大喊"Why？Why？Why?！"的冲动。

后来我想，与其问别人，不如问自己：既然读得这么痛苦，为什么要读呢？

在年少缺乏自信的时候，一旦不能读懂一本书或者读懂了但完全不知道它好在哪里，多半会很心虚，觉得责任肯定都在自己身上：这么经典的书，我都不知道它好在哪，肯定是我笨极了。既然如此，不但要接着读，还要在餐桌上不经意地讲道："其实福柯对知识的理解，与柏拉图的洞穴比喻，具有一种意指共生的关系，而罗兰·巴特晚年对欲爱的诠释，构成了对这一关系最好的回应……"

世上本没有经典，装的人多了，也就有了经典。

上面这句话过于傲慢，我的意思是：经典之所以是经典，不应该是有多少人赞美过它，而是它真的能帮助你认识当下的世界与自己。如果它不能做到这一点，要么是你的功力真的还不够，要么是它真的其实也没什么。用我一个朋友的话来说，其实肖邦也没有什么，就是他那个时代的周杰伦嘛。

所以我现在主张的，是一种从经验、从问题出发的读书态度，而不是从"死去的古代白人贵族男子视角"出发的读书态度。比如，如果现在困扰我的问题是"民主化和经济发展的关系"，那我就老老实实去读Prezworski、Inglehart、Huntington等做相关经验研究的人，柏拉图、黑格尔等"大师"估计也帮不上多大忙。15年前你要是在大街上碰见我，打开我的书包，发现的可能都是《规训与惩罚》、《公共领域的结构转型》……这样的经典名著，而现在你要是碰到我，可能我从书包里掏出来的仅仅是《印度简史》《小议台湾土改》《菲律宾的腐败》《民国的四次选举》之类一点也不高深莫测的书。

这些论述精彩吧？我倒没有过"等读到第三个小时的时候，就杀人的心都有了"的感受，但"读着读着就有把作者从坟墓里拖出来揪住其衣领大喊'Why？Why？Why?！'的冲动"是有过的，只是年轻时候，我从没有想到过问自己："既然读得这么痛苦，为什么要读呢?"而是怀疑自己智商太低。现在任教于剑桥大学的刘瑜调侃地说："世上本没有经典，装的人多了，也就有了经典。"这话有些刻薄，但也有几分道理。我在想，这"装的人"里面曾经是不是也有一个叫"李镇西"的人呢?

当然，阅读教育学著作，需要一些学术的背景知识，但是作为师范大学的本科生，绝大多数中小学老师都是经过起码的教育学理论学习，基本的背景知识是具备的，这足以让我们读懂绝大多数教育理论著作——除非作者本来就不想让我们理解。读不懂，原因多半不在我们，而在作者。

下面我再来说一说苏霍姆林斯基，他是我从年轻时代到现在都一直尊敬的教育学家之一。他的文章就不像我上面所说的有些"大师"的文章那样，让人"痛不欲生"。因此我想在这里极力地推荐教育学者去看看他的书。回想第一次读苏霍姆林斯基的书，是1982年，那是我参加工作的第一年。我清楚地记得，当时我读了从朋友手中借来的《给教师的一百条建议》后，第一个感觉是："哦，教育学理论居然还可以写得这样平易而富有魅力!"当时，我正在当班主任，同时担任语文教学，正有许多来自工作的喜悦和困惑。

读苏霍姆林斯基真让我心灵激荡，因为我感到书中的每一句话都是对我说的，或者干脆说，这本书就是苏霍姆林斯基写给我的建议。一时间，我真正迷上了苏霍姆林斯基。这种迷恋还感染了周围的年轻朋友——当时，我担任学校教工团支部书记，于是，我便"独裁"了一回：自作主张地从天津人民出版社邮购了20来本该社出版的苏霍姆林斯基名著《给教师的一百条建议》，所有团员教师人手一册!

我给你说这些，是要告诉你这本书对我的影响之大，而且我坚信，这本书也一定能够影响你。遗憾的是，现在我没看到《给教师的一百条建议》再版，现在市面上通行的都是《给教师的建议》——这其实并非苏霍姆林斯基的原版著作，而是中国学者选取的苏霍姆林斯基著作中的精华片断，然后仿照《给教师的一百条建议》的体例编辑而成。应该说，还是体现了苏霍姆林斯基教育思想的精髓的，里面也包括了《给教师的一百条建议》中的一些内容。它还是一本非常不错的书。

苏霍姆林斯基的著作显然不是那种刻意追求"理论体系"或"引起轰动"的书，苏霍姆林斯基也不想以教育家的身份对教师们进行空洞的说教，他只是怀着真诚的情感与教育同行们谈心。他的书中无疑有着丰富而深刻的理论内涵，但所有涉及教育学、心理学、教学论的重要原理，都是自然而然地融汇渗透于语言生动形象的夹叙夹议之中。

作者非常理解第一线普通教师的工作甘苦，因而他提炼出一般教师在工作中经常遇到的一些棘手难题，有针对性地提出建议，而且每一条建议都不是抽象的教条，而是谈作者自己教育实践的体会，读来令人倍感亲切而又深受启发。

作者阐发了这样一些重要的教育观点：应该通过课堂教学发展学生的智力，让教学成为学生智力发展的手段；一个学校应该有丰富多彩的智力生活；应该根据学生的思维特点个别施教；应该保证基本技能、基本知识的掌握和知识的积极运用；应该在教学中激起学生高昂的情绪；应该充分发挥教师个人对学生的直接影响，"人只能由人来建树"；教师应该把学生的家庭教育纳入学校教育的体系，因为"家庭的精神文化气氛，对于儿童的发育成长具有非常重要的意义"；教师要善于运用集体这个有力的教育工具；教师应该正确引导学生的自我教育，因为"真正的教育是自我教育"；教师要善于发挥书籍的威力；教师要密切注视街头结交对学生的影响……简言之，在他的教育旗帜上，鲜明地写满了"人性"、"人情"和"人道"。

多年前，我曾这样评价苏霍姆林斯基——

　　和一般的教育家不同，苏霍姆林斯基不是以"学者"或"研究家"的身份去冷峻、客观、孤立地研究教育，而是充满真诚的人道主义情怀，把自己的一腔激情洒向他的每一位学生。他的深情的目光首先对准的是一个个人的心灵，而不只是具体的教学环节或手段，他一生所关注的始终是每一个学生个性的发展。这就使他的教育境界远远超过了一般侧重于研究教育技术的教育家，而使教育真正进入了人的心灵的宇宙。

　　他的感情真挚而充沛，他的思想朴素而深刻，他的语言平易而精彩，"要培养真正的人！"让每一个从他身边走出去的人都能幸福地度过自己的一生，这就是苏霍姆林斯基的教育追求。仅仅凭这一点，他教育胸襟的博大和教育理想的崇高就远远超出了同时代许多的教育家（虽然以今天的眼光看，他的思想理论可能有着这样那样的不足和一些不可避免的历史的局限）。而在中国，我认为只有一位教育家可以与苏霍姆林斯基相媲美，那就是陶行知。

今天，我依然这样认为。

苏霍姆林斯基的著作不只是这本《给教师的一百条建议》，我甚至可以说这并不是他最精彩的著作，你读了这本书，还可以去找苏霍姆林斯基的其他著作来读，比如《爱情的教育》，这是一本谈爱情教育非常棒的书，我1986年第一次读就被感动了。还有《家长教育学》，这是一本专门写家庭教育的。还有《育人三部曲》，其中包含三部著作——《把整个心灵献给孩子》，是谈小学教育的；《公民的诞生》是谈中学教育的；《给儿子的信》，是谈青年教育的。还有《给教师的一百条建议》、《帕夫雷什中学》等等。

如何看待苏霍姆林斯基的思想和做法？哪些是不适于今天的中国，哪些是永恒的真理？这是需要我们认真思考的。因为我感到，有的老师总是希望从苏霍姆林斯基的书中找到能够"拿来就用"的方法，这种心情可以理解，但这不是正确的态度。我们要善于学其精髓，不拘泥于具体的每一句话。比如，刚才曾有老师对我说苏霍姆林斯基的书里没有高效课堂的论述，可我说，他的书中确实有关于高效课堂的内涵，比如苏霍姆林斯基反复强调，课堂上要关注学生的思维，要把学生置于主动学习的位置！这不都有高效课堂的因素吗？还有，苏霍姆林斯基指出，优秀的教师在课堂上不会老想着自己所传授的知识，这一切早就烂熟于心以至于成了本能，他关注的是学生在课堂上的思维。这个观点非常精辟！另外，苏霍姆林斯基认为，学生应该有着阅读的习惯，这是学生的智力背景。还有，他认为兴趣源于惊奇和赞叹。这里的"惊奇"和"赞叹"，就是学生在阅读和观察周围世界时所产生的，这是一种好奇心的表现。我们的学生有多少惊奇和赞叹，我们的课堂给他这种体验和感受了吗？因此，我反复强调，不要机械地理解苏霍姆林斯基的每一句话，同一原则在不同的学科和不同的学生，都有着不同的体现。

其实，我读苏霍姆林斯基读了将近三十年，从他那里汲取最多的，还是他的爱，对孩子的爱！我知道，"爱心"这个说法，已经很"老套"了，但我还是要说这一点，因为我们现在教育上缺乏的依然是这个！每次我想到苏霍姆林斯基，第一反应，便是他那真诚的人道主义情怀，他那浓浓的人情味！

我们最最要学的，就是这个！

我这里给你说一下现在的帕夫雷什中学。2008年9月，我去帕夫雷什中学考察，在一次午餐时，和该校现任校长聊了聊。从校长口中，我得知，这个学校现在有将近五百名学生，共三十七位老师。平时都是在这里吃饭。四年级以下的学生，一律免费就餐。我问老师的收入待遇如何，她说，新来的老师每月一百五十美金，其他老师稍微高一些。我一算，也不过九百多元人民币。便又问这里的物价如何，她回答，猪肉是十美元一公斤。我想，这么贵！看来他们老师的生活的确很清贫的，可他们依然坚守在学校。苏联刚解体时，乌克兰的经济很糟糕，教师的工资经常被拖欠，许多老师都罢课以示抗议，但是唯独帕夫雷什中学的老师没有停课，依然坚守在教室。因为他们是苏霍姆林斯基学校的老师！他们认为，无论如何孩子是无辜的，不能因为教师的原因，而耽误孩子。这就是爱，这就是教育良知！

还是回到这本《给教师的一百条建议》，我想给你一些阅读的建议，供你参考：

第一，要慢慢读，要品味，不要急于赶进度，哪怕一天只读那么几页，关键是要边读边思考。并没有人给你规定阅读期限，你完全没必要"完成任务"似的一目十行——那样读，是对苏霍姆林斯基的不尊重。从容一些，沉静一些，让自己的心慢慢被浸润，在浸润中思考。

第二，说到"思考"，我要强调"联想"，就是在读的时候，要想到自己的工作，自己的困惑，自己的班级，自己的课堂，自己的学生……也就是说，要把自己融进书里面去，和苏霍姆林斯基对话。我曾经说过阅读的境界，是"读出问题，读出自己"，就是说要和阅读者本人的生活打通。

第三，在思考和联想的时候，要随时拿起笔在书中作批注，或勾画，这实际上是你的思想的印记。倒不一定写读后感，但我希望你能够在书上留下你阅读的痕迹。

第四，我再重复强调一遍，一定不要抱着功利的想法，企图从书中找到具体的"绝招"，这不可能。任何经验和技巧，都是在特定情境下才会有作用。换句话说，任何一个老师采用的方法，都和他的生活经验、人生阅历、知识结构、性格气质、学生特点等等有关。我们读别人的书，更多的是汲取思想、精神、原则，并同自己的实际相联系，获得启迪，产生新的属于你自己的智慧。

我的这些建议也许很肤浅，但我相信你能够体会到了我的真诚，还有对你的期待。在这个物欲横流的时代，我们要守住自己朴素的教育心，很多时候靠的就是走进大师的心灵，用高尚的精神抚慰我们随时都可能浮躁的心。

2012 年 11 月 19 日

14. 如何看待浮躁?

> "教育是农业。"农业者,春风化雨顺其自然也。教育本来是很实在很朴素的事,作为老师应当时刻提醒自己,要守住一颗朴素的教育心。

李老师:

我是一名在我们市小有名气的教师,同时我的文笔也还不错,在当地的报纸和期刊上也发表文章数篇,在教育学领域上也发表多篇相关论文。最近我还收到某教育出版机构的编辑给我写的信,要把我的事迹收入《教育名人大词典》。为此我非常高兴,想把这个喜讯跟李老师分享。

对于工作几年便小有成就的你,我祝贺你,并发自内心为你高兴。不过,现在要给你最重要的建议是,千万不要浮躁。不要觉得我是在给你泼冷水。我不是泼冷水,我是担心在这一个浮躁的时代,你守不住自己一颗沉静的心。

现在的确是一个浮躁的时代,教育上也是如此。教育本来是很实在很朴素的事,现在动不动就弄成"辉煌的事业",不少局长校长一门心思想的是如何弄出"动静",引起"轰动效应"。于是,口号一个比一个响亮,蓝图一个比一个宏伟,"三年打造名校"之类的豪言满天飞,还有建设"国内领先国际一流"的教育强县(区)"教育高地"之类的壮语如雷霆万钧震彻环宇——不是说政府不应该规划教育前景,但你是否真做得到?是否浮夸?退一万步说,你真的做得到,请先做了再说,好不好?不,人家要的就是这个声势,要的就是抢眼球!

一次,一位领导来我校参观,问我:"你们学校有什么特色没有啊?"我认真地说:"没什么特色。"他一愣:"嗯?怎么会没特色呢?"我略微踌躇了

117

一下，还是鼓起勇气说："教育其实很朴实，就是认认真真把每一个班带好，把每一堂课上好，把每一个孩子教好！一切围着这些去做，需要'特色'干什么呢？特色是自然而然形成的，需要实践的提炼，需要时间的积淀。我们学校才创办几年，我没想过为特色而特色，也不必刻意搞什么'特色'！"

当时，我想到叶圣陶说的话："教育是农业。"农业者，春风化雨顺其自然也。你去问问任何一个农民："你种庄稼的特色是什么？"他肯定也会说："什么特色？不就是松土，播种，施肥，除草，把每一亩田种好吗？"

农民对土地，唯有朴素实干，最来不得半点浮躁，因为如果浮躁，他将颗粒无收，来年是要饿肚子的。

我知道领导到其他学校去，听到不少校长讲"特色"，什么这个"理念"，那个"模式"，包括用各种数字归纳的办学理念，比如"321办学模式"、"452课堂"等等，还以各种词语命名的"ＸＸ教育"，甚至"全校学生都有礼貌"也成了"素质教育的特色"！

我知道学校文化的育人功能，也知道学校特色的重要性，但我认为这一切都应该是自然而然形成的，不能靠包装靠炒作，更不能靠牵强附会的"打造"——我对"打造"这个词一直腹诽：教育，无论对教师提升而言还是对学生成长来说，都应该是润物细无声的自然，而且需要一个不动声色潜移默化的过程，可现在，居然可以像锻造什么模具的机械作业一样"哐当"一声，就可以"打造"出来了！

教育之浮躁，在此可见一斑。

还有现在一些学校的教育课题研究，堪称"浮躁总动员"。动不动就说自己的课题"领先国内"，"第一个提出了"什么什么"教育模式"，"率先研究了"什么什么。反正也没人去核实。本来，既然是科学研究，就必然存在着成功和失败的双重可能，而对于真正的科学研究来说，失败也是有意义的。但唯独中国的教育"课题实验"，无论其过程如何，一旦到期，专家验收时均宣布"取得了预期的成果"。所有的"教育科研课题"一旦立项开题，定会成功，而绝不会失败——试问，这么多年来，全国中小学承担了多少"课题实验"？这些课题有哪一项被宣布过"实验失败"？人们常说"春华秋实"，可我们好些教育科研课题却"华而不实"——"华而不实"不就是浮躁吗？

现在媒体发达，所以学校特别热衷于媒体报道，有些很简单的事，也非要弄个惊天动地，谓之曰"打造品牌"。学校考试必须诚实，这不是天经地义的吗？老师对学生进行考前教育，是学校教育的分内事，也不值得大惊小怪。但学校非要弄个声势浩大的宣誓不可！旭日东升，国旗猎猎，数千孩子庄严地举起右手："我宣誓，我一定遵守考场纪律……"不就是例行考试吗？弄得个"风萧萧兮易水寒"，真好像"壮士一去兮不复还"，如此夸张也罢了，问题是还大呼小叫地把各级媒体请来：电视台，报纸，广播……呼啦啦全部对着数千举拳的孩子。第二天，各媒体赫然报道"某学校举行诚信考试"云云——好像这世界上还专门有"不诚信考试"。做到考试诚信，本来应该是默无声息，让孩子觉得这是做人起码的底线，可现在弄成这样，孩子没作弊好像成了英雄！其实，学校所在乎的，首先不是诚信教育，而是舆论关注，社会关注，是学校名字在媒体的频繁出现，"轰动效应"才是学校真正的追求。

还有现在的各类教育研讨会，也越来越敢用大词：本来不过就是一个教育会议，后来说成"研讨会"，现在说"研讨会"过时啦，现在叫"论坛"，而且是"高峰论坛"、"卓越论坛"，后来干脆叫"教育峰会"。我想，既有"高峰会议"就应该有"低峰会议"呀，就像有"高级中学"就有"初级中学"一样嘛！但迄今为止，我还没看见谁组织过"低峰论坛"。还有，动不动就"国际论坛"，虽然可能也就来了一个外国人，而且还是生于中国长于华夏后来留学他国加入外籍的"华裔"，但哪怕他一言不发，就开幕式上坐坐主席台，这个论坛就足以"国际"啦！

我忧虑地看到，这种浮躁风气已经严重影响着年轻教师的成长——这也是我今天要告诫你千万不要浮躁的原因。

几年前，朋友吴非写过一篇题为《力戒浮躁》的文章让我拍案叫绝——

不要动不动就吹牛，说自己做的事全是"史无前例"，"开创性工作"，"成功地改造了什么"，"填补了什么空白"……你把本领域的文献全看过了吗？你把中国的、外国的"史"全读了？还有，那些贻笑大方的故事，听得还少吗？

不是什么东西都能当作"成果"的。不要动不动就归纳自己的"ＸＸ教学法"，不要过早地归纳自己的什么"三个特点"、"八个一"、"两大贡献"。在中国近百年的语文教育史上，这些东西连昙花一现的资格也

119

没有，绝大多数灰飞烟灭。

我看到太多这样的年轻教师了。"第一个提出了"什么什么，"率先提出……"就像吴非所说，难道你把国内外相关领域的所有史籍和文献都读过了？否则，你怎么有底气这样说呢？你凭什么如此勇敢？只能说无知导致无畏。

还有一下子就冒出那么多的"××领军人物"，好像现在中国教育"军阀混战"。我很想问这些"领军人物"：谁封你为"司令"了？还有动辄就"十大"什么什么"新锐人物"——现在各种评选也越来越泛滥，类似于倪萍的"共和国脊梁奖"，连随便一个培训机构的研讨会都可以评选出"中国当代教育十大有创新力的班主任"之类的"大奖"，以及评选出"全国论文大赛一等奖"之类，这样的奖状（牌或杯），你好意思拿出手吗？

真是赶上"好时代"了，现在要弄个"全国"什么"称号"或"十大"什么"人物"真是不难。可在这种浮躁的风气下，年轻人真的能够健康成长吗？

去参加一些培训会，我喜欢看专家的简介。看报纸杂志上的专栏文章，我也喜欢看作者介绍。有时拿到新书，我也喜欢看封二印的作者简介。有些文字朴素，有的文字夸张。看到有些夸张的文字我就发笑，因为我知道这些文字大都是作者自己写的，只不过是以第三人称的口气写的，让人感觉是别人在介绍他。这些文字除了姓名、工作单位、专业背景、荣誉称号等必要的信息之外，还有类似于"国内第一个创立"、"领军人物"、"××教育流派创始人"、"在国际国内具有广泛的影响力"、"是目前基础教育界不可多得的青年专家"、"最具潜力和创造力的青年教育家"，真不嫌肉麻，如此沉着冷静地把这些话写出来，然后提供给培训机构和出版社，心理素质太好啦！

出书也浮躁。有的年轻人从名家的著作中东摘一段，西抄一节，找一个"新颖"的角度，一本教育专著就诞生了。过去还需要"剪刀加糨糊"，现在网络时代，只需按鼠标，工艺流程简单了，出书也容易了。没法告他剽窃，人家是"编著"。我一直认为，"编"和"著"是不相容的——要么主编，要么独著，怎么会有"编著"呢？如何"编著"呢？到底是"编"还是"著"呢？但近年来，一直有人热衷于"编著"。这样的书"编著"多了，作者也就成"著名教育专家"了，名利双收。某书商以"学习研究"的名义大量"引用"我的著作中的观点和做法，把我书中的"我认为"改成"李镇西老师认为"，居然就编著了一本《向李镇西学什么》！

还有"表扬与自我表扬"齐头并进的。某杂志编辑曾告诉我，一位小有成绩的年轻班主任以"本刊记者"的语气，自己写了一篇长篇通讯，杂志给登出来了（我不懂该杂志为什么要登呢），该文反响强烈，于是一颗新星冉冉升起了。现在这位自己表扬自己的班主任四处讲学，接受崇拜，俨然是"国内新生代班主任专家"。

曾有一个年轻人拿出名片递给我："《中国当代青年教育家辞典》入选人选"，我笑了。这种骗局20年前就开始流行了，至今依然有市场，就是因为有太多的年轻人热衷追逐。我理解他们渴望功成名就的心情，但如此做法只会适得其反，最终不但事业无成，而且很可能毁了自己的名声。所以，吴非说教师是"高危职业"，就是这个原因。

我给你说了这么多，俨然是一位"德高望重"的导师在"谆谆告诫"年轻人，其实，我说的也是我自己——我自己何尝没有被这种浮躁之风熏昏过？

应该说，我还没有完全被名利熏昏，至少是半清醒的。比如，拙著上的作者简介，我尽量写得朴素简洁；又比如，我至今拒绝"教育家"的称呼，为此专门写过《我不是教育家》的文章；还比如，每到一地讲学，我总是要纠正主持人诸如"著名"呀之类的一些溢美之词；继续比如，我多次否认而且永远否认我有原创的教育思想，相反我多次声明也将持续不断地声明，我没有任何一丁点儿原创的教育思想；我说迄今为止我的所有实践都是孔子、孟子、陶行知、卢梭、马卡连柯、苏霍姆林斯基、阿莫纳什维利等前人教育思想的实践，有时是创造性实践，更多的时候连"创造性"都没有。不过我并不以此自卑，因为我顽强地认为，教育真理几乎已经被孔子、苏格拉底等我们的先人说尽了，可供我们"发展"的"创新"的空间已经不多了；现在一些所谓专家的"首创"不过是变着花样说着古人的观点，语言更现代但意思都是一样的，比如把"因材施教"说成"多元智能"，把"温故而知新"说成"建构主义"，把"教学相长"说成"师生互动"，把"有教无类"说成"全纳教育"，把"智力"说成"智商"，把"演变"说成"嬗变"……

但是，我说我是"半清醒"的，就说明自己还有一半不清醒。是的，有时候我也自觉不自觉把持不住内心的沉静。

前几天，读到网上一篇署名为"缪奇恩"的文章，题目是《读〈爱心与教育〉有感》，他文章的重点不是夸我，而是对出版社在《爱心与教育》封面上赫然印上诸如"著名教育家、中国的苏霍姆林斯基式的教师、一本改变千万教师的教育名著、一首感动广大读者的教育诗、一个永远美丽的教育童话"的广告语提出了批评。我不认识作者，但我非常感谢他的直言。他说："我想斗胆拷问一下出版社：封面封底之言，你们是否深思熟虑地设计，是否经过先生的点头？你们知不知道，这些高调言论可能已经给先生的声誉造成了不必要的损害！那些溢美之词有很多人不敢苟同，毕竟不是你们出版社想怎么说就怎么说啊。……大家都知道，我们中国大大小小的媒体，对明星名家历来只有两种宣传，要么一味奉承吹捧，要么一棒封杀打压，不一样的做法，却逃脱不了一样的结果。这是我们整个民族的悲哀，作为一家在全国有一定影响力和知名度的出版社，你们应该不会不懂吧，请你们对我们国宝级的教育家李镇西先生的宣传万万不可捧杀，要慎之又慎啊，有些称谓和头衔不是某些重要人物和媒体的强加所能达到的期望，有时甚至会适得其反，让历史来见证一切吧！出版社，请你们好好深思，高抬贵手，还我们一个值得千千万万教师仰慕的教育大家吧！"

这些文字，既让我忍不住叫好——因为他说出了我的心里话，又让我有些惭愧——这些话我早就对出版社说过呀，但我没有坚持。当初我看到《爱心与教育》《做最好的老师》《做最好的家长》《做最好的班主任》《李镇西班级管理日志》（这些书都出自同一出版社）的封面时，是吃惊不小的！那些称谓、那些赞誉、那些褒扬，我觉得太夸张了，的确无法承受。还有"北有魏书生，南有李镇西"的说法，我也不能接受：一、魏老师的境界远远比我高；二、我为什么要和他比呢？我曾经给编辑说我的想法，我说封面这些话太夸张了，不好。但出版社明确说，封面上写些"狠话"，这是发行销售的需要，反正不是你说的，是我们印的。最终我没有坚持我的意见，因为"发行销售"事关经济利益，我内心深处的"利益驱动"让我不好说什么。我也就默认了。

但我一直惴惴不安。写文声称"我不是教育家"，却默许自己的著作封面赫然印上"著名教育家"，这不是讽刺吗？当我在告诫年轻人不要浮躁时，我自己不也浮躁吗？为了著作的"销售量"而不惜红着脸接受"著名教育家"

的头衔，看来我也不真正朴素淡定。

但这次我打定主意，一定要和出版社明确表示：千万不要在封面上写那些"狠话"了。

其实，"著名教育家"五个字真能给我带来多少"销售量"吗？如果真的如此，那这五个字也太轻飘了——简直是在玷污"教育家"这个在我心目中无比神圣的称号！关键是，销售量所带来的稿费和纯正清白的名声，哪个更重要？

今天，我再次提醒自己守住一颗朴素的教育心，并愿意与年轻的你共勉。

2011 年 8 月 7 日上午

15. 决定人生高度与事业境界的究竟是什么？

> 技术、人文、思想、信仰、人格这五大要素应该是同时追求，最好是同时具备。如果一定要说什么是首要的，那还是人格。傅雷当年给傅聪的信中这样写道："先为人，次为艺术家，再为音乐家，终为钢琴家。"

李老师：

我是一名"老教师"，说"老"是因为我在教育学生的岗位上已经工作了近十年。可我总感觉自己在教育这个行业上，并没有做到最好，或者说没有达到自己理想中应该成为的样子。有时候我总疑惑，到底人生与事业的最高境界是什么？怎样的老师，才能称之为大家心目中最优秀的老师。

你工作已经快十年，但感到自己依然没有达到应有的高度，对此你很烦恼，问我人生与事业的最高境界究竟是什么。从你的"烦恼"中，我看到了你理想不灭。作为一个老教师，我在年轻时也曾有你这样的烦恼。现在我愿意谈谈我的看法。

人生在世就几十年，先不说"理想"呀"使命"呀，至少我们应该让我们自己每天都尽可能快乐，有意义，让我们的职业成为尽可能体现我们价值的载体。如何把自己所从事的职业尽可能做好？或者说，决定人生高度与事业境界的究竟是什么呢？我认为——

第一个是"技术"。各行各业都强调"技"，因为这是一个人的饭碗，所谓"一技走天下"。一个工人，如果他的技术比别人精湛，他就会引人注目，受到奖励，赢得荣誉；一个农民，如果他农活比别人熟练，他就会多打粮食，被人尊敬。同样的道理，在学校，你的教学技能强，教学水平高，那质量自然就胜人一筹。再说通俗些，技术的比拼，就是分数的竞争，谁有本事把分数提上去，谁就是强者。如何围绕提高分数而各显神通，这就是本事，就是"技术"。在这里，我说"技术"和"分数"，没有贬义。无论做什么，技术非常重要。因为技术里面包含着能力。通过技术提高业绩，从学校的角度说，通过技术提高分数，理所当然。如果一个老师连基本的教育技能都缺乏，连学生的成绩都提不高，那就是失职，或者说不合格，再说严重一些，就是对不起孩子！因此，无论怎样抨击"应试教育"，应试训练本身不但无可厚非，而且是必需的！一个上课精彩而应试成绩也很突出的老师，理应扬眉吐气。

第二个是"人文"。刚才说了，无论做什么，技术很重要，但如果仅仅停留于技术，其发展也是有限的。比如我和一位老师同教一个年级，我俩的课都上得好，也就是说我俩的教学技艺难分高下，同时我俩各自教的学生都考得不错，在这种情况下，我们还比什么呢？那就比"人文"，也就是说，比技术的人文含量。从教育来说，如果不仅仅是抓分数，而是在抓分数的过程中，还有情感，还有智慧，还有素质，这就是"人文"。以课堂为例，两位老师的教学思路都很严谨，知识讲解都很清晰，但一位老师仅此而已，其教学效果也就是高分数而已；而另一位老师则还有旁征博引，妙趣横生，学生在课堂上不仅学到了知识，不仅锻炼了能力，还陶冶了情操，拓宽了视野，激发了想象，萌生了理想，体验了快乐——用新课改比较时髦的话语来说，就是还给了学生以"情感、态度和价值观"，这就是素质教育。而素质教育，就是充满人文精神的教育。当然，课堂的人文气息源于教师自身的人文素养。大家的分数都不错，但你的分数里面蕴含素质；大家带班都不错，但你的班主任工作充满人性，那你就比单纯有技术的同行更优秀。

第三个是"思想"。应试教学也好，素质教育也好，如果不是出自自己的思考，而仅仅是听命于校长的指挥，听命于专家的理论，那不过是在实践别人的想法。应该看到，相当多的一线教师每天都是在机械地重复"昨天的故事"，更多的是体力劳动。其工作缺乏思想的含量。我们常常赞美一位教师："这是一个有思想的教育者！"在我看来，这是很高的评价。所谓"思想"并不抽象，也不高深，说白了，就是我们在做每一天的工作时，在做每一件事的时候，有没有想想：我为什么要这样做？这样做对不对？我将把学生引向怎样的未来？我的教育人生究竟追求什么？我的终极目标是什么？等等。自由的灵魂，批判的精神，质疑的眼光，创新的勇气，就是我所说的作为一名基层教师的"思想"的标志。我们每天都在匆匆赶路，有没有暂时停下来对自己每一天的工作乃至教育细节的反思，同时也尽可能思考一下一些"形而上"的问题？一个人的思想当然源于实践，但也和他的视野有关，这里的"视野"主要包括阅读——读书，读报，读网，读脑（与人交流）。国内思潮，国际风云，都在自己的关注之内。如果给自己的教育注入了思想，也就提升了教育品质，你的教育自然就比别人有更高的境界。

第四个是"信仰"。所谓"信仰"，解决的是这样一个问题：每天从事的工作是为别人做，还是为自己做？是别人对自己的要求，还是自己内在的需要？最近看电视剧《身份的证明》和《悬崖》，从瞿皓明和周乙身上感到了信仰的力量。"富贵不能淫，贫贱不能移，威武不能屈"，这就是信仰。我们对教育有没有这样的信仰？所谓"信仰"，我们还可以换一个词，叫"理想"。现在这个词已经是贬义词了，如果有谁说他有理想，多半会被认为"有病"，而且"病得不轻"，或者是"假得很"，"装得挺像"。但是，有理想的人做教育会有一种内在的坚韧与执着，他不会因任何外在的干扰而懈怠，也不会在乎别人的褒贬和一些功利的评价。苏霍姆林斯基长期在远离喧嚣的乡村实践着自己的教育理想，即使在面对各种恶意非议的时候，他也没有动摇自己的意志，因为他有教育信仰！教育技巧，教育素养，教育思想，都比不上教育信仰更能让人持久地坚守自己的教育阵地，只有教育信仰能够使人保持教育良知，守住教育阵地，能让教育之旅无限地延伸。

第五个是"人格"。这个世界上不乏聪明绝顶的人，但有的人聪明却不善良，他把聪明用于算计，用于钻营，用于投机，甚至整人害人等等，而且能够获得小成功——也就是"小成功"而已。其实，人与人竞争到最后，什么"聪明"呀，什么"技巧"呀，什么"智慧"呀，统统算不了什么了！归真返璞，洗净铅华，最后剩下的是朴素人格的较量——善良、宽容、豁达、坚毅、淡泊……随时想着别人，随时成全别人，"让人们因我的存在而感到幸福"，"己所不欲，勿施于人"，"己欲立而立人，己欲达而达人"，"以其不争，故天下莫能与之争"……这些都成为自然而然毫不做作也毫无功利的生活状态。不以任何人为敌，便天下无敌。说到这里，我脑海里呈现出了很多我尊敬的人——朱永新、朱小蔓、杨东平、于漪、钱梦龙、李吉林等，他们之所以能够成为中国教育的大家，当然和他们的智商、能力、学养有关，但最后决定他们成为大家的，是他们纯真而纯粹的人品。我也可以反过来说，如果没有一种高尚的人格，无论怎么聪明，也无论暂时有什么"名气"，最后也是绝对走不远的。

我还想强调的是，上面说了人生和事业应该具备五个要素，尽管我用了"第一""第二"这样的序数，还用了"层次"这个词，但这并不意味着这五个要素有先后之分次第之别。不是的！我只是从重要性的角度排列了第一第二，但绝不是说先追求技术，次追求人文，再追求思想，后追求信仰，终追求人格。这五点对于我们来说，应该是同时追求，最好是同时具备。如果一定要说什么是首要的，那还是人格。傅雷当年给傅聪的信中这样写道："先为人，次为艺术家，再为音乐家，终为钢琴家。"

今天给你说这些，绝不是意味着我在这些方面做得非常好了，不是的。比如，在教育信仰方面，我还不敢说自己有多么坚定，也有彷徨的时候；在人格品质方面，我也还有很多需要继续修炼的地方，我当然善良，但有时候在嫉恶如仇的同时，又有失宽容宽厚。所以，我在给你说这些的时候，也是对自己的提醒。

2012 年 2 月 7 日

16. 我该不该继续攻读学位？

> 不要神化也不要迷信博士硕士。关键是自己养成读书的习惯，尽量增加自己的真才实学。我希望我们有越来越多的真正"博学"的博士，而且这些博士又真正热爱教育并精通教育，这是中国基础教育的希望所在。

李老师：

您好，我是一个硕士毕业、教书有一年多的老师，我最近萌生了想去考博士、等博士上完之后再来教书的打算，我个人认为这样能培养出更优秀的孩子。我从您的书上了解到您也是当了中学老师之后，再去攻读的博士学位，因此在做这个决定之前，我很想听听您的看法。

不错，我的确正儿八经脱产读了博士，并获得了学位。也许在别人看来，博士当中小学老师或者校长，是一件很了不起的事。读了博士，居然还在中学任教，令人敬佩。但在我看来，博士真的没有什么。

我的名片上从不印"博士"二字。在外讲学，我也不说自己是所谓"博士"。我多次说，我不好意思说自己是博士，这不是虚心，而是心虚。不客气地说，包括我在内的相当多的博士，最多相当于民国时期的本科生；而现在许多硕士，也就相当于民国时期的高中生。是社会把博士神化了，好像一个人有了博士学位，就多么有学问一样。至少对相当一部分有博士学位的人来说，不是这样的。比如我，名不副实。我的博士文凭当然是真的，当年考博士我还考了两年呢！第一年外语没过关，第二年才通过。我是完全脱产攻读学位，是国家统招的，真正是读了三年书，因此我不是说我没读多少书，和许多老师相比，我的确也多读了一些书，但完全达不到真正意义上的"博"学之"士"的水平。钱梦龙只是初中毕业，流沙河只有高中文凭，面对他们，我敢说自己是"博士"？最近读了好多关于民国知识分子的书，我不得不再一次感慨，和老一辈大师相比，我们连学者都谈不上！

现在的文凭普遍有水分，本科也好硕士也好博士也好，好多人——不是所有人——往往名大于实。现在中学都本科化了，城里的小学也基本上本科化了，但现在的中小学教育质量有过去强吗？过去的中师生，那可了得！现在整个民族的文化素养在降低，这是不争的事实。当然，民间也有许多真正的读书人，倒不一定是博士。比如，我知道的新教育实验人于国祥、魏智渊，文凭不高，但读的书不比博士少，至少比我多。他们以读书为乐，不在乎那一张文凭。所以我说，"博士"不一定有学位，有学位的不一定是"博士"。我招聘老师从来不看你是本科还是硕士，只看真才实学。有一年，两位应聘者来我这里面试，一位是某重点大学的新闻硕士，一位是普通师范学院的本科生，她俩竞争语文老师。我就出一道题："请给我背诵一首你能够背得的最长的古诗词曲赋。"那硕士傻眼了，憋红了脸，只结结巴巴地读了几个字："十年生，生，生死两，茫茫，两茫茫……"就读不下去了；而那本科生，脱口就是："豫章故郡，洪都新府。星分翼轸，地接衡庐。襟三江而带五湖，控蛮荆而引瓯越……"《滕王阁序》一气呵成。我当即就决定要这位本科生。现在我们学校也有硕士，当然更多的是本科，但我真还看不出硕士和本科在教育教学上的差异。博士也好，硕士也好，我现在一点都没看出和教育水平教育成效有什么关联，至少我没看出任何规律。

坦率地说，在现行教育环境和教育体制下，中小学没必要进什么博士硕士。因为现在搞应试教育——当然，任何一所学校都不会承认自己搞应试教育，而都说自己是在搞素质教育——真正的博士完全无用武之地。所谓"应试教育"，对教师的要求，无非就是应试的技巧，反复训练，模拟，包括猜题押题。只要认真教一遍或几遍高三初三，任何一个教师都可以成为"专家"的，这是熟能生巧的技术活儿，和是不是博士一点关系都没有。真的。

我举一个极端的例子，这个例子是真实的。十年前，有一个朋友和我一起复习考博士，这个朋友教物理，我知道他物理课上得特别糟糕，学生成绩也老提不上去。校长拿他很头疼，还不好批评他，因为我这朋友人很好，忠厚朴实善良，工作特别卖力，可就是不会上课。后来他还真考上博士了，而且他的专业就是课堂教学方面的专业。十年过去了，现在我这朋友成了课程教学方面的博士后，到处以专家的身份给人开讲座，专讲"上课的艺术"！呵呵，因为不会上课，后来成了博士，于是便成了教学专家，教别人怎么上课。真是搞笑。

一般人总是认为，中小学的博士硕士多了，说明老师的素质高，总归是好事。这在理论上是对的。问题是现在的教育体制，教不出真正的博士。就算他拿到了博士文凭，也最多是他的专业书籍读得比一般老师多一些，却不能说是真正的"博学"之士，因为他不一定有丰富的人文素养，也不一定具备了真正知识分子的胸襟与视野。

仅有专业知识不能算是有学问。只有既有专业知识，又有人文素养，才算得上博学的知识分子。什么叫"有学问"？不是说你懂生物化学，熟悉金融，会计算机编程，精通几国外语，或者有 MBA，就算是"有学问"了。不是的，那只是专业知识。真正的学问在文史哲中。中国古代把文史当作真正的学问，哲学是从近代才由西方传入中国，而哲学是文史的升华与总括。我们一直认为中国落后的原因，就是只重人文而轻视理工，而西方之所以发达，是因为人家更注重科技。

其实，大多数西方人跟中国传统的看法是一样的，把文史哲才看作真正的学问。西方几乎所有的科学大师，无论他是生物化学，天文地质，音乐美术，等等，最后都献身哲学研究，到头来都是哲学家。如柏拉图、亚里士多德、苏格拉底、达芬奇、卢梭等等。当代世界最伟大的科学家当属爱因斯坦，可正是这位物理学家说过这样的话，在全世界所有的学科之中，最有价值的，就是历史学。对此我非常有共鸣，而且很震撼。在爱因斯坦看来，自然科学还不算真正的学问，只有具备了历史的学识与眼光，才算有学问。这是知识分子应有的眼光。所有的"知识"、"技术"都是工具，而历史关系着我们及整个人类从哪里来，又要到哪里去。文史哲，关系着人类的灵魂。可现在，有多少博士有这样的"灵魂"呢？太多的博士硕士只注重"专业"，而没有人文情怀。而中小学教师，最根本的任务是点燃孩子的精神之火，如果教师没有人文素养，没有对生命的情感，没有对这个社会的思考，是难以胜任真正的教育的。

我知道现在有些中学校长非常热衷于进博士硕士，我却不太主张中小学直接从博士毕业生中招人，因为他们来了会很难受。他一肚子的这个理论那个观念，一下子要他带高三，琢磨考点，研究试题，他会很痛苦的。你把博士要来放在你学校，你让他干什么呢？他读那么多书，用得上吗？还不把他给憋死呀！

如果校长真有思想有眼光，立志要提升学校的教育境界，决心让学校有博士，那我建议让有丰富教学实践经验的老师去考博士。有了几年的一线经验，再去读教育方面的博士，这样比较好。不过，也要注意这样一个现象，现在好多中小学教师之所以要去考博士，他恰恰是想脱离中小学教育，而不是读了博士又回到中小学。所以，校长想培养的博士，必须是热爱中小学教育，读完博士之后，真诚愿意回到原来讲台的教师。

你问我为什么读博士，呵呵，纯属偶然。当年我应邀去苏州讲学，时任苏州市副市长同时又是苏州大学博导的朱永新听了我的报告，便让我考他的博士生。最初他和我都以为凭我当时的"知名度"，也许可以有什么"绿色通道"，结果没有。主要是因为英语，我考了两次。考上后，成都市教育局还不让我去读，以为我不回来了。这也难怪，因为的确有些老师去东部发达地区读书，就不回来了。可我反复给教育局领导说，我是纯粹地去读书，肯定要回来的。三年后我也真的回来了。

其实，这个"博士"并没有给我带来什么实惠，比如，我工资没有涨一分。因为读博之前，我已经是高级教师了，这在中学已经到顶了。而且读博之前我已经被别人认为是所谓"专家"了。所以读不读这个博士，就物质利益而言，对我没有丝毫影响。当然，我因此而被别人尊敬，别人叫我"李博士"，这份虚荣心我是享受了的。

博士毕业后回到成都，市教育局杨局长把我安排在市教育所教育发展研究室当主任，这在旁人看来，太正常了。读了博士嘛，自然应该"搞研究"。但我呆了两年就不习惯，觉得还是教书好，所以三番五次找杨局长谈，强烈要求回学校去。他当时问我，你回学校去干什么呢？我觉得他这问题很奇怪，我回答："当班主任呀！"本来我就没有想过读了博士就不回学校教书就不当班主任了，所以我回去教书，不很正常吗？结果杨局长理解了我，放我回到学校。记得我回到学校见到校长的第一句话是："让我当班主任！"

我这样说，不是说我很高尚，因为我的兴趣就是教书，就是读书，就是写书。我多次说过，一个人出于兴趣做事，和"高尚"没有任何关系。当然，我读了博士，对我的教育还是有意义的。主要是视野更开阔，对教育的思考更深入，站得比过去高一些，知识分子的使命感、责任感更加自觉一些。

我刚才说在现行的教育环境中，中小学没必要进那么多的博士硕士，并不意味着教育环境较好的地方不该大力引进博士。实际上，在北京、上海等地，有的学校博士很多，学校的教育境界的确不一样。比如，北京的十一中，是我的一个好朋友李希贵在那里做校长。他的学校，有二十多个博士，因此他搞教育改革，包括开放课程，还有学校文化建设，等等，有声有色。

我这些话，可能给你泼冷水了，其实我的本意是，不要神化也不要迷信什么博士硕士。关键是自己养成读书的习惯，尽量增加自己的真才实学。你才教书一年，所以如果你毕业后还是想回到中学教书，那我建议你不要现在就急于去考博。再过几年有了一定的教学积累后再去读博士比较好。

我希望我们有越来越多的真正"博学"的博士，而且这些博士又真正热爱教育并精通教育，尤其擅长当班主任，课也上得特别棒；我同时希望，我们的教育土壤，能够让博士们在学校如鱼得水，大显身手。这是中国基础教育的希望所在。否则，为了提升学校的所谓"品位"，而简单进几个博士，没用的。

2012 年 9 月 5 日

17. "新教育实验"对一个普通老师有什么意义？

今天所进行的"新教育实验"，是让教育回到起点，将过去无数教育家所憧憬的教育理想变成现实。

尊敬的李老师：

您好。我是一名任职于高中的教师，一直想尝试着在教育学生的方式上做一些改变，使得自己能更好地让学生快乐地学习，健康地成长。最近我的学校里刮起了"新教育实验"风，我的同事都开始对之前的教育方法做了调整。而我却还不太明白什么是"新教育实验"，这个"新"体现在哪里，又和我们老师目前所采取的教育方法有何不同，请李老师能够指点一二。

你问我"新教育实验"（以下简称"新教育"）是怎么回事，还问新教育对一个普通的老师有什么意义？如果要全面地回答这个问题，显然不是三言两语能够说清的，不过我可以简洁但尽可能明了地给你说说新教育。

发端于本世纪初的新教育实验是中国一项民间的教育改革运动，它是一个以教师发展为起点，以营造书香校园等六大行动为途径，以帮助新教育共同体成员过一种幸福完整的教育生活为目的的教育实验。

我还可以从"起点"、"过程"和"终点"三个方面解说新教育实验。新教育实验的起点是"教师"，也就是说它以教师发展为突破口，希望通过提升教师的素质进而提升教育的品质。2003 年，新教育实验刚刚兴起，就有媒体说当今中国素质教育的改革"三新鼎立"。所谓"三新"分别指的是"新教育实验"、"新课程改革"和"新基础教育"。应该说这"三新"都是素质教育的路径，但各自的抓手或者说突破口是不同的。新课程改革是政府行为，行政主导，抓手是课程。它希望通过改革课程实现素质教育的理想。新基础

133

教育是学者和民间的行动，领军人物是著名的叶澜教授，其抓手是课堂，即通过课堂改革推动素质教育，叶澜教授有一句名言："让课堂焕发出生命的活力！"这无疑是新基础教育的灵魂。而新教育实验呢，也是学者和民间的行动，旗手是著名的朱永新教授，其抓手是教师，或者说是教师成长。我认为，通过抓教师成长而促进教育品质的提升，是抓住了教育的"根"。

新教育实验的过程是实施"营造书香校园"等六大行动。具体说，新教育实验的六人行动是："营造书香校园"，就是把整个校园和每一间教室都建成"书房"，让师生随时都浸染在书香之中；"师生共写随笔"，这里的"写"其实是反思，就是让教师和学生通过写教育随笔或成长日记的方式，在反思中成长；"培养卓越口才"，通过讲故事、演讲、辩论等形式，使师生愿说、敢说、会说，从而形成终身受益的自信心、沟通能力和表达能力；"构筑理想课堂"，通过创设平等、民主、和谐的课堂气氛，通过在人类文化知识与学生生活体验之间形成有机联系，实现高效的课堂并追求个性的课堂，达到知识、生活与生命的深刻共鸣；"聆听窗外声音"，通过开展学校报告会、参加社区活动等形式，充分利用社区教育资源，引导教师与学生热爱生活、关注社会，将学者大师、英雄模范、能工巧匠……请进校园，让孩子们直接和他们对话，促进教师与学生形成多元的价值观；"建立数码社区"，通过加强学校内外网络资源的整合，建设学习型网络社区，让师生利用网络学习与交流，在实践中培养师生的信息意识与信息应用能力，特别是引导孩子们学会基于网络的学习、娱乐和交往。

新教育实验的终点——也就是要达到的目的，是帮助新教育共同体（教师、学生及其家长）过一种幸福完整的教育生活。朱永新教授认为"幸福完整的教育生活"有这么四层意思。一是教育就是生活；二是教育同时是一种特殊的生活；三是教育生活应该是幸福的；四是教育生活应该是幸福完整的。这是新教育人共同追求的理想境界。现在我们很多教师和学生体验不到教育生活的幸福，因为现在的教育评价只有一个单一的尺度，那就是考试分数，无论教师还是学生，所有的尊严都在分数上，而分数优异者毕竟是少数，因此获得教育幸福的师生永远只是少数人；即使获得了"幸福"的教师和学生，其幸福感也不完整，因为离开了分数，就不再有幸福。而新教育实验，正是希望让教育不但充满幸福，而且是完整的幸福。

　　新教育有五大理念：第一，无限相信学生与教师的潜力。唤醒潜能、激发力量、促进教师和学生走向成功，这是新教育实验的一个重要观点。新教育实验相信，我们给教师和学生多大的舞台，他们就可以演绎多大的精彩；我们给教师和学生多大的空间，他们就可以创造多大的辉煌。第二，教给孩子一生有用的东西。为学生的终身负责，为学生在21世纪的生存和发展负责，帮助学生成为一个和谐发展的人，一个个性张扬的人，一个具有自我学习与发展能力的人，正是新教育实验的基本理念。第三，重视精神状态，倡导成功体验。新教育实验特别注重人的精神状态，信奉失败是成功之母，让师生不断地体验成功，并时时保持饱满的激情与昂扬的理想。第四，强调个性发展，注重特色教育。新教育实验崇尚的是个性，崇尚的是品牌，我们希望每个学校都办成特色，每一位老师都拥有自己的个性，都拥有自己的特长，让每一个人成为他自己。当然，这里的"特色"和"品牌"都是货真价实的特色与品牌，而不是没有实质内容的包装。第五，让师生与人类崇高精神对话。新教育实验认为，教育是一个培养人的事业，是一项通过培养人，让人类不断走向崇高，生活得更加美好的事业。教育最重要的任务，就是让教师和学生与人类的崇高精神对话，就是塑造美好的人性，培养美好的人格，使学生拥有美好的人生。

　　新教育实验的四大主张：第一，共读、共写、共同生活。谁和谁"共"呢？师生之间，亲子之间，一起阅读，一起写作，一起生活。第二，知识、生活与生命共鸣。这是对课堂境界的追求。所有的知识都应该和学生的生活相联系，并与其生命相通。第三，书写教师的生命传奇。这里的"写"当然包括教育随笔和日记的写作，但更重要的是，我们要把自己的教育生活当作一个个故事来叙写，把自己的一生缔造成一个传奇。第四，文化，为学校立魂。新教育实验特别注重学校文化和班级文化的建设，希望通过文化去影响人。新教育认为，一种成熟的学校文化，应有一个明确的理念统摄着学校生活的一切领域。这个理念就像一轮太阳，照射到学校生活的每一个角落，学校的各种生活总是这个灵魂的体现与实现，是朝向这个灵魂的一种努力。

　　新教育实验有四个追求，或者说四大改变：一是改变教师的行走方式。这也是教师的成长方式，即专业阅读——站在大师的肩膀上前行；专业写作——站在自己的肩膀上攀升；专业发展共同体——站在集体的肩膀上飞翔。

二是改变学生的生存状态。新教育实验的学校都追求"晨诵"、"午读"、"暮省"的儿童生活方式，让儿童每天用诗歌开启新的一天，用美丽的童书滋润童年，学会经常反思生活，养成终身有用的习惯。三是改变学校的发展模式。如果学校真正抓住了教师发展这个基点，抓住了书香校园这个关键的行动，抓住了六大行动创造性的发展，学校发展模式自然就会产生。四是改变教育的科研范式。这就是执着坚守的理想主义、深入现场的田野意识、共同生活的合作态度和悲天悯人的公益情怀。这四个改变的目标就是让教师和学生过一种幸福完整的教育生活。

新教育实验有许多项目，比如"每月一事"。比如1月，学会吃饭。"吃饭"的行为背后是"节俭"的品德。2月，学会走路。"走路"的背后是"规则"的意识。如此等等，每月一事，就是每个月培养一个好习惯，形成一个好品质。新教育实验主张，要教给学生一生有用的东西。到底哪些是学生一生最有用的东西？我们的答案是良好的习惯。习惯如何养成？我们的答案是从一件件小事开始做起。从微笑开始，学会交往；从打球开始，学会健身；从吃饭开始，学会节俭；从演说开始，学会表达；从走路开始，学会规则；从植树开始，学会公益；从记日记做起，学会毅力；从唱歌开始，让学生热爱艺术。

新教育实验还有一个项目叫"缔造完美教室"。什么是"缔造完美教室"？简言之，是指通过教室文化的营造，读书活动的开展，良好德性的养成，卓越课程的建设，生命故事的叙述，实现师生的共同成长。在这里，"完美教室"之"教室"，显然已经不同于我们一般所说的物理意义上的教室了。"教室"，在这里是一种借代，代指班级；或者说是一种象征，象征着一群人共同生活的一段历程；缔造完美教室，强调的是一种班级文化的建设，一种集体精神的滋养；这样的环境里，每一面墙壁，每一张课桌，每一把椅子，每一个物件，都打上了浓浓的主观性——表达着高远的追求，洋溢着高雅的气质，蕴含着高尚的灵魂，彰显着鲜活的生命。通过"缔造完美教室"，师生不但得以成长，而且收获幸福。

新教育的项目还有很多，这里无法一一细说。对新教育实验的介绍，我也只能这么简略地说说。如果你想更加详细地了解新教育实验，建议你读读朱永新教授的《新教育》一书。

上面我是从理念上、从宏观上回答了你"什么是新教育"的问题，下面再说说新教育对一个普通老师的意义何在。简单地说，十多年来，许许多多新教育参与者的实践已经证明，新教育对普通老师的意义，就在于能够点燃其教育激情，唤醒其人生理想，提升其专业素养，让普通老师不断体验成功感，进而感到教育生活的意义与自己存在的价值。

我给你讲讲一位普通的教师通过新教育实验而成长为优秀教师的故事吧！

2003 年下半年的一天，我在教育在线论坛——我当时担任总版主——收到了一位署名为"快乐小荷"的短信，她很惊讶能够在网络上遇到自己"很尊敬的李老师"，她说她是河南濮阳中原油田的一名小学老师，读过我的许多著作，"很受启发"云云。她说她热爱教育，热爱孩子，但好像没有了激情，也失去了上进的动力，她很着急。她来信请我给她"指点一二"。

于是我建议她加入新教育实验。我说，新教育实验就是要唤醒老师的理想与激情，致力于提升教师的专业素质。我给她提了两条具体的建议：第一，读苏霍姆林斯基的书，读有关新教育的书；第二，坚持写教育随笔，每天记录自己的教育故事和教育感悟，当然也记下自己的读书心得。

她接受了我的建议，在教育在线论坛开了一个题为"小荷才露尖尖角"的专栏，几乎每天都写几百字或上千字的教育随笔，不停地记录，不停地反思。她给我说，新教育实验让她重新感到了工作的热情。我呢，也常常读快乐小荷的帖子，分享她的精彩，也感受她的成长。

半年以后，也就是 2004 年 7 月，新教育实验年会将在江苏宝应县召开，小荷非常想去见见我，当然也想参加新教育年会。但她说她只是一个普通老师，不敢给校长说这个想法。一天，我又从网上收到小荷的一封来信，题目很长，是"向老师报告好消息：今天，我偷偷哭了"。

她在信中这样写道——

今天上午，我们学校选出十名教师在会上发言，交流学习苏霍姆林斯基的读书心得，我有幸也发了言。题目是《教育日记，教师成长的摇篮》，在里面我叙述了自己写教育日记的故事，并向全体老师介绍李镇西老师、朱永新市长和新教育在线网站。没想到，发言完毕，校长大大地表扬了我一番，说我走在了其他教师的前列。

听到表扬后，我直脸红，低下头，有些不好意思。一直怕别人说我逞能，写教育日记从来就是地下工作。我深深知道自己的斤两，在教育在线大家庭里，我只是个不起眼的小虾而已，有了一点点进步，全是李镇西老师和教育在线网友鼓励的结果。校长知道得很多，他知道您，他说："如果今后有机会，我们也可以把李镇西老师请来给我们讲讲嘛！"听罢此话，我的眼眶湿润了，鼻子也开始哼哧哼哧地发出声音。天哪！这是真的么？我仿佛已经看见李老师笑容可掬地站在我的面前。我不知道校长的承诺什么时候实现，但我的心里却充满了希望。终于我让大家认识了李镇西，走进教育在线了。作为一名老师，我为自己骄傲！

趁热打铁，会议刚开完，我尾随校长到了办公室。向他讲起今年暑假的"新教育实验研讨会"的事情，请求他的支持，他欣然同意，还说要派副校长和我一起去，并让我留心有关信息。我向他讲了"新教育实验"，他说他还是第一次听到，我给他讲了有关新教育实验的大体思路，他很感兴趣，我心里有说不出的高兴。平日里我一直不敢跟领导说什么话，见面只是问个好而已。就连参加研讨会的事情，我也一直不敢跟校长提出，我知道自己没有资格，也没这个胆量，这次没想到他能爽快同意，真是出乎我的意料。

不啰嗦了，耽误了您的宝贵时间。我今晚出发到连云港旅游，回来后好好写写自己激动的心情。我要做出发的准备了，您不用回帖，我只是想第一时间向您汇报这一好消息，因为您是我最尊敬、最信赖的网友。谢谢！期待着与您会面的时刻！

短短半年，新教育实验就让快乐小荷在学校成了"名师"，引起了校长的关注。后来在宝应，快乐小荷来参加新教育年会了，我们也得以见面。

那以后，"快乐小荷"的成长更加迅速。她不但坚持读书坚持写随笔，而且按新教育实验的理念，开始构筑自己的理想课堂。一次，为了鼓励她，我让她发一篇教学文章给我："如果行，我给你推荐发表。"很快她便发了一篇课堂设计的文章给我，但我一看，不禁皱眉："太单薄了呀！"我让她充实修改一下。但她却没有按我的要求充实修改。她后来给我来信说，不是自己写得不好，而是自己做得还不好；要提高文章的质量，首先是要做得好。因此，她请我暂时别再给她推荐文章了，她打算下工夫构筑理想课堂，等有了自己满意的教学实践，她再写，再让我推荐。她还说，她依然会坚持写教育反思和教育故事，但近期不打算在网上发表文章了，她要潜心于课堂。

虽然这次她没有给我满意的文章，也没有听我的话修改文章，但我却更加欣赏她了，因为我感到，她是一位脚踏实地、不图虚名的老师，也是一位真正有追求的老师。

果然，她在教育在线发帖量急剧下降，也很少在网上露面。我明白，她正沉浸在她的班级和课堂中。大概是一年以后，她跟我说她感觉自己在课堂教学上有了明显的进步，并给我一篇她写的关于课堂教学的文章，我一看，果真今非昔比，便给她推荐发表了。

几年后，也就是 2007 年 5 月 21 日，我收到她一封长信——

李老师：

您好！

您母亲的病好些了么？您的身体如何？好久没和您联系，很是想念。您是我最敬重的一位老师，今天，我特别想向您汇报一下我这段时间的工作。

前天，我在濮阳油田教育中心举办的全局小学语文校本教研观摩会上，展示了自己的课堂和专业成长的历程。在报告中，我提到了您对我的影响，提到了教育在线，提到了新教育实验。课堂和发言都大获成功，赢得众多同行的好评。会后，我们的马校长说："课堂如行云流水，驾轻就熟，流畅自然。报告也更加生动条理，自然深刻。祝贺！"教育中心教研室的孟主任说："很好很好，我学到不少。祝贺演讲成功，感谢辛勤付出。"教育中心的岳老师说："侯长缨的课是厚积薄发的感觉，能看出老师有很高的素质。"说实话，这是我第一次得到领导这样高的评价，心里的激动就无法言喻了。更多的自信溢满心胸。

想想自己这两年在课堂教学上的进步，多源于您的引领和启发。

一直以来，我最大的愿望就是做一名好老师。以前，我总以为只要我有一颗爱心和童心就能做个好老师了。这方面我很自信，每一届孩子都非常喜欢我。然而有一天，您对我说："把你的教案给我发过来吧，我帮你推荐给《小学语文教学通讯》。"我听了，自然很是激动。急忙把我自认为比较成功的教案发给了您。您看了以后说："这怎么像是提纲，不像是教案呀！再修改修改吧！"我听了，羞愧得无地自容。赶紧认真修改。可是，怎么修改，自己都不满意。说实话，那时的我，还很少在课堂教学上下功夫，所以在课堂教学上，一直都是我行我素，随意性强，备课不细，课堂设计缺乏条理，还没能够形成自己的风格。您这么一说，我发现了自己的不足。于是我给您回信说："李老师，请不要给我推荐了。今后我会认真研究课堂教学，争取设计出满意的课堂，再让您推荐！"（大意是这样，原话记不清了）

我想，人生的历程很多时候都是在不断认识自我的过程，您的这句话，让我知道了自己在课堂教学上的缺点，您是我人生路上的导师。

那时，我才知道，想做个好老师，一定要有过硬的课堂教学的本领才行。以前我的课堂就像没有雕琢的顽石，想要焕发异彩，必须细细打磨才好。

于是，从那时起，我在教育在线发帖量急剧减少，更多的时间用在读有关课堂教学方面的书和读名家的课堂实录。《透视课堂》、《掀起课堂教学小高潮艺术》、《窦桂梅"课堂捉虫"手记》、《教学现场与教学细节》、《小学语文教师》、《小学语文教学通讯》……一本本好书如一股股清泉流入我的精神世界，我开始关注到课堂的细节，开始关注学生在课堂上的发展。渐渐地，我的眼前突然明朗起来，拿到一篇课文，通过多次通读，自己能找到切入点设计教学了。我尝到了甜头，就把平日的每堂课都当作我的演练场，用心备课，用心反思，教育日记中关于课堂教学的内容也越来越多。

上一次，我鼓起勇气让您给我推荐了一篇教学设计，没想到真的发表了。这给了我更大的信心。

前天我上的观摩课，是我第一次在全局教师面前展示。为了上好这节课，我先后进行了四次试讲，每次讲完后，我都让听课老师提建议，自己整理后再反思，多次进行修改。每次的试讲都有所不同，一次比一次有进步。

好课堂是磨出来的。就在这一遍遍的修改中，我阅读了大量的跟课文有关的内容。就在这一次次的试讲中，我锻炼了胆量，增强了自信，提高了课堂教学的效率。

回顾这几年，自从进入教育在线认识了您，我的变化连我自己都很惊讶。

早几年，在您的引领下，我开始天天写教育日记，一直坚持到今天。

前两年，在您的捶打下，我开始研究课堂教学，现在已经从中得到乐趣。

吃水不忘挖井人。您是我永远的老师！谢谢李老师！

我进步的脚步虽然慢，但只要不停留，我相信就一定会收获更多。

我是一块生铁，需要人不断敲打才能成为有用之材。希望能经常得到李老师的捶打，让我百炼成钢。

谢谢！

祝您顺利、健康！

快乐小荷

2007 年 5 月 21 日

读到这封信，我有说不出的高兴，发自内心地为快乐小荷老师的成长而感到欣慰。

不久，我应邀前去河南濮阳油田讲学。一下飞机，我就对前来接我的教育局同志说："我在这里还有一位朋友呢？"他问我是谁，我便说："快乐小荷。"他摇头说不认识，我说："快乐小荷是她的网名，她的真名是侯长缨。"他马上说："啊，是侯长缨老师呀！我知道，她在我们这里可是一位小有名气的优秀老师啊！不但课上得好，班带得好，而且还经常发表文章呢！"

那一刻，我很得意，仿佛他是在表扬我。

那次我在濮阳讲课，侯长缨老师也来听。报告中，我就讲她成长的故事，讲新教育实验对普通老师的唤醒和培养。也是在那时，她跟我说她下学期即将带一个一年级的新班，她还说了她的新打算，她已经征得学校领导的同意，把这个班的孩子从一年级带到五年级毕业，她想严格地按新教育实验的要求，打造一个"完美教室"。

前不久，侯长缨老师在回忆当时的情景时，这样写道——

很庆幸的是，当时新教育"毛虫与蝴蝶"阶梯阅读实验在于国祥、魏智渊和马玲老师的引领下展开了比较系统的探索。全国很多教师毛虫主动加入了这样一个充满探险色彩的实验队伍。

新教育提倡教师、学生和家长共读共写，共同过一种幸福完整的教育生活。我对新教育研究中心的老师们充满了信任，对这个实验充满了信心。我在实验前就下定决心，一定要带领这一届孩子过一种与以前的学生完全不同的幸福生活，这是一个默默的承诺！

有承诺就要有行动！2007年暑假，我新带一年级，起名"毛虫班"，决定要正式参加"毛虫与蝴蝶"实验。利用假期，我开始大量阅读新教育推荐的各种教育书籍、童书、绘本、晨诵诗等等。还把教育在线论坛上所有相关的实验帖子都看了一遍，这一路看下来虽然很辛苦，但总算有了一些感觉。这一届，从一开始，我就放弃了简单的模仿别人，而是根据班级孩子的生命节奏和现状摸索前行。

这是一种怎样艰辛快乐而又硕果累累的"摸索前行"啊！五年里，侯长缨老师在这个班倾注了自己的热情与智慧，实施着新教育实验开发的"毛虫与蝴蝶"儿童阶梯阅读课程，和孩子们一起营造书香班级，书写教育诗篇，创造了一个又一个美丽的童话，取得了令人瞩目的成绩——侯长缨老师不但获得了河南省语文优质课一等奖，所带班级被评为全国新教育"十佳教室"，而且还先后被评选为首届河南最具成长力教师，全国第六届"优秀班主任"。

今年5月，她带的"毛虫班"毕业，她给孩子们策划组织的毕业典礼，让到场的许多家长和老师感动得流泪。7月，在山东淄博举行的新教育年会上，侯长缨老师被评为中国"完美教室缔造者"。现在，作为新教育实验的榜样教师，她经常被邀请到全国各地去讲述自己的成长故事，传播新教育的种子。

2012年11月，侯长缨老师成为《班主任》杂志的封面人物，她却没有停止快乐前行的步伐。她这样写道——

　　　　每天向前走着，就能感觉到自己的存在。我相信终有一天，自己一定能看到那个不一定有多隆重，但一定是让我欣慰的庆典。

我内心真正的教育庆典是什么呢？

教室里的师生关系是润泽的；

老师和家长的关系融洽，能真诚地交流，相互激励，大家能成为人生路上的同行者；

教室成为教师、学生和家长学习的乐园，精神的家园；

每一个孩子都能茁壮成长，自信阳光，无论遇到怎样的狂风暴雨，都不退缩，且能把自身特有的潜力发挥到极致，找到那个优秀的自己；

每一个孩子都能心甘情愿地为别人服务，且内心感到真正的快乐；

而我则期待自己达到一种自然而然的教育无痕状态，这需要真正的教育智慧和专业知识；

…………

想要遇到这样的教育庆典，还需在实践中不断抛弃旧我，用专业知识丰满新我，迎接一个个挑战，最终走出一个卓越的自己。

侯长缨老师只是许许多多因新教育而成长起来的优秀老师之一，而这样的老师还有很多很多。一位网名为"大杨树"的新教育实验老师这样说："接触新教育，走进新教育，我们就过上了一种全新的幸福完整的教育生活。从晨诵，到午读，再到暮省，没有了往日的埋怨，没有了今日的唠叨，没有了以后的忧虑，只有对现在教育生活的把握。一切繁杂，我们都让它归于平静；一切匆忙，我们都让它归于安宁。静静地做着一份让自己沉醉的教育工作，是我们现在最大的幸福。"

新教育实验从 2000 年萌发至今已经 12 年。截至今年，新教育实验范围遍布 24 个省、自治区、直辖市，拥有 32 个实验区，1460 所实验学校，110 多万师生参加了实验。我要特别说明的是，新教育实验是一个民间行动，也就是说，没有任何"政府推动"的行政力量，但数以千万计的教育者心甘情愿投入其中，可见其魅力。没有行政的命令，没有上级的文件，完全是学校和教师的自发选择——新教育如星星之火，唤醒了万千教师，燎原了大半个中国。

新教育实验，从本质上讲，就是让教育走进师生的心灵。因此，中央电视台曾经用"心灵的教育"来概括他们对于新教育的理解："相对以分数为主要导向的应试教育，新教育注重与人类的崇高精神对话，强调一个人的精神发育史就是他的阅读史，并且通过晨诵、午读、暮省的儿童生活方式，让学生拥有一个博爱而敏感的心灵，重塑他们的精神世界的蓝图。唯分数的教育是单向度的教育，是畸形的教育，是片面的教育，是漠视人的心灵成长和丰富的教育；而新教育提倡完整的教育，是身、心、灵统一的完整的教育。"《南风窗》杂志这样评价道："新教育实验有望成为继希望工程之后的'新希望工程'。希望工程是一项增添书桌的工程，侧重于物质；新希望工程是一项有了书桌后塑造一个什么样的人的工程，注重于精神。"

因此，新教育其实就是"心教育"。对此，朱永新教授专门写过一篇短文：

新教育是什么？

这个问题，80 多年前，陈独秀曾经回答过。他说："旧教育的主义是要受教育者依照教育者的理想，做成伟大的个人，为圣贤，为仙佛，为豪杰，为大学者，新教育不是这样，新教育是注重在改良社会，不专在造成个人的伟大。"

在许多新教育人看来，新教育首先是一个变革的梦想，一种成长的激情。

新教育实验的确要求它的参与者对教育和生命怀有一种宗教般的虔诚、激情、期盼与信任。它用不断唤醒人们的方式，滚雪球般的推动着实验的进展。通过用激情点燃激情，用梦想推动梦想的方式，新教育在各地寻找着"尺码相同的人"，然后，通过授予卓有成效的课程，让这些有梦想、有激情的人们获得可见的教育教学成就，成为新教育实验的榜样。

而实验管理者则不断地言说榜样，让榜样们言说自己的历程，就这样，新教育实验唤起了越来越多从教者的激情。所以，旗帜鲜明地重申教育乌托邦、理想主义，强调激情与梦想，强调职业认同，这是新教育实验最鲜明的一个特点，舍此，便无新教育实验。

也有媒体曾经用"心灵的教育"来概括他们对于新教育的理解。他们认为，相对以分数为主要导向的应试教育，新教育注重与人类的崇高精神对话，强调一个人的精神发育史就是他的阅读史，并且通过晨诵、午读、暮省的儿童生活方式，让学生拥有一个博爱而敏感的心灵，重塑他们的精神世界的蓝图。

教育的使命在于塑造美好的人性，进而建设美好的社会。人的完整性首先是建立在善的基础之上的。人应该是完整的，包括他自己个性的完整性。让人成为他自己，一个完整的自己，这才是教育的最高境界。当然，这也是我们新教育人追求的最高境界。所以，在这个意义上，我们赞成把新教育命名为"心灵的教育"。

新教育虽然叫"新教育"，其实从某种意义上说，它并不新。就教育理念而言，关于"新教育"之"新"，我的理解并不是前所未有的"横空出世"，而是归真返璞和与时俱进，也就是说，今天所进行的"新教育实验"，是让教育回到起点，将过去无数教育家所憧憬的教育理想变成现实。

有人曾这样评价"新教育"之"新"："当一些理念渐被遗忘，又被提起的时候，它就是新的；当一些理念只被人说，今被人做的时候，它就是新的；当一些理念由模糊走向清晰，由贫乏走向丰富的时候，它就是新的；当一些理念由旧时的背景运用到现在的背景去继承，去发扬，去创新的时候，它就是新的……"

的确，像"无限地相信人的潜力"、"营造书香校园"、"注重精神状态，倡导成功体验"等等，都是前人说过的，有什么新的呢？但新教育人将这些理念变成了行动，又与时俱进地创造了一些有效的做法，并坚持了下来，这就是"新"。

杨东平教授说："与一些洋化、'学术化'的理论相比，新教育是不玄奥、不复杂的，难以写成许多可供核心期刊发表的论文；然而，就改变教育现实、解决实际问题而言，新教育却是大为可观、魅力无限的。其实，教育的真理古今中外相通，大致是质朴无华、晓畅明朗、直抵人心的。新教育的诚实、朴实、感性、动人，也许正是一种好的教育理论所需的基本品质。"

是的，在这个浮华的时代，新教育以其归真返璞的朴素品质，显出了它的"新"。

2012 年 12 月 14 日

18. 我是怎么成为所谓"教育名人"的?

> 其实"名人"也好，"专家"也好，都是一种自然而然瓜熟蒂落的结果，并不是功利般"孜孜以求"的"成果"。当我们怀着浮躁的心去计较每一次得失，过于在乎自己是不是"名师"，到头来可能什么都会失去。

你来信问我："李老师，您是怎么成为教育名人的?"

说实话，这个问题真不好回答。因为我从来就没有觉得我是所谓"教育名人"。这不是谦虚。不知是从什么时候开始——也许是十多年前，也许是二十多年前，我的名字渐渐在越来越广的范围内让许多人眼熟，我有了一些追随者或者说叫"崇拜者"——那时候还没有"粉丝"这个词。

每当读着那么多素不相识的老师对我的崇高评价，每当我讲学时被许多老师簇拥着合影，尤其是近几年常常有一些不再年轻的老师对我说："李老师，谢谢您! 我是读着您的著作成长起来的!"坦率地说，我还是很开心的，或者干脆说是我的虚荣心得到了极大的满足。现在无论我怎样真诚地说"我只是一个普通的老师"，老师们也会认为我是"谦虚"或"故作谦虚"，因为客观上，我就是许多老师心目中的"教育名人"。

但是，看着那些关于我的高大上的滚烫文字，我却隐隐不安：这写的是我吗? 我真有这么完美吗? 前不久，我在一位老师写我的文章后面评论道："谢谢您! 但您写的不是我，而是写的一个和我同名同姓而且还同职业的人。您笔下的这个'李镇西'太值得我学习了!"

无论是老师们对我的"崇拜"，还是他们文中对我的赞誉，都是非常真诚的。但老师们"崇拜"和赞誉的依据仅仅是我的著作和我的报告。在这些著作和报告中，我所写所谈都是我的教育情感、教育思考和教育故事，这些当然是真实的，但毕竟是经过"过滤"的——"过滤"了我日常生活中的许多琐碎的喜怒哀乐，比如我有时"茶不思饭不想"的郁闷、"拍桌子打板凳"的烦躁、"灰溜溜"的沮丧和"气不打从一处来"的恼羞成怒等等。这些寻常生活中的"另一面"我是不可能写进书里或在讲座中说的。比如，我老婆曾说我"公共餐桌上吃相很差"，还说我在家里"有时候不冲马桶"（我随时都在想问题，所以其实是偶尔忘记了）……哎呀呀，写到这里我都脸红了。如果我的"粉丝们"知道了这些，还会那么"崇拜"我吗？

我经常对我的"崇拜者"说："其实我和你们差不多。论实践，许多老师不比我差；论思考，许多老师不比我弱；论阅读，许多老师也不比我少。我可能仅仅比你们多写了一些文章，多出版了一些著作。如此而已。"是的，许多老师和我的差距，也许其实就是几本书的差距。中国历来有文字崇拜的传统，一个人发表了文章，甚至出版了著作，别人对他就特别羡慕，进而崇敬之情油然而生。我有幸成为一个例子。

当然不是说我就没有一点"过人"之处，我更不会一味贬低自己。我对教育，第一，很纯粹很真诚，而且至今没变；第二，很专一很执着，同样至今未变；第三，有浪漫情怀，我一直把教育当做诗来写；第四，有儿童视角，我喜欢站在学生的角度看问题；第五，勤于思考，我细腻而敏锐，能够从一些琐碎的或者说人们司空见惯的地方思考一些问题；第六，乐于写作，再加上我笔头很快，于是我记录了许多原汁原味的"教育现场"。这些也许都算我的"过人"之处吧！

我的著作中有许多我刚参加工作时和学生的黑白照片，我作报告有时会播放三十年前学生的声音。这让很多老师感动和感慨。有人问我："李老师，您是不是从教之初就立志成为教育名人，所以那时候就有意识地积累资料，为今天著述讲学做准备？"我总是忍俊不禁地回答："当然不是！那时候谁想得到啊？"相反，如果我一开始就按"成为名人"的目标来"设计"自己的"路线图"，那么我每走一步都要"算计"，我会怀着非常功利的心去上每一堂课，去带每一个班；我脑子里随时会盘算如何在某次课堂大赛中"一炮打响"，会随时琢磨如何通过班级管理"在全国率先创立"一个什么"教育模式"进而成为"中国什么什么教育第一人"……可以断言，如果那样，我走不到今天。因为我很可能早就因名利心而"栽"了。

事实上，到现在为止，我都还没形成自己的"教育思想体系"和"教育操作模式"。仔细想想，无论《爱心与教育》还是《做最好的老师》，无论思想还是实践，我都毫无新意——蕴含的思想都是常识，无非就是"爱心"啊"尊重"啊"民主"啊，这哪是我的"首倡"呢？书里所呈现的实践都是常规，无非就是"谈心"啊"鼓励"啊"活动"啊，因为教育哪有那么多的"创新"？我也没有想过为中国教育提供什么"原创性"的理论或模式。但我一点都不觉得遗憾，更不自卑——至于有人说"其实李镇西的层次很低的，没有什么理论原创"，我一点不生气，人家说的就是事实嘛！我本来就从没想过要"超越"谁。三十多年来，我就想着自己如何将我所敬佩的中外教育家们的思想有机地运用到我的班级实践和课堂教学——如果做到了，我就满足了；如果还做得很好，那我这一辈子就很"了不起"了。

尽管如此，教育依然给了我丰厚的回报。我说的"回报"还不只是指国家给我的各种荣誉称号，也不只是指我自己写的六七十本虽然肤浅却很真诚的教育著作，而是我和历届学生共同拥有的充满人性故事的温馨记忆——这是教育对我最重要最珍贵的"酬劳"。各种荣誉称号都是我从教之初没有想过的，因此它们对我来说就是额外的奖励，是意外的收获。当初没想过这些，所以就算我后来没有这些，我也不会失落，因为在教育的过程中我已经感到了幸福呀！但后来各种荣誉从天而降纷至沓来，我也不会拒绝，给我我就接着，没什么不好意思的。我认为，刻意的拒绝和刻意的追求，都证明你太在意了。一切顺其自然。

从教三十五年，莫名其妙地成为了别人眼中的"教育名人"。回想自己走过的路，不由感慨：其实"名人"也好，"专家"也好，都是一种自然而然瓜熟蒂落的结果，并不是功利般"孜孜以求"的"成果"。当我们怀着浮躁的心去计较每一次得失，过于在乎自己是不是"名师"，到头来可能什么都会失去——这叫"多情总被无情恼"。相反，什么都别去想，只要守住自己朴素的教育心，善待每一个日子，呵护每一个孩子，岁月总会给我们以丰厚的馈赠——这是"道是无晴（情）却有晴（情）"。

2016 年 7 月 5 日

第三辑

教育的技巧

不要抽象地谈论教育是"艺术"还是"技术"。针对当前的教育现状和教师队伍的实际情况，我们应该对绝大多数老师说，教育首先是一门技术。

19. 教育是艺术还是技术？

> 不要抽象地谈论教育是"艺术"还是"技术"。针对当前的教育现状和教师队伍的实际情况，我们应该对绝大多数老师说，教育首先是一门技术。

李老师：

最近我们学校领导倡导"不做教书匠，争做教育家"，我知道教书匠是一门技术活儿，而教育家却是技术和艺术的结合体，学校这样倡导我们教师，不知道能不能为我们学校的学生带来"福音"。在此我想请李老师谈一下教育是一门"技术活儿"还是一门"艺术活儿"。

来信要我谈谈"教育是艺术还是技术"。我感到你这个问题本身就是有问题的。因为如此发问，把本来不是对立的教育艺术和教育技术人为地对立起来了，对立起来之后，再进行所谓的"争鸣"，我认为是没有意义的。

也许你会说，既然教育艺术与教育技术不是对立的，那么说"教育既是艺术也是技术"是不是就可以了呢？或者说"教育艺术也包含了教育技术，教育技术则应该提升为教育艺术"等等。我认为也不是这么简单。笼统地说"既是……也是……"，看似全面辩证，实则废话，等于什么都没说。所谓"是"什么，"不是"什么，要看当时的具体针对性。脱离了这一点，"对立"双方的争论，只能是"鸡对鸭说"，或者"公说公有理，婆说婆有理"。

但你这么信任我，我今天愿意尽可能理性而清晰地和你一起来辨析一下这个问题。

有一个讨论的前提必须弄清且争论的双方都必须统一——那就是我们所说"教育艺术"的"艺术"以及"教育技术"之"技术"，是在什么意义上用这两个概念的？

"艺术"一词至少有两个含义：第一，具体的艺术形式门类，如文学、音乐、建筑、戏曲等等；第二，独具个性且富有创意的方式。很显然，我们这里讨论的所谓"教育是艺术"是在第二个含义上展开的，因为教育其实并非属于任何一项艺术门类。这样，我们便明晰了"教育艺术"的"艺术"在我们这个特定的语境中的含义，指教育过程中独具个性富有创造性的做法。

我们说"教育是技术"的"技术"又是什么意思呢？综合各种权威定义，我们至少可以从三个方面理解"教育技术"的内涵：第一，教育过程中所使用到的各种物质手段，从传统的黑板、粉笔，到现代的多媒体、视频教学网络系统；第二，经过精心选择和组织的学习教材和学习资源；第三，设计、实施和评价教育、教学过程的具体方法。在"教育是艺术还是技术"这个话题中，"技术"显然更多的是第三个含义。

基于上述对"教育艺术"和"教育技术"概念的理解，我对二者的各自内涵作如下解说——

教育艺术，特征是独创性，往往呈现为教育现场（自然要包括课堂教学）中各种因地制宜因人而异的机智；具有鲜明的个人风格，源于突闪的灵感；它与个性有关，与阅历有关，与天赋有关；大体归入"人文"，形象思维，混沌模糊；它是感性的，不可捉摸；它妙趣横生，忽略规则，忌讳雷同，推崇"教无定法"；所以，其经验智慧，不可复制，具体做法，难以推广，无法超过。

教育技术，特征是普遍性，常常体现在教育过程（当然也包含课堂教学）中各种按部就班中规中矩的操作；具有浓郁的大众色彩，来自熟练的技艺；它和共性相联，和传承相联，和借鉴相联；更多属于"科学"，逻辑推理，周密精确；它是理性的，有迹可循；它一丝不苟，严格规范，追求统一，提倡"课有定则"；因此，其模式步骤，均可拷贝，方法技巧，容易普及，可以逾越。

如果有充裕的时间允许再深入思考，也许我对"教育艺术"和"教育技术"各自的不同之处还可以列出更多。如上表述，虽然简略，但我认为已经足以成为我们讨论"教育是艺术还是技术"这个话题的支撑了。

如果要我正面回答"教育是艺术还是技术"，我真还不好回答。假如一个老师只是机械地、刻板地、一丝不苟地讲究"教育技术",那我们应该理直气壮地对他说:"教育是一门艺术!"假如一个老师连起码的教育常规都不懂,却夸夸其谈地说什么"教育是一门艺术",那对不起,我可能就会对他说:"且收起你那套'艺术'吧!教育是一门技术!"

我想再说一遍——也许有些啰嗦了,抽象地说教育是"艺术"或"技术"是没有意义的,关键是我们这个话题的针对性是什么?现在的普遍情况是老师们只重技术呢,还是只重艺术?如果是前者,那我们强调"教育是一门艺术"则是应该的;如果是后者,那我们强调"教育是一门技术"则有必要。

杜威在《民主主义与教育》中谈教育目的的"社会本位"和"个人本位"时曾这样说过:"事实上,在不同的历史时期提出了大量的目的,这些目的在当时当地都具有巨大的价值。因为目的的叙述乃是一个在一定时间所强调的重点不同的问题,我们并不去强调不需要强调的东西——这就是说,有些东西已经很受重视,就无需强调。我们往往根据当时情境的缺陷和需要来制定我们的目的;凡是正确的东西或近乎正确的东西,我们都视为当然,就不必明确论述。我们根据应该进行的某些改动来制定我们的明确的目的。在一定的时期或一定的时代,在有意识的规划中,往往只强调实际上最缺乏的东西,这并不是一个需要加以解释的矛盾。"杜威这段话非常精辟地说明,无论是"社会本位"还是"个人本位",放在具体的社会背景中都有着相对的历史合理性,因为人们总是根据所处时代所面临的当务之急而对人或社会有所侧重,进而在教育目的上呈现出不同的偏重。

说得太好了!好,现在我试着把"教育艺术"与"教育技术"植入杜威这段话中,道理同样成立:在中国当下这个"一定的时期或一定的时代",我们更应该强调的"最缺乏的东西"是什么呢?是"教育艺术"呢,还是"教育技术"?

我认为,我们应该强调"教育是技术"!因为在我有限的视野里,我感到现在许多学校存在的普遍问题,不是"技术"过度,而是"艺术"泛滥。

现在似乎是一个热衷于谈"教育艺术"的时代:"谈心的艺术""班会的艺术""导入的艺术""板书的艺术""点拨的艺术""评价的艺术""批评的艺术""表扬的艺术""家访的艺术"……而很少有人研究"谈心的技术"

"班会的技术""导入的技术""板书的技术""点拨的技术""评价的技术"
"批评的技术""表扬的技术""家访的技术"……好像一谈"艺术"就显得
深刻而儒雅，而谈"技术"就显得平庸而肤浅；仿佛"艺术"才是可以用于
示人，提升自己和学校的档次与境界，而"技术"总有点那么"小儿科"，
那么"初级阶段"，那么"登不得大雅之堂"。

由"教育艺术"又派生出许多"非教育"的——不，严格地说，是与教
育本身格格不入甚至应该是势不两立的东西：浮躁、绚烂、包装、炒作、追
捧、虚夸、神秘、拉大旗作虎皮、三寸不烂之舌……

以课堂教学为例。我们经常看到有"著名"什么什么的"课堂教学艺术
展示"，也经常看到有"全国中青年教师课堂教学艺术大赛"，但很少或者说
根本就没有——也许我孤陋寡闻不知道——那些特级教师的"课堂教学技术
展示"和"全国中青年教师课堂教学技术大赛"。难道是因为课堂教学没有技
术可言吗？当然不是，而是因为独特的、个性的、机智的、审美的、表演的
"教学艺术"才能色彩缤纷，眼花缭乱，跌宕起伏，令人目瞪口呆，因而总能
激起满堂喝彩。一句话，这样的"艺术展示"更具观赏性——用不少老师的
话来说："听谁谁谁的课，真是一种艺术享受！"如果是"教学技术"展示，
哪能有这般轰动效应？

但是，"享受"是"享受"了，能学吗？当然，专家课堂上有些小技巧
也许可以"拿来就用"，但未必有效。因为这些小技巧是和专家的整个教育思
想、教育情感、教育智慧以及更重要的现场针对性相联系的。离开了这些，
孤零零地把某个细小的做法拎出来，然后搬到自己的课堂"依葫芦画瓢"，自
然难以奏效。所以，从总体上说，从著名特级教师们的类似"课堂艺术展示"
中，我们是无法学到其精髓、其核心、其神韵的！因为我上面说了，艺术总
是和个性、和独创相联系。如果人人都能学得到——而且是仅凭 40 分钟的
"展示"就能学到，人家那还叫什么"艺术"？换句更直接的话说——凡是人
人都能够"拿来就用"的东西，绝不是艺术。

我当然不是否认这样的"艺术展示"，但听课的老师一定要明白，听这样
的课，不是简单地模仿，机械地照搬，而是体会领悟特级教师在课堂上所自
然而然呈现的人文素养、学科功底、专业技艺，以及教育情感、思想和智慧，
同时琢磨如何在这些方面提升自己，最终形成自己的风格。

正因我们一些青年教师现在过多地推崇或者说太迷恋"教育艺术",而忽略了教育技术,所以我觉得有必要强调:"教育是一门技术!"

有些老师不恰当地抬高"教育艺术"的地位而贬低甚至排斥"教育技术",还有一个后果,就是以"教育艺术"作为盾,顽固地拒绝自身专业素养的提升,顽固地排斥对别人有效做法的学习。现在我们许多年轻教师——其实,还远不止年轻教师,教育教学的基本功是非常堪忧的,比如,如何组织课堂教学?如何设计课堂流程?如何管理班级?如何开家长会?如何板书?如何朗诵?如何写教育随笔?如何设计教育问卷调查?……这都是"技术活儿"!而这些技术都是有操作模式和统一规范的,都是共性要求。可有多少老师敢拍着胸脯说:"这些技术对我来说没问题!"因为对他们来说,他们追求的是不拘一格的"教育艺术"!这些框框套套妨碍了他们的"艺术"发挥!

是的,教育过程也好,课堂教学也好,有很多现场生成的东西,需要教师随机应变,灵机一动,突发奇想,歪打正着……这些都属于"艺术";但是,教育和教学都是有规律可循的,有章法可依的,特别是教育者的所有教育行为,都必须凭借扎实的专业基本功——我这里所说的遵循规律,依照章法,以及扎实的基本功,都属于"技术"!可是,现在有的老师带班随心所欲,上课天马行空,可是只要你提醒他"还是要讲起码的规范",他会振振有词:"教育是一门艺术!"看,崇高神圣的教育艺术却成了有些老师敷衍塞责的遁词,甚至成了个别无良教师的华丽外衣!我想到了大多数(注意,是"大多数"而非"少数"更非"个别")的明星们,写的一手惨不忍睹的臭字,却到处签名,字迹乱七八糟的让你不认识,嘿嘿,你不认识就对喽,人家那叫"艺术"签名!"艺术"啊,你懂不懂?

无论教育还是教学,都存在不同教师、不同学校、不同地区的经验互学的问题,而能够供别人学习的经验,肯定和模式有关,因为如果没有统一的"普世"的做法,甚至没有某种意义或某种程度的"标准化",互相之间就不可能交流与学习。然而,有些老师抵制学习别人经验的理由正是:"教育是一门艺术,而艺术是不能照搬的!""教育艺术就体现在教无定法,凭什么要我学什么'模式'?""艺术的魅力在于个性!我有我的个性,我为什么学别人的经验?""艺术贵在创新,做最好的自己!"……"'模式'围困万千重,我自岿然不动!"因为心中有"艺术",所以面对任何外界的学习资源,均刀枪不入。所谓"艺术"，在这里成了因循守旧者坚如磐石、固若金汤的堡垒。

我提出当前要多说"教育是技术"还有一个重要原因，从总体上说，我国现在的中小学教师素质并不高，当然包括我在内。我说包括我在内，可不是"世故"的说法。我的参照是老一辈教师，特别是上世纪前半叶的知识分子。民国时期，哪怕是一个乡村教师，在当地父老乡亲眼里，都是一方神圣，学富五车，才高八斗，是学问与人格的象征。茅盾、朱自清、叶圣陶等大师，早期都担任过乡村教师，叶圣陶最早就是苏州附近甪直镇的小学教师。许多年前我曾给一位年轻教师说叶圣陶曾经是小学教师，他惊叹："真是不可思议！"是呀，现在想来的确不可思议。我们现在的中小学，还有叶圣陶这样学养深厚的大师级教师吗？

所谓"学养深厚"并非以学历文凭为标志，如果说"学历文凭"，现在的中小学学士硕士何其多矣！有的中小学连博士都有了；但是，真正的"博"学之"士"又有多少？钱梦龙论其文凭，不过初中毕业，但他却成了中学语文教育的泰斗！所以我说，整个民族的文化素养普遍在下降，这是不争的事实。与之相应，当代中国的基础教育（其实又何止是"基础教育"）的教师们学科知识和专业能力也在普遍下降，这也是有目共睹的事实。不客气地说，艺术需要深厚的学养，也需要过人的天赋。因此要想人人都成为教育艺术的大家，是不可能的。而在文化水平普遍下降的大背景下，要想相对地提高教育班级管理水平和教育教学质量，更多的还是要靠"教育技术"——基本功、模式、规范、程序、评价等等。二十年前，我曾经激烈反对出版统一的《教学参考书》——现在叫"教师用书"，因为我说："有了所谓'教参'，还有统一的练习册，实际上把老师变懒了，什么都统一了，一切都是现成的了，老师就不用认真备课认真设计试题了。而且，什么都搞统一，也离个性、创新的教育艺术境界越来越远！"但是，有一位德高望重的专家对我说："取消教参的前提，是几乎每一位教师都能够独立驾驭教材，并实施有效的课堂教学，可现在这样的教师有多少？如果现在真的取消了全国统一的教参，全国的教学质量绝对大滑坡。所以，保持统一的教参和练习册，至少可以保证统一的质量标准，维持基本的教学水平。"现在看来，这话是对的。同样道理，现在大力提倡广大教师特别是青年教师注重"教育技术"，至少能够大面积地提升教师的专业水平，而如果一味地强调"教育是一门艺术"，并不能因此而使"艺术家"辈出。

　　附带还想说说与"教育是艺术还是技术"相类似的一个问题——"教师应该做教育家还是教书匠"。近年来，听到不少领导对老师们公开号召："不做教书匠，要做教育家！"说实话，我不想掩饰我对这句话的强烈反感。凭什么这么鄙薄"教书匠"？具有娴熟的教学技能，而且这技能随着时间的推移与实践的积累而日臻完美，炉火纯青，有什么不好？如果一个教师能够在教育中匠心独运，最后成为一代教育巨匠，这将是他个人的自豪和我们民族的光荣！纵观现在我们的校园，教书匠不是多了而是少了。相当一部分老师缺乏爱心与责任心，缺乏专业而扎实的基本功，连教书匠都做不好呢！你却给他说："不做教书匠，要做教育家！"这是什么导向？

　　教书匠不必是教育家，但教育家必须是教书匠！我心目中真正的教育家，比如过去的陶行知、苏霍姆林斯基、阿姆拉什维利，还有当代中国的于漪、钱梦龙、吴正宪等等，都同时是教书匠，他们的课堂教学技艺无不让人惊叹。是的，一个教师，如果成为教书匠之后还有教育家的梦想，并为之努力，当然可敬可佩，也值得提倡——也仅仅是或者说只能是"提倡"而已；不过如果他不愿当教育家，而愿意一辈子都做教书匠，也一点都不可耻，这只能说明他一直坚守在一线课堂，教学技艺精益求精，越来越精湛——他有不做教育家的权利和自由；然而，如果一个"教育家"连课都上不好，连教书匠都不是，你有什么资格说自己是"教育家"？

　　回到你的问题本身。我还是认为，不要抽象地谈论教育是"艺术"还是"技术"，不要孤立地说教育艺术重要还是教育技术重要，"教育既是艺术也是技术"这样"正确"的废话最好也少说。针对当前的教育现状和教师队伍的实际情况，我们应该对绝大多数老师说，教育首先是一门技术。

　　不知我说服你没有。如果你还是不同意我的观点，不要紧的，我们继续思考吧！

2012 年 5 月 13 日

20. 第一天面对学生该做些什么？

> 　　开学第一天，面对新生，作为老师要善于敏锐地发现学生中点点滴滴的闪光点，然后及时予以表扬。这是一种集体自我教育的有效方式。

李老师：

　　您好！

　　此刻的我怀着紧张的心给您写信，因为过两天我就要迎接自己人生中的第一批学生了。除了紧张之外就是迷茫，因为之前没有做班主任的经验，不知道该怎么带学生，更不知道如何培养学生的"主人翁"意识。我知道您是这方面的专家，因此特来向您请教。

　　你马上就要见你的第一批学生了。作为刚刚师范大学毕业迈进中学校门的新老师，你在兴奋和憧憬的同时，又有些紧张和惶恐，担心明天自己不会说话，担心面对学生手足无措。你问我明天该做些什么，该说些什么。你想听听我的建议。

　　我想到了我的年青时代，想到我第一次面对学生时，也有过这样的兴奋、憧憬、紧张和惶恐。也想到了我迎接的每一个新生班，想到了和他们度过的"第一天"。也许因为这些经历，我自认为还是可以给你一些建议的。

　　新生第一天，班主任当然有些常规工作，比如报名、注册、搞卫生、发教材、确定临时班委等等。但我觉得，最重要的是，你应该设法让你和你的学生对这个新集体产生良好的第一印象。多年前，我在拙著《走进心灵》中，曾经写道——

　　日常人际关系中的"第一印象"是至关重要的。班集体建设也是如此。学生对新班的最初印象将直接影响以后班风的形成。因此，对班主任来说，新集体的建设早在新生入学之前就开始了——他必须苦心酝酿着使新生迅速形成"集体"的计划，精心地为"导演"集体主义"开场戏"而作各种准备，胸有成竹地迎接着新集体的诞生。

　　让孩子们对新的班集体产生良好的"第一印象"，你可以试着做这么几件事——

　　第一，写一封热情洋溢的欢迎信。孩子们一进校，便收到老师的一封信，这会让他们感到惊喜，也会感到温馨。通过这封信，你可以给学生们表达欢迎之情，也可以说说对他们的希望，当然也可以提出一些要求。但语言一定要亲切平易。

　　第二，给学生一份有意义的见面礼。这份"见面礼"，可以是一本书，可以是一句箴言，也可以是你给他们朗读的一首诗或一篇散文。无论是什么礼物，都要能够表达出你的真诚和某种期待。

　　第三，给学生一个做主人的机会。开学第一天，有很多事情需要学生做：做清洁呀，去图书室搬运新书和作业本呀，等等。在做这些事的时候，班主任一定要避免自己指定谁谁谁去做，而应该启发学生们自愿去做。比如不要说："某某某同学，请你……好吗？"而应该说："同学们，谁愿意主动去……呢？"我坚信，总有同学们会积极举手的，这时候老师再表扬这些主动为集体做事的同学。这样一来，就不仅仅是被表扬的同学感到了快乐，更重要的是，这些同学的主人翁责任感，会让每一个同学感到，我来到了一个多么温馨的班集体啊！

　　第四，开一个"记者招待会"。所谓"记者招待会"当然是模拟的，其实就是班主任回答同学们的各种提问。学生的问题可以涉及方方面面，班主任在回答学生各种提问的同时，敞开了自己的心扉，拉近了师生的心理距离。

　　第五，照一张"全家福"。开学第一天，我总会让同学们来到校园照第一张集体合影，第二学年开学再照一张，最后毕业前夕又照合影。三张全家福，形象地展示了同学们成长的痕迹，也为将来留下温馨的记忆。

　　我还要特别提醒的是，开学第一天，面对新生，班主任要善于敏锐地发现学生中点点滴滴的闪光点，然后予以及时的表扬。这是一种集体自我教育的有效方式。

下面我给你讲讲任 2011 级班主任时，我开学第一天的故事吧。

那天早晨，不到五点我就醒来了。六点二十五分出门，六点五十到学校。然后我把给学生的信打印出来，并一一签上我的名字。

七点刚过，我来到我班教室，里面一片狼藉。我打算把教室清洁搞了，可是黑板擦、抹布、扫帚、拖把……什么都没有。我来到二楼一个办公室，找了一个水盆和抹布，开始在教室里擦黑板、桌子和椅子。

四周静悄悄的，虽然还很早，天气并不热，可渐渐地我就满头大汗了。刘朝升老师来了，看到我一个人忙活，赶忙说要帮忙，我说你把桌椅弄整齐吧。他要帮我擦桌子和椅子，我说我自己擦。我一个桌子一个桌子地擦，有点累，但很开心。

终于把五十个桌子和椅子擦完了，黑板也擦干净了，我打算拖地，可没有工具。我便开始在黑板上写字。我在前面黑板上写了三行字："让人们因我的存在而感到幸福！""战胜自己！""我们和他们不一样！"然后在后面黑板写上："相亲相爱一家人！"

正写着，粉笔掉地上了，我低头寻找却看不见。这时候进来一个男孩子，我便问他什么名字，他说叫"廖飞"。我说："欢迎欢迎！你帮我一起找找粉笔！"他也蹲着低头帮我找。

我继续写字，这时又进来两个同学，问他们名字后，我知道他们分别是"吴笛"和"郑炳旭"，我笑着对郑炳旭说："你有钱啊！呵呵！"

年级组通知开会了，我对吴笛说："你把地拖拖，好吗？"他非常乐意，我便和他一起走出教室，在外面找了一个拖把，他拿着拖把去找水。郑炳旭说："我能做什么呢？"我说："你先把地扫扫吧！"

等我开完短会回来，教室里已经亮堂堂的了。

八点半到了，孩子们陆陆续续走进教室。我看大多数人都到了，便说："欢迎同学们！我还不认识大家，我点个名吧！"

我开始点名，许多同学听到自己的名字都大声地说："到！"可少数同学回答得很小声，我便重新点他的名字，让他大声说"到"。

我发现一个叫"张激勇"的小男孩，左臂上着夹板，显然受伤了，一问才知道是练单杠摔伤的，我跟他开玩笑，说："是备战奥运受的伤吧？不过你不是备战 29 届奥运会，而是备战 39 届奥运会！"同学们大笑，我叫同学们给他掌声。掌声过后，我说："我为什么要同学们给他鼓掌，因为他在受伤的情况下，坚持到学校，这种精神令人敬佩！"

点完名之后，我说："今天我们第一次见面，我送你们一份礼物，这份礼物是我昨晚写的一封信。我下面发给大家。我念一个名字，就上来一位同学。以便我再熟悉一下大家！"

我开始叫孩子们的名字："陈虎啸……"叫到一个同学，那个同学便走上讲台领我的信。第一个同学接过我双手递给他的信，说："谢谢！"我马上对大家说："这个同学多有礼貌！跟我说谢谢！"

接下来的每一个同学拿过信之后都对我说"谢谢"，但没有一个同学用双手接。

我在等待……

到第十一个同学的时候，他用双手接过信，说："谢谢！"

我马上对大家说："大家看，这个同学更有礼貌，他不但对我说谢谢，而且是用双手接信的！"

以后所有同学上来，都是用双手接信的。

信发完了，同学们都在静静地看我的信。

我看教室外面围着很多家长，便说："大家都进来吧！一起听听。"

家长们全部拥进了教室，我请他们站在后面。我对孩子们说的话，让家长听听也好。这也是让家长了解我，并且影响家长的好机会。

我对孩子们说："这样，我给大家读一读，有几段我希望同学们齐声朗读。"我给孩子们说哪几段由他们读。

我开始朗读："亲爱的小朋友……"

读的时候，教室非常安静，孩子们一边看着眼前的信纸，一边听我朗读。我读到"这份礼物其实就是三句话"的时候，全班同学一起朗读："让人们因我的存在而感到幸福！""战胜自己！""我们和他们不一样！"

接下来的几段也是全班集体朗读的——

所谓"让人们因我的存在而感到幸福"，就是你要让班上的每一个人都因为有你这个同学而开心。谁有了困难，你第一个走到他的身边："别着急，有我呢！"他会因你而幸福；自习课上，你安安静静地学习，周围的同学会因你而幸福；做清洁的时候，你为班上争得一面流动红旗，全班同学因你而幸福；运动会上，你奋力拼搏，为集体赢得荣誉，我们都因你而幸福；你上课积极思考，课后认真作业，老师会因你而幸福；在家里，你孝顺懂事，勤于做家务事，爸爸妈妈会因你而幸福！做一个给别人带去幸福的人，你自己也很幸福！

所谓"战胜自己"，意味着要随时和自己"过不去"。其实，我们每一个同学都是有上进心的，但往往缺乏毅力，用老师家长的话来说，就是"管不住"自己。怎么办呢？那就要"战胜自己"！任何一个人的灵魂深处都有两个"我"：高尚的"我"和卑下的"我"，勇敢的"我"和懦弱的"我"，勤奋的"我"和懒惰的"我"，认真的"我"和敷衍的"我"……这两个"我"随时都在打架，如果高尚的"我"战胜了卑下的"我"，那你就战胜了自己！任何人都有软弱的时候，退缩的时候，放纵自己的时候，不要紧，人之为人，就是能够战胜自己，战胜了自己的弱点，就成了强者！

所谓"我们和他们不一样"，展示的是一种精神自豪感。这里的"我们"，指的是每一个有理想、有追求、向往真善美的同学；这里的"他们"，是指那些没有理想、甘于平庸、甚至甘于堕落的同龄人；这里的"不一样"，是指精神境界和行为习惯不一样。我们的追求是什么？从远处说，是这辈子要做一个健壮、正直、善良、睿智的有出息的人；从近处说，是要争取三年后考上重点高中。有了这个追求，在行动上，自然会不同于那些浑浑噩噩的同龄人。他们可以沉溺电子游戏，我们不能，因为"我们和他们不一样"；他们可以迟到旷课，不完成作业，我们不能，因为"我们和他们不一样"；他们可以考试作弊，我们不能，因为"我们和他们不一样"；他们可以吸烟喝酒、打架斗殴、谈情说爱，我们不能，因为"我们和他们不一样"；他们可以涂脂抹粉、佩戴首饰、穿着另类、发型怪异，我们不能，因为"我们和他们不一样"……我们应该在三年中，随时提醒自己："我们和他们不一样！"

大家读得很投入，声音洪亮，铿锵有力，读到最后，可以说是自信豪迈而荡气回肠！

我接着读："说起来，我们的相遇，纯属偶然，比如你如果分到其他班，我们就不会成为三年朝夕相处的朋友。所以，我们要珍惜这个缘分！未来三年里，我们将一起经历阳光和风雨、顺利和挫折、成功和失败、欢乐和悲伤……这一切都将构成我们厚重而多姿多彩的生命。"

最后还是以孩子们的集体朗读结束——

　　我希望，三年后我们分别的时候，我能够说："我真幸福！因为我遇到了你这么好的小朋友！"而你能够说："我真幸运！我在李老师班上的三年时光，将是我生命历程中阳光灿烂的日子！"

"同学们读得真好！"我赞叹道。

我说："让人们因我的存在而感到幸福，现在也是我们学校的校训。这句话，是我给历届同学的见面礼。今天早晨，有一个我十年前教过的学生在我的博客上留言，说还记得这句话，我非常感动！我想，再过十年，你们也在我博客上留言，说李老师，我当年进校的第一天，你也送我这句话，我至今还记得！"说到这里，同学们都笑了。

然后我说："今天早晨，我来得很早，给同学们擦桌子和椅子，当时有老师要帮我擦，我说不，我自己擦吧！为什么我坚持要自己擦每张桌子每个椅子呢？因为我要让你们每一个人都能享受我提供的服务！因为我是你们的朋友和老师！要带头让你们因我的存在而感到幸福！"

我谈到了吴笛、郑炳旭、廖飞等同学："吴笛把教室的地拖得很干净，我们因他的存在而感到幸福！请大家给吴笛等同学以掌声！"

掌声再次响起。

然后我简单介绍了一下自己，我有意回避了我的校长身份，更没有给他们讲我的所谓各种耀眼的"头衔"，我希望我和学生们就是纯粹的师生关系。

然后，我说："同学们一定很想了解我这个新老师吧？这样，现在同学们可以向我提问，什么问题都可以，只要是和我有关的。现在大家就是记者！"

大家笑了起来。

163

同学们开始提问，我回答同学们的问题，跟他们讲我的兴趣爱好，我的中学时代，我的工作经历，包括我的家庭等等。我特别给他们谈班歌的来历，随着我的讲述，我的思绪回到了80年代我刚参加工作的时候，我和学生们怎么想到创作班歌，我们怎么想到请谷建芬阿姨为我们的班歌歌词谱曲，我们又怎么感谢谷建芬阿姨，谷阿姨又怎么回赠我们的礼物……孩子们听得津津有味。我说："这首歌伴随我的教育二十多年了，你们也把这首歌唱好，然后我们也给谷建芬奶奶录制一盘我们演唱的原声磁带，好不好？"

大家都说："好！"

我开始教大家唱了："蓝天高，雁飞来……"

最开始的时候，同学们都唱得不太准，我开玩笑说："哟！没想到你们还会改编音乐作品啊！"

大家都笑了。

然后我继续教大家唱，我唱一句，大家跟着我唱一句。孩子们学得非常认真，非常投入，不一会儿，大家都会唱了，教师里回荡着孩子清脆稚嫩的童音——

> 蓝天高，雁飞来，
> 青青松树排成排，
> 我们携手又并肩，
> 唱着歌儿向未来。
> 同学们团结多友爱，
> 畅游在知识的大海，
> 园丁辛勤来灌溉，
> 理想之花校园里开……

我看大家已经唱累了，时间也不早了，便说："今天我们就学第一段，后面两段以后再学。今天大家表现得非常好！我很满意。今天回去，大家一定要认真给我写回信，另外，把我信中刚才请大家齐读的段落背诵下来。还有，同学们今天在回信的时候，告诉我你的生日是哪一天，以后每个同学的生日，我都会送你一份礼物，就是我的著作！"

同学们都惊叹起来。

最后我说:"下面我们照几张相,作为一个纪念。三年以后毕业的时候,我们再在这里照相,作个比较,你们会感到成长的痕迹。"

我和同学们在教室簇拥成一团,照了第一张全家福。

然后我带着学生在校园里转,一边走,一边给他们介绍我们的开放式书架,介绍"新园"雕塑及新教育实验,介绍"苏园"雕塑及苏霍姆林斯基的教育思想,介绍"陶园"雕塑及陶行知四颗糖的故事……

最后,在陶行知塑像前,我和同学们挥手再见:

"同学们再见!"

"李老师再见!"

下面是 1997 年 8 月 28 日,开学第一天给一位名叫黄露莎的同学留下的印象——

李老师的"见面礼"
黄露莎

远远的,远远的,校园里那棵粗大茂盛的银杏便扑进了我的视线。红墙绿树形成了一道独特的风景线。

这是 1997 年 8 月 28 日上午,太阳惬意地把自己的光芒挥洒在大地上。十二岁的我迈进了石室中学的大门。

离报到时间还有一会儿,我漫步在操场边的银杏树下。阳光透过密密匝匝的绿叶斜射在我身上,片片金黄,片片翠绿。我不禁陷入了遐想:这古老的银杏,这古老的红墙,伴随着文翁石室度过了多少个春夏秋冬……

哦,石室,哦,银杏!我将在你的怀抱里度过三年啊,未来的三年将会是怎样的呢?我会遇到怎样的老师和同学,我会生活在怎样一个班集体呢?

想到这里,我恨不得马上奔到教室。我一看表,还差十五分就到九点钟了。我急忙走进了旧教学楼四楼的初一(3)班的大门。

刚一进教室,十几双眼睛一齐射向了我,我脸上顿时火辣辣地一阵热，头一缩，赶忙找了个座位坐下。

突然，虚掩着的门被轻轻推开了。一位三十多岁的老师走了进来。虽然他满脸笑容，一点也不吓人，但我一见他就条件反射式地浑身冒汗。

"同学们，大家好。先作个自我介绍，我姓李，名镇西，叫李镇西。很高兴你们这十几位同学很准时。下面请大家和我一起倒计时，看哪些同学迟到，好不好？"李老师推了推眼镜，抬起手看着手表，"10，9，8……"我们跟着念了起来。

嘿，这个老师可真是怪，自我介绍这么简单，刚才我还准备对李老师的"就职"演说洗耳恭听呢。还念什么"倒计时"，真不知他葫芦里卖的什么药。不过，这个老师还真有意思，我一边跟着念倒计时，一边暗自想着。

"好了，到9点了。还没来的同学咱们不等了。下面，我们开始点名。安超！安超来了没有？嗯，看来他是在安然入睡了。"李老师风趣的话就像在人群中投放了一颗"定时笑弹"，引得我们哈哈大笑。

没想到，报到这么轻松，我原以为老师会绷着一张黄瓜脸撑到结束呢。

"同学们，今天算是给你们上的第一课，请记住要守时，要有时间观念。还有，我带了一件礼物给大家，你们猜猜。"

不知是谁在台下冒了一句："钱。"

"钱，若是你们，一人一块钱，你们肯定嫌少，至少也要给十块吧，这样我一个月工资就报销了。"

我想是送我们精神上的一句格言警句吧。

"好了，我来揭晓谜底，答案是一句格言：'让、人、们、因、我、的、存、在、而、感、到、幸、福！'"李老师一字一顿地说道。

"让人们因我的存在而感到幸福！"我情不自禁地在心里跟着念了一遍。

李老师接着解释道："其实，这并不是我的话。这是前苏联卫国战争时期一位名叫马特洛索夫的英雄所说过的一句名言。这话是什么意思呢？同学们，幸福不仅仅是一种美好的物质的生活，更是一种愉悦的精神体验。而且，这种愉悦的精神体验有时是仅仅来自一声普通的问候或一个细小的行为。比如，刚才我进教室时，有几位我还叫不出名字的同学向我问好，我从这几位新同学的问候声中，感到了一种温暖，也可以说感到了一种幸福。对于同学们来说做一个'让人们因我的存在而感到幸福'的人，更多的时候往往只需举手之劳：公共汽车上，你为一位老人让座，这位老人就会因为你而感到生活在这样一个文明的社会环境中是一种幸福；在街头，你热情耐心地回答一位外地人的问路，他就会因你而感到能够得到一位素不相识的人的真诚帮助是一种幸福；在教室楼道，你主动上前帮老师抱作业本，老师会因为有你这样的学生感到幸福；有同学病了，你哪怕是送上一句亲切的问候，他也会感到有你这样的同学是一种幸福；在宿舍的楼道里，你为正在吃力上楼的大妈提一提菜篮子，她会为有你这样一位好邻居而幸福；骑车过马路，你宁肯停在烈日下等候绿灯，也不愿擅自闯红灯，那警察叔叔和义交大娘会因为有你这样遵守交通规则的好市民而感到幸福……"

李老师又把话题引向了新班级："这个班不仅仅是一个教学单位，而且是一个大家庭，每个同学都应尽量做到使自己的同学、使整个集体因为有了自己而感到温暖。要使集体有了荣誉后都能激动地说：'这都是因为我班有×××！'"

最后李老师笑眯眯地说："今天没有迟到的同学，我就因为你们的存在而感到了幸福；而今天迟到的同学，我则因你们的迟到而感到了……痛苦。希望大家牢记这句话：让人们因我的存在而感到幸福。好，下面请同学们一齐把这句话读一遍！"

顿时，教室里响起了同学们响亮的声音：

"让人们因我的存在而感到幸福！"

我上面两个案例，对你是不是有所启发呢？

2012 年 12 月 5 日

21. 如何第一次确立班委干部？

要把班干部产生的过程，作为对学生进行民主启蒙和民主训练的过程。

李老师：

我是一个刚参加工作的老师，一到学校，领导就安排我做班主任。我当然也很愿意当班主任。但是我毕竟没有经验，对于很多具体的事心里没底。比如，如何确立班干部——是由教师制定呢，还是让学生自己选举产生？请您点拨一二。

谢谢你对我的信任！你的问题是很多第一次当班主任的年轻老师都会遇到的。我愿意以一个老班主任的身份谈谈我的做法。

班干部的作用当然不仅仅是老师的帮手，但刚刚当上班主任的青年老师，难免在开学第一天手忙脚乱，这时候如果有几位学生干部帮忙，自然会相对轻松些。因此开学之初甚至报名第一天，就应该尽量确定班干部。

但是，如何确定班干部呢？由老师自己指定吗？且不说由老师指定班干部这种方式不太民主，就算临时指定，可对这几十个学生根本谈不上了解，又如何"指定"？让学生选举吗？刚刚组成的班集体，同学之间也缺乏互相了解，又怎么能够选举呢？当然，还有一个办法，那就是通过调查，摸清哪些学生有过当班干部的经历，进而临时确定几个学生干部。但是，老师的调查毕竟也不会太全面，指定的班干部未必能够服众。

我的办法是：让学生自荐出任临时班干部。

要相信绝大多数学生是有着为集体服务的欲望的，只要老师引导得当，许多学生都会跃跃欲试。但学生自荐的临时班干部，也就是说他们的任期是短暂的，是在正式班委没有建立起来之前的"临时政府"，这个"临时政府"原则上是不需要全班选举的，谁愿意当就当。

在高 2004 级新生入学第一天，我便和学生商量如何组建班委。我先说了我的想法让大家讨论：第一，当班干部首先是义务而不是权利，更不是权力！人人都应该当班干部；第二，今后我们的班委干部不搞终身制，轮流"执政"；第三，班干部绝对让同学们选举，选了谁就是谁。

经过讨论，大家都说好。我便问临时班委如何产生。同学说现在大家都不太了解，还是自荐比较好。我说这样，凡是愿意担任临时班干部的同学，明天给李老师写一封信吧！在信中表明你的意愿。

第二天，有六位同学交上了愿意当班委干部的自荐信。于是，这六位同学便组成了临时班委。我对全班同学说："这只是个'临时政府'，相当于伊拉克的临管会。呵呵！"学生也笑了。"但是，我希望这几位同学也能非常认真地为同学服务，争取在之后的'民选'中获胜！当然，其他同学在一个月后的选举中也可以参与竞争。"

课间，我召集临时班委的同学开了一个会，我强调了工作原则：第一，感染意识，也就是以自己各方面的良好行为去感染带动同学们。第二，服务意识。要随时想到，班委就是服务，而不是管人。第三，独立意识，也可以叫主动意识。不要依赖老师的指令，而要积极地动脑筋开展各种工作，同时体现出工作的创造性，要想方设法使我们班的工作与其他班不一样，要在工作中体现出我们的智慧。

当然，如果自荐的同学太多，超过了临时班委需要的人数，那还是得经过发表演说、全班选举这个程序。但即使如此，同学们选出来的班委依然是临时班委。

一个月之后的 10 月 8 日，班上如约进行正式班委的选举。经过一个月的观察和了解，学生之间应该比较了解了。

我先向学生们讲了我打算遵循的原则："我们今天将要选举正式的班委。我先表个态，今后三年，所有选举——无论是选班委还是选三好生，我一律不干涉，也不参与投票。完全由同学们选，选着谁就是谁！另外，我还要说明，当班干部不是少数人的特权，而是所有人的义务，这个义务任何同学都不应该逃避。因此，我们的班委决不搞终身制，这样让每一位同学——注意，我说的是'每一位同学'——都有机会担任班委干部！"

谈到候选人的产生方式，同学们说最好是自愿争取当候选人。我提醒，我们必须搞差额选举，不搞等额选举；也就是说，选出七个班委事先必须确定九位候选人。同学们都同意。于是，经过几分钟的举手评议，九位候选人产生了。

九位同学分别上台发表简短的演讲，他们的话都不多，但每一个同学的话都很真诚朴实，因此，他们的发言都赢得了同学们热烈的掌声。

在正式投票之前，我还说了几句："即将到来的时刻，对这九位同学来说，既是一次机遇，也是一次考验。说是机遇，是因为你们每一个人都有可能被同学们选为正式班委，那你们不就实现了你们为同学服务的愿望了吗？说是考验，是因为你们每一个人都有可能落选，九个人中总有两个人会落选！但同学们要习惯这种真正的民主方式，差额选举就肯定会有落选者，而等额选举就不会有人落选，但我认为应该搞差额选举。同学们都应该习惯于落选，这没有什么不光彩的，因为你的参与就表明你的责任。光荣的落选，胜过虚假的'当选'！"

学生们开始了庄严认真的投票。最后，按获得票数的多少顺序，获得选票数占前七位的同学自然当选为第一届班委。

要把班干部产生的过程，作为对学生进行民主启蒙和民主训练的过程。

面对最后的结果，同学们正要鼓掌，我说："我们应该首先把掌声献给落选的两位同学！这真不是为了安慰他们，而是我觉得正是他们的热情参与和庄严落选，使我们的民主程序更加规范，也使我们这次选举更加公正！我们应该向他们表示敬意！而且，我们期待着他们下一次的竞选冲刺！"

掌声响了起来。第一届班委就这样成立了。

看，只要尊重学生，确立班干部的事儿就这么简单。

2005 年 7 月 14 日

22. 如何第一次给学生安排座位?

> 我排座位的原则是:尊重学生,有利学习,小组固定,每周轮换。

李老师:

我这个问题可能比较幼稚,就是接手新班的第一天,如何给学生安排座位?当然,我可以按学生的个子高矮来安排,这样比较好。但还没开学,我已经接到不少家长的电话,要我在安排座位时照顾他们的孩子。我真纠结。

你的问题并不"幼稚"。我也曾面临你这样的纠结。

几乎每次新接手一个班主任,都会有新生家长给我打电话,说希望能够在安排座位的时候予以"照顾",而家长们所说的"照顾"的原因,无非是"孩子个儿小""孩子眼睛不好"等等。当然不可能每一个人都照顾到,但照顾谁不照顾谁,这真让班主任犯难。所以我曾经略为夸张地说过,安排座位这件小事,对班主任来说,有时候其难度完全可以当成科研课题来攻克。

好多年前,我所主持的 K12 班主任论坛上,有网友曾提出"如何给学生排座位"的问题。我把这个提问的帖子当作微型科研课题抛给众多网友讨论。许多老师纷纷跟帖,谈自己是如何给学生排座位的,一时间论坛十分热闹。

多年的班主任实践,使我对给学生编排座位有一套比较成熟的做法。我排座位的原则是:尊重学生,有利学习,小组固定,每周轮换。所谓"尊重学生",就是尽可能满足学生的愿望,甚至让学生在一定条件下自己确定座位,当然也不是任意想坐哪里就坐哪里。所谓"利于学习",就是排座位要考虑成绩搭配,让不同基础的学生坐在一起。所谓"小组固定",意思是前后四人或六人就是一个整体,小组内部可以互相调整。所谓"每周轮换",是说每个星期全班都要以小组为单位变化一次座位,让每一个同学在一学期之内几

171

乎都能把教室的每个方位坐遍。

具体操作分两个步骤，开学第一天排一次，一个月以后排一次。开学第一天排座位，主要是让学生自己安排，老师只和他们讨论安排座位的原则。以高2007级三班为例——

学生集中于教室后，我谈了谈其他的事情，然后开始说编座位的事儿。我说："现在同学们是随意坐的，但我每次接手新班都是和同学们商量着编座位。绝对尊重同学们！我们只确定一个原则：不影响他人，不影响自己；有利于学习，有利于团结。只要这个原则大家同意，那么，你们想怎么坐就怎么坐，以后我们每周都轮换一次座位，让每一个同学都能在教室里的每一个地方坐一周。好不好！"

大家都说："好！"

因为是随意坐的，因此，教室里面男生女生坐的比例不太合理，阵线分明。于是，我和大家商量着略作了调整，使男女同学能够混合地坐在一起。最后，我问了问那些需要照顾的同学，并把一位视力特别不好的女生安排在了最前排，然后对她说："我和同学们也只能照顾你一周，请理解！因为我们每周都要轮换座位。"

我知道，编座位对许多班主任来说是一件很棘手的事，但我就这么简单地完成了——只要尊重学生，什么事儿都好办！

有的老师质疑道：第一次编座位就这么简单？太随意了吧？太迁就学生了吧？如果接下来的事实证明，有不适合坐在一起的学生却坐在了一起，岂不是误了学生？

且慢质疑，因为这只是第一个步骤，一个月后还有第二步骤呢！

第二个月后，师生之间学生之间比较熟悉了，同时，第一次安排的座位是否合适，大家也比较清楚了，于是这时便进行调整。这次的调整，不但是根据任课老师的意见和同学们的反映，将不合适的同桌分开，而且还要确立学习小组。我班的学习小组是四至六人，刚好前后左右相邻。学习小组一旦编定，原则上便三年不变，这样便于组与组之间竞赛。

我还要详细说说教室里的课桌布局（不知我能否说清楚）。教师站在讲台上，一般来说，下面是八列小纵队，其中每两列靠得比较紧密，于是形成四列大纵队；同时，又是七横排（刚好五十六个学生）或八横排（刚好六十四个学生）。从每个大纵队中间截开，便是前后两个小组。这样，全班就有八个小组，每个小组四至六人。每周轮换座位的时候，是小组整体搬迁移动，而且是一轮朝右斜上方（从站在讲台的视角看），教室最右上角那个小组则移动到最左前方的角落，教室最右边最靠前那个小组则朝左边后方移动。在小组整体搬迁移动的同时，小组内部也进行前后左右的循环调整。

因为不便于图示，所以我仅仅用文字可能不一定表述得很清楚。但有一点可以明确地说，这样每周循环的好处是，第一，保持了小组的整体性，有利于课堂学习的交流讨论和小组之间的学习竞赛；第二，任何一个学生都有机会坐教室里任何一个位置，对每个学生来说都显得十分公平。这样一来，所有照顾都不存在了——我对凡是需要照顾的同学说："不要紧，你只是暂时坐这里，下周就会交换座位的！"学生能够接受，家长也无话可说。当班主任二十多年来，我基本上都是这样安排座位的，班上从来都相安无事。

当然，每个班的情况不同，每个老师的管理理念也不尽相同，我并不是要所有班主任都像我这样编排座位，我只是提供我的做法而已。我相信，只要班主任肯动脑筋，多琢磨多研究，一定还会有更好的排座位的方法。

2005 年 7 月 17 日

23. 如何开好第一次主题班会？

> 我理解的"以学生为主体"绝不是表面上的只由学生主持和参与
> 而班主任不在场，其实是否"以学生为主体"，关键是看主题班会的主
> 题是否真正来自学生，或者班会课是否真正满足了学生心灵的需要。

李老师：

刚开学，学校德育处要各班组织一次主题班会。这把我难住了，因为我
没当过班主任。我连这主题班会确定什么主题都不知道。我想听听您的建议。

别怕，什么都会有"第一次"的。

主题班会的重要意义是不言而喻的。什么是"主题班会"？我手中一本关
于班主任工作的词典上是这样界定的："围绕一定主题而举行的班集体成员全
体会议。"这样解释似乎不错，因为班会班会当然应该是全"班"之"会"。
但是，如果把主题班会仅仅理解成"全体会议"绝对不全面——若是班主任
把主题班会真的开成了"会议"，那么教育者所期待的效果肯定会大打折扣。
其实，在我看来，主题班会应该是班级"活动"而不是"会议"。这种活动
不但主题鲜明，内容丰富，而且形式活泼，全员参与。特别还要说明的是，
主题班会的"主题"应该来自学生，或者至少应该是学生关心的问题。这里
顺便说一下"主题班会以学生为主体"的话题。针对过去主题班会课由教师
一言堂的状况，我们现在提出"以学生为主体"，这当然是对的；但是我理解
的"以学生为主体"绝不是表面上的只由学生主持和参与而班主任不在场，
其实是否"以学生为主体"，关键是看主题班会的主题是否真正来自学生，或
者班会课是否真正满足了学生心灵的需要。正是在这个意义上，我强调班会
的主题应该来自学生。

对班主任来说，第一次组织主题班会至少要注意这样几点：第一，通过多种形式了解学生的兴奋点，确定班会主题。第二，班会的内容尽可能紧扣学生实际，避免空对空。第三，形式上尽可能活泼，尽量不要教师一个人说，而让大家都参与。第四，尽量争取能将主题班会与学科教学相统一。我的意思不是说用单纯的课堂教学取代主题班会，而是说要让主题班会与学科教学自然结合，这样效果会更好。

下面举一个主题班会案例：

1999 年 9 月刚进校的学生，即将迎来国庆 50 周年。在和学生接触中，我发现学生对新中国的变化，特别是改革开放以来的变化并没有特别深刻的感受，而实际上他们正是享受着改革开放的成果成长起来的。怎样让现在的孩子能够真切地感受到祖国的巨变？9 月 14 日，我结合语文教学，在班上搞了一个主题班会："从身边的变化看祖国的变化。"

我先向学生谈了我从自己身边所感受到的变化。比如：我读初中时是步行上学，而现在我读初中的女儿是骑自行车上学；我第一次坐火车是 23 岁去重庆的时候，而我女儿 11 岁就乘坐过飞机了，等等。

然后，我对学生们说："其实，在你们每一个人的家里，几十年来也发生了翻天覆地的变化。就从你们记事时算起吧——请问：进入 90 年代以来，我们班上有哪些同学家里搬过新房子？请这些同学举手。"

结果，全班 61 名学生中，在不到 10 年的短短时间里，有 57 位学生的家里搬过新房子。其中搬过两次家的有 28 位，搬过 3 次家的有 15 位，搬过 4 次家的有 8 位，甚至还有搬过 5 次家的！

就这么一次小小的举手调查，学生们就真切地感受到了国家的变化。我接着又对大家说："其实，同学们身边的变化岂止是搬新房子这一件事呢？现在，同学们讨论一下，看你们的身边还有哪些变化？"

顿时，教室里的气氛活跃起来。学生们讨论得极为热烈，大家纷纷争着发言。有的从家里餐桌上食品的变化谈祖国的变化；有的从电视、电冰箱、空调等家用电器的购置乃至更新换代谈祖国的变化；有的从家庭电脑、电话的拥有量谈祖国的变化；有的从家庭交通工具的变化谈祖国的变化；有的从周末休闲方式的变化谈祖国的变化；有的从人们见面时问候语的变化（原来多半是"吃了吗"，而现在往往是问看足球赛没有或者读什么书看什么电视剧没有）谈祖国的变化……

这是一组课堂即兴调查统计的数字：全班 61 位学生，有 50 位学生家里电视机换过 1 次，有 40 位学生家里的电视机换过 2 次；有 58 位学生家里安装有电话；有 32 位学生家里拥有电脑；有 60 位学生参加过旅游，其中有 7 位学生还曾出国旅游。

我总结道："不用从电视报纸上去找祖国 50 年的辉煌成就，刚才同学们所说的，不就是看得见摸得着的祖国巨变吗？而且，我们完全可以预言，可爱的祖国还将有更惊人也更辉煌的变化！"我趁势把话题一转，"现在，请同学张开思想的翅膀，让心灵飞翔——畅想一下，未来的祖国还会有哪些变化？"

教室里又热闹起来，学生们七嘴八舌，滔滔不绝："以后我们上学连自行车都不用骑了，可以乘坐地铁或磁悬浮列车上学。""以后我们上学不用背书包了，只需提一个笔记本电脑就行了。""再以后的中学生将不必到学校上课了，他们在家里就可以通过网络读世界上最好的学校。""以后如果再搬新房子，什么家具电器都不用买了，新房子里一切都是现成的。""以后我们将到外星球去旅行！"

…………

短短 40 分钟的班会课，学生们实实在在地听到了祖国前进的足音，他们也因此而更加充满信心地憧憬着祖国灿烂的未来。

新生进校的一周之内，其实有很多班会内容的：比如刚认识的同学之间互相介绍，比如利用教师节进行师生沟通，比如让学生展望"我心目中的班集体"等等。

你完全可以根据你班的具体情况，听取孩子们的建议，组织一次有效的主题班会。祝你成功！

2005 年 8 月 19 日

24. 如何开好第一次家长会？

> 无论家长们是做什么的，也不管他是什么什么"长"，你是教师，在教育方面，你就是内行就是专家！

李老师：

　　学校要求开学第一周就召开家长会，这是我当班主任后的第一次家长会。我有点紧张，因为我很年轻，学生家长们都比我年长。一想到要面对他们，我就不知道该说什么。刚开学不久，我觉得也没有什么可说的。您有什么好的建议吗？

　　有的新班主任认为，对学生还不熟悉之前，开家长会没什么话可说；因此，家长会最好是半期考试之后再召开，那时对学生已经比较熟悉，而且正好结合半期考试进行成绩分析。但我建议年轻的班主任在开学之初就召开一次学生家长会。原因很简单，应该尽早把自己的教育思想和设想告诉家长们，因为每一个家长都是你的教育同盟者。

　　我理解你的紧张。多年以前，一位刚当上班主任的老师也对我说，她对开家长会有一种恐惧，因为不知道说什么，而且家长们都比自己年长，总觉得他们都比自己有学问。我告诉她："千万别自卑！你要这样想，无论家长们是做什么的，也不管他是什么什么'长'，你是教师，在教育方面，你就是内行就是专家！至于讲什么，我说至少有两个内容你可以讲，一是对自己做个自我介绍，另外，可以就你的治班思想和家长们进行沟通。"

　　下面是 2004 年 9 月份我的第一次家长会，也是学生进学校不久我和这个班的家长第一次见面。

　　正式给家长们讲话之前，我给他们读了我几年前写的一篇文章《家长也是教育者》。这篇文章中有这样一些思想——

作为教育者的家长，他会随时注意自己的一言一行，尽可能人格上成为孩子的榜样，以无声的形象去感染孩子的心灵；作为教育者的家长，他将不会把孩子视为自己的"私产"，而将孩子看成是祖国的未来，这样，他对孩子的期待就不仅仅是"出人头地"、"光宗耀祖"，而是用社会发展与时代进步的要求来设计孩子的成长和孩子的明天；作为教育者的家长，他一定会全力支持学校教育改革和老师的工作，或者说，他将把学校教育工作也当作自己的应该关心甚至有时还可以直接参与的分内事；作为教育者的家长，他会以教育者的眼光（而不仅仅是父母的眼光）去打量关注孩子，细心研究孩子每一天的细小变化，并和孩子一道成长。作为教育者的家长，不会把《哈佛女孩》之类的书奉为家教"圣经"，他会尊重孩子的精神世界，按照孩子的个性引导其成长使之最终成长为最好的而又独一无二的"我"……

我一边读一边就文中的一些话作解释，以此向家长们介绍我的家庭教育思想。

接下来，我开始给家长们正式讲话。我的发言提纲——

请把手机设置为振动状态。

自我介绍：从教经历，爱学生，爱语文，特别珍视和学生的感情，同时希望自己不但能够把学生送进高一级学校，更教给学生一生有用的东西，让他们离开我以后拥有终生幸福的精神生活。

一、本班情况介绍：

良好班风开始形成，表现在三个方面：第一，思想纯正，有上进心；第二，有凝聚力和集体荣誉感；第三，学习风气浓厚，自觉性比较强。

存在的问题：第一，学生之间学习基础差别悬殊；第二，个别学生学习不够自觉，部分学生学习参与性差；第三，男生宿舍问题比较严重。

二、我的教育思想：

爱心，民主，为共和国培养现代公民。

好学生的标准：善良，正直，机智，有文化。

做人第一，文化素养是人格的有机组成部分。

"让人们因我的存在而感到幸福！"（随时为他人着想，比如迟到，就给别人带来了不便）"我们和他们不一样！"（随时想到自己的使命）

语文教育：多读多写多背；语文生活化，生活语文化。课堂与学生互动。作文面批，少写评语。

三、下一步我要做的工作：

第一，促进学生学习方式的转变。

第二，营造特色班级：书香班级，自治班级，爱心班级。

第三，青春期专题讲座。

第四，男生宿舍的管理。

四、给家长的建议：

1. 应该意识到，家长也是教育者。

2. 别只看孩子的成绩，更要看孩子的为人。在人格上成为孩子的榜样，同时又和孩子一道成长。

3. 周末回家让孩子做家务。

4. 不要给孩子太多的钱。（每位学生订一份报刊，把教室变成阅览室。每周回家拿一次零花钱）

5. 多与学校沟通：周记本应该签署意见。

五、征求家长同志对我和学校的意见或建议。

…………

我这人时间观念非常强，发言之前我说的第一句话便是："我今天发言时间不超过一个小时！"我在讲话的过程中，不时看看放在桌上的手表，一个小时到了，我便准时结束了我的发言。

然后我请家长同志们对我的工作提出意见或建议，家长们在发言中，表示理解并接受我的教育思想，愿意全力支持我的工作。他们特别支持我的三个想法：发动学生支助贫困地区的孩子就学；让每个学生都订一份报或刊，营造书香班级；周末或节假日让不回家的同学到城里同学的家里做客。同时，他们建议我把科任老师的联系电话印发给学生带回家；还有家长提出让学生们互相帮助；等等。

我解释说："我以后开家长会，不只是给你们通报孩子最近的考试成绩和名次，而是我和你们的教育学术研讨会，我们共同来探讨教育，当然我也可以给大家开教育理论专题讲座，同时，你们也可以谈谈你们对教育的理解。大家互相沟通，因为我们都是教育者!"

我感到这次家长会非常成功，因为我的教育思想得到了家长们的普遍认可。

也许我的这些做法对你有点参考价值。

2012 年 9 月 4 日

25. 如何搞好第一次活动?

> 没有活动就没有集体。一次次班级活动就是学生们成长的载体,
> 也是他们今后温馨的记忆。

李老师:

我知道班级活动的重要性,但我怕搞不好反而把学生的心弄浮躁了。请给我点建议。谢谢!

生动有趣的活动,是让新班迅速形成凝聚力的途径之一。所以,班主任要善于组织班级活动,让学生们不但尽快彼此熟悉,而且也尽快爱上新的集体。第一次组织活动至少应该注意这样几点:

第一,活动内容一定要符合学生的实际,特别是要淡化教育痕迹,凸现趣味性。我不是反对教育性,只是说要淡化"教育痕迹"。第二,活动要全员参与,不要搞成少数几个学生的表演。第三,活动最好能够有利于展示每个学生的个性。第四,活动最好让学生来设计,可以在开展活动之前,在班上进行一次《我设计的活动方案》征文。第五,第一次活动的时间最好放在开学第一周的周末。

我特别要提示的是,刚开学不久有许多日子可以作为活动的契机,比如教师节,可以通过活动增进互相的了解和情感;又比如中秋节,这是一个营造班级家庭般温暖的极好时机。当然,即使没有这些节日,聪明的班主任也能找到组织活动的理由和时机。比如,我曾在学生刚进校的时候,搞了一个"露一手"活动,就是让所有学生都上台展示他们的特长或某方面的技能,这既让学生之间迅速互相认识了解,也让学生们在新的集体里面赢得一份自豪。

没有活动就没有集体。一次次班级活动就是学生们成长的载体,也是他

们今后温馨的记忆。

十多年前，我担任成都玉林中学1995届高一班班主任的时候，开学第一周，我搞了一个活动。下面是当时我班一个叫刘汀的学生写的作文《周末之夜》——

八点的天空已是暮霭沉沉，万物都失去了生机，给人一种昏然欲睡的感觉。然而，此时在玉林中学的多功能活动室中却有这样一个充满活力的集体，他们的欢声笑语为这黑夜增添着一丝丝活意。

那该是唐浩吧，只见他双眼紧张地看着李老师，耳朵都快贴到了李老师的嘴了。对面的李老师却不慌不忙，满脸挂着神秘的笑，而那双诡谲的眼睛却躲在镜片后寻找时机。突然，李老师飞快地吐出了问题："孙悟空是《水浒》还是《三国演义》里的形象？"唐浩似乎很快明白了意思，毫不犹豫地说："《水浒》。"活动室里开始也鸦雀无声，但李老师却胜利地笑了，看到李老师的笑，唐浩恍然大悟地笑了，全班如梦初醒地爆笑了……

"苏三发配洪洞县，将身来到大街前……"这一句小旦的唱段，把我们的眼光引向了谢宇，他可是个多才多艺的人。他会写一手好文章，他懂得欣赏各种音乐，可没想到，今天也客串了一回"梅兰芳"！只见他双手作兰花指，双腿交错下弯，抬头仰观明月，好一副娇态！

下一个节目便是游戏，八个小组，八个游戏，真有八仙过海，各显神通的气势。活跃的气氛一浪高过一浪，快乐的心情一潮高过一潮。

沐浴着清新的晚风，我们骑着自行车开始了环游一环路的行动。我们像一股青春的洪流席卷成都市一环路，从南站到西站，再从西站到北站，然后又到东站……今晚的成都也似乎因我们而充满朝气，处处华灯锦绣，处处兴趣盎然。

一种无比骄傲的感情充满了我的全身，我在心中欢呼：这就是我们团结的1995届高一班！这五十六位青年将在一起像战士一般挑战今后的一千多个日日夜夜；他们将在战斗中成长，最终成为支撑共和国的五十六根擎天巨柱！

　　不用我多说了，这样的活动对于刚刚走到一块的学生们是多么重要，他们对班集体的爱，也许正是从这样的活动开始的。

　　　　　　　　　　　　　　　　　　　　2012 年 1 月 9 日

26. 怎样消除学生的抵触情绪？

任何一个人的灵魂都是自由而独立的，只要在行为上不妨碍他人的生活，都应该得到尊重，而不是人为去"塑造"别人的"灵魂"。重要的是沟通，"沟通"本身就是目的。

李老师：

我是一个高一班主任。现在的学生逆反心理很强，有时候老师明明是好心的引导，学生却很抵触。我很苦恼，我怎样才能走进学生的心灵呢？

面对学生，我们往往总是急于"走进心灵"，可是现在并不是所有的学生对老师都有着天然的信任感，相反不少学生往往对老师有一种莫名其妙的防范，他随时警惕着老师。老师越是平易近人地走近学生，学生很可能并不买账。如果遇到一个和自己有严重对立情绪的学生，老师偏要去语重心长一番，换来的很可能只是学生的无言与冷漠。在这种情况下，老师该怎么办？

我的办法是：等待，耐心地等待。

接手高二（1）班之前，我从前任班主任口中了解到，该班一个叫黄雅韵的女生对我很反感，充满了种种误解甚至不信任，要我特别小心谨慎地对待她。我很吃惊，因为这个女生从来没有和我打过交道，"反感"、"误解"和"不信任"从何谈起呢？

我想，也许是对更换班主任不满意因而迁怒于我这个新班主任吧？而且我估计，作为中途接手的班，对我不信任的学生可能不止一个黄雅韵。不过，这样对我来说，更有一种挑战的刺激，我不敢保证一定能赢得他们的信任，但我愿意尽最大的诚意和努力。

与学生相处，有一个原则应该遵守，那就是永远不以学生为敌！即使学生对自己充满敌意，作为教师，我们也应该"浑然不觉"，以平常心待之。无论学生以怎样复杂而疑虑的眼神看我，我都以纯净的目光去打量他们。

我们常说，要赢得学生的信任，需要先和学生建立感情。作为一般原则，的确如此。但教育的复杂性在于，许多时候一般的原则并不能适用于特殊的学生。比如，对于黄雅韵这样的学生，这个原则就不适用。开学不久，我感到黄雅韵果然如我事先所料是一个对周围比较冷漠的人，而且她有着比较严重的抑郁症，有很强的自闭心理，这样的学生要想走进其心灵，的确不那么容易。而且，对于一个已经对我有排斥心理的学生，在没有获得她好感（姑且不说信任）之前，决不主动找她谈心。对于不信任我的学生，我如果主动和他们"套近乎"，矫揉造作地"建立感情"，只会让他（或她）更加警惕，相反我应该"漫不经心"地和他们相处，在一种放松的状态中渐渐消除其戒备心理。在这过程中，我再伺机"出击"。

有一次，我收学生的随笔，看到黄雅韵给我写的信，上面有这样的话——

> 对于这个班，怎么说才好呢？说实话，我对这个 new class 的感觉是，不喜，不恶；说白了，就是没感觉。
>
> 您也许会说我没有什么集体意识，嗯，我承认。因为我不太积极去关心，这样会有太多麻烦。我是个喜欢简单的人，麻烦的事我承受不来。您可以说我个人主义意识太强，嗯，我承认。因为我只想做我认为我想做并且应该去做的事。换句话说，我只对我感兴趣的事务、人感兴趣，没有兴趣的事，对我，没有任何做的欲望。即便我是呆在一个大集体里面。但我想保持自我物质与精神上的独立，所以，人再多，当我不想与外界沟通时，我也只是一个人。

在信中，她还对我开学以来在班上对大家进行的一些教育表示了反感。

尽管是奉命写作——我要求学生每周交一篇随笔，可她毕竟给我说了一些真话，从她的直言中，我感到了她的某种单纯、直爽，还有一般学生没有的尖锐甚至刻薄（有关内容我这里隐去了）。因此，我在给她回信之前，就告诫自己，这封信不宜过于热情，要有一种不卑不亢的冷静，对她说话用不着委婉含蓄，否则她"看穿一切"之后，会更加看不起老师的，所以单刀直入最好——

其实我很清楚，你这封信不过是为了完成任务，但我仍然很高兴，因为你表现了对我的尊重。

而且，我真的很喜欢这种直言不讳。现在，人与人交往戴上了太多的面具，这造成人们说话很多，却有许多虚假的话。因此，无论我对别人，还是别人对我，我都希望单刀直入。这实际上不仅仅是语言表达的方式，更体现出一种人的品质。

无论老师还是家长都希望自己的学生或孩子能够顺利成长，其实，一个人的成长哪有那么简单。师长们的所谓教育真的那么管用？至少我是不相信的。如果一个人没有对另一个人的信任，那么，无论多么真诚，都不过是一种一厢情愿，如同一个歇后语所说："剃头挑子——一头热！"我很清醒，至少面对你，我现在不过是一个剃头挑子而已。作为一个还算尽责的教师，我当然意识到自己的责任，但我从来没有奢望过要把我的主观愿望强行灌给大家。不错，我必须在班上给大家讲许多道理，读许多文章，但这只是为成长中的你们提供一种选择，至于同学们是否选择，这是每一个人的自由。而自由是不能剥夺的。至于我要求大家必须听，这不仅仅是要求同学们对我个人怎样，而是以此提醒同学们养成尊重的习惯。

……

其实，你以为你很成熟，但这些恰恰说明了你的幼稚和单纯。和你接触不多，但我感到在你似乎"冷漠"的外表下，有一颗很单纯的心，这颗心与任何世俗的东西不相容。

……

了解需要时间（当然不愿了解也无所谓）。但既然学校安排我当了这个令我尴尬的"班主任"，我还是愿意尽我所能为班上每一个同学提供帮助。我把我的手机号告诉你：130963016ＸＸ，你如果遇到什么需要我帮助的事情，欢迎随时拨打或发短信。

……

尽管我能明显地感到你一双怀疑的眼睛，但我还是愿意对你说：我的话不一定句句都对，但请相信我的真诚！不管你也许对我有多少"偏见"，我都会把你当做需要我帮助的人，随时等待着你的求助！

我说她单纯没错，她的确没有心机，怎么想就怎么说，没有想过是否会得罪老师，更没有想过要讨好老师；但是，她单纯中有着同龄人没有的复杂和深刻，她总是以一种怀疑和挑剔的眼光看待周围的一切。与这样的学生打交道，我感到用不着那么煞费苦心，最便捷的办法是以简单对复杂，尽可能把一切都"挑明"，否则我一味转弯抹角地"甜言蜜语"，只会让她反感。

我的信显然让她感到意外——教育中有时很需要学生的这种"意外"，一切都在学生的意料之中，教育很难收到效果。后来她曾对我说，她根本没有想到我会如此坦诚地回她的信，这封信是她对我产生好感的开始。

如果说她给我的第一篇文字，是奉命而写的话，那么这次她给我的回信，则是出自其真心——

……

您说能够明显地感觉到我怀疑的双眼，是的，您说得没错。在之前您也说了，人与人交往戴上了太多的面具，而且我们彼此并不了解对方。再者，我是一个缺乏安全感的人，所以对于任何人我都十分戒备。

对于陌生的人，我不愿去了解得太多，对于陌生的人，我总是显得麻木不仁，因为预热很慢。没有人可以逼我做什么，除非我自己愿意。我是个比较孤僻的人，对于一个不愿在人群里出没的我来说，就好像是潜伏在海底的鱼。有时在几百米，有时在几千米，冷暖自知，如此而已。我有时过分敏感，所以显得和很多人格格不入，但对身边的人和事没有太多的计较。

我个人认为，信任这东西，并不是与生俱来的，它是需要以人与人的了解与沟通为基础而建立起来的。但从宏观的角度来说，我相信每一个人，因为我用自己最真的感情去对待每一个人，我不喜欢用感情来讨价还价。我不用在意别人怎样对我看我，只要我自己做到了诚心待人，我就是问心无愧。由另一个角度来讲，我也不是每个人都相信的，因为人心叵测，在这个歌舞升平的时代，任何不可能都会成为可能。所以我们提心吊胆地生活着，并且持续。

您说得对，我不了解您，毕竟接触不多……同样的您也不了解我，并且很难了解我。我是说真的，在现在这个世界上已经没有了解我的人了……

在这封信中，她同样直爽地告诉我，别勉强她说出什么"心里话"，那只会"以失败而告终"；她还谈到她遭遇了太多的生活磨难，很难再相信别人，包括自己的父母。她对自己的父母表示了强烈的不满，并予以激烈的抨击。

虽然语言同样比较"冷"，但我已经明显感到她对我的戒备正在渐渐融化。我"乘胜进军"，当即回信——

读了你的来信，有些话引起了我的共鸣，因而我有一些感动。引起我共鸣的话有这些："我相信每一个人，因为我用自己最真的感情去对待每一个人，我不喜欢用感情来讨价还价。我不用在意别人怎样对我看我，只要我自己做到了诚心待人，我就是问心无愧。""我们觉得生活像是一场流亡，一路上都是跌跌撞撞。压抑、痛苦、对现实的失望……""在如今的社会里，人们总是虚情假意。虚伪是形容这个落寞的世界最好的词语。人们总是把自己装在罐头里，把自己包装起来。从不知满足，那么现在的世界里有多少人有良知？"

我没有必要与你套近乎，但这些话真的是我常常想说而且有的也说过的。我比你长一辈，但在某些方面很相似，包括个性。只是因为我毕竟是成人，而且生活阅历让我变得有些世故了，所以不是很愿意太多地公开说这些话。

请放心，我不会逼迫或想方设法地套你说出什么你不想说的，不完全是因为正如你所说，这样做往往会"以失败而告终"，更重要的原因是，我们应该尊重任何人的隐私，所以我说我不会刻意去了解你。但是我要说的是，如果要说生活的磨难，被人的欺骗与愚弄，如果要说"跌跌撞撞"，这些经历我比你丰富得多，但是，和你不同的是，我不会因此而怀疑所有人，我当然不会对每个人都相信，但也不会对任何人都抱以

"居心巨测"的揣摩，更不会因此而"提心吊胆地生活着"。我自己认为，生活阅历已经让我的心长了厚厚的茧，但我还是愿意活得单纯些，宁愿被人欺骗（当然是有一定限度），也不愿与人过不去。有时候，我明明被人耍弄了，我也善待他，因为我想，我也没有损失什么，计较这些干啥？

你尽管继续保持对包括我在内的人的戒心，对此我很理解。但是，既然你也愿意和我以这种方式沟通，我当然也很愿意。

我们就这样自然而然地书信来往，在信中，她几乎没有附和我的话，更不说表示感激的语言了，更多的是她对周围世界的批判和对我的质疑，但正是在这种批判和质疑中，她不知不觉地向我敞开了心扉。我同样也直言不讳地亮出我的观点，对于我不敢苟同的观点我决不迎合，而是认真地与她争论。结果，我们的交流越来越深入。

在和学生的交往过程中，真诚有时候比感情更重要。感情和真诚当然是有联系的，有时候甚至是一个东西，但二者还是有区别的。感情需要时间的积累，而真诚只需要当即把心掏给学生；感情更多的时候通过温馨的话来表达，而真诚需要坦率，包括很尖锐但很真实的语言。

事实证明，正是通过真诚，我铺设了一条通往她心灵的道路。我曾想过是不是该找她谈心了，但我终于没有找，我不希望我和她的谈心有一丝不自然和勉强。我还在等待，等待她的主动。

要解开她的心，仅仅让她跟我保持交流还不够，这不是我唯一的目的。我应该达到的目的是，让她慢慢融入集体，让她乐意并且很自然地向周围的人敞开心扉。但这也需要一个非常自然的机会。

学校举行英语节，要求各班出节目，我想到了黄雅韵，因为她很喜欢英语，而且英语成绩也不错。我班的节目是英语合唱，在整个排练过程中，黄雅韵担负起了组织协调和指挥的工作，她第一次在全班处于这么"显赫"的位置，她因此赢得了同学们的尊敬。同时，我看到她和周围人的交往也明显增多了。

正在我感到宽慰的时候，有一天，她又来信了——

李老师，我真的很需要您的帮助，但却是很抱歉又写信来打扰。Sorry！

我不懂，我是真的不懂。我到底做错了什么？为什么会这样？

……

为什么我要承担这些压力，家庭的，社会的，为什么我要承受这些？我好累，背上的包袱日益加重，一次又一次，我已经筋疲力尽了，我已经筋疲力尽了！我已经没有任何任何能力再去承受再一次的伤痛。

我说过的，我是个不善于抱怨的人，但我不愿意让人误解。这会使我难过。我包容所有人，只是因为这是我体谅的爱，请别当做应该！但是，在现在，很多人认为我所付出的不过是我本应该做的，那么我想说，他们将永远得不到快乐，因为他们不知道什么叫做满足。

我不是一个快乐的人，快乐的细胞在我体内并不多，它们不会繁殖，也不会分裂，只会死亡，一点一点，一团一团，让快乐慢慢地就消失在了我的生活中，只留下了痛苦。快乐无法超越时间，时间无法去穿越空间，只有痛苦才是永恒的，于是它在我体内一直延续，一直。于是我拖着一个满是伤痕满是痛苦的身体穿梭在这个看似温暖的世间。

于是，我开始了自己的又一次旅程，让自己沉沦，一直下去，不要救赎，不要期待，只要等待。等待一个必要的结果，带我去一个没有痛苦，没有伤害，不是这里的地方，我便可以找到我那丧失的爱及安全。

一句"我真的很需要您的帮助"，让我无比欣慰，我终于等来了她真正的信任。说实话，这封信我读不太懂，因为有一些背景她没有跟我说，但我感到了她的孤独和哀伤，她的确需要我帮助。

我给她回信道——

你的信我没有读得太懂，因为你隐去了许多背景。不过我还是读到了你的忧伤和孤独。你说你需要帮助，但说实话，我真的不能为你提供什么有效的帮助。不过，我可以谈谈我的一些想法。

你大概是受到了误解，因此特别怀念你的一个非常好的朋友，而他又不在了。所以，你感到格外的孤独。这点我很理解。人总是在与他人打交道的过程中感到自己的存在的，在我看来，对一个人的惩罚，最严酷的莫过于让他承受误解并遭遇孤独！对于感情特别细腻，心地特别善良的你，面对别人的误解，心灵的孤独则可能是加倍的。

不过，凭我本学期对你有限的了解，我感到你人缘其实还不错（但愿不是我的错觉）。我感到绝大多数同学挺喜欢你的，真的。你看，英语节的时候你多有威信，同学们在你的指挥下成功地演出，这难道不同时又是你个人魅力的展现吗？也许有个别人对你心怀不满，因而在语言上伤害你，但你应该同时看到，更多的人对你都很友好的。你说只有"死去的他"才了解你，这我相信，毕竟真正了解一个人不容易，但多数人虽然不一定非常了解你，可也不至于都恨你呀！我刚才说了，我感到绝大多数同学挺喜欢你。你应该有这个自信并感到自豪。

读你的信，仿佛觉得好像你受了一次严重的伤害，我无法知道具体的细节，但事情已经发生，恐怕还得善于自己排遣自己，自己调节自己的心理。也许你因为这次伤害，就把周围看得太阴暗，其实不是，如果换一角度，这种伤害又何尝不是对你的一种磨砺呢？从这个意义上说，你要感谢伤害你的人，是他让你更加坚韧。你的确是"会先为别人考虑的人"，这一点错都没有，而且是你的立身之本，千万不要因为这次受到伤害便丢掉了这属于你的善良。无论怎样，我始终坚信，善良的心总会散发出芬芳，并让周围的人也沉醉于这芬芳，于是你的生活也变得芬芳起来。

我隐隐感到你好像是一个特别特别容易伤感的人。我真希望你能够多给自己找乐。学习很重要，但是，比学习更重要的是心灵的幸福。真诚祝愿你每天的心灵都阳光明媚！

又过了一个星期，我在看学生们的周记本的时候，黄雅韵写的几段话让我十分吃惊——

本周不知为什么，突然对现在这个社会感到很绝望。

觉得每一个人都是朦胧的，并且这种朦胧在一直持续。于是我开始自残，用刀在手臂上一遍又一遍地割，直到血珠从伤口渗出，直到感觉到痛。

我用刀，是因为痛可以让我更加清醒。我希望自己能睁大双眼，看着这落寞的世界，看清人们的丑恶。血，一滴滴下落，从高空下落，一碎碎尽。

现在，看着手上的伤疤，依然会觉得疼痛！因为人们总是这样，让人绝望，所以也有好多的时候，想到过死。

死亡，是一个让人生畏的话题。一方面，人们害怕它，而另一方面，人们又急于去尝试这种疯狂，而我，怕尝试后的忏悔。

为什么，总是这样自私，又这样丑陋？

机会到了！我想应该找黄雅韵聊聊了。

为了这个机会，我等待了几乎一个学期。

我得知昨天课间的时候，邻班的陈书祥到教室里对黄雅韵发火，把杯子摔在地上砸得粉碎，然后黄雅韵也气得用拳头砸小镜子，手都受了伤。

我早就知道黄雅韵和陈书祥在谈恋爱，我一直没有干涉。因为第一，我觉得黄雅韵这样性格孤僻有严重自闭症的女孩子，需要有人在精神上陪伴她；第二，黄雅韵并没有因为感情问题而明显影响学习，她把学习和感情之间的关系处理得比较好。既然如此，我当然应该尊重她的精神世界。

我把黄雅韵请到我办公室。虽然我从来没有找过黄雅韵谈心，但我的直觉告诉我，她会向我畅所欲言的。

我说："我这是第一次找你谈心，我现在不完全是出于一个班主任的责任，更多的还是处于一个人对另一个人毫无功利色彩的纯粹的关心，或者说是一个大朋友对一个小朋友的关心。你能够理解吗？"

她点点头。

我又说："我知道，我并不能给你什么实质性的帮助，也谈不上出什么主意，但是我想和你沟通沟通，听听你的想法，你有什么苦闷都可以给我说，或许我能谈谈我的想法，帮你分析分析。哪怕我说的一句话都不管用，至少我可以做一个真诚的倾听者。"

她先说了昨晚发生的事："我和陈书祥一直很好，但昨天我心情不好，说了些气话，他可能误解了，便很生我的气，把杯子砸了，我当时也很恨我自己，一气之下便把我的手砸伤了。"

她又说："我的性格一直不好，有自闭症。我觉得这和我家庭有关。我的父母关系一直不好，经常吵架。"

她开始给我聊起了她的家庭，说了很多很多。通过她的诉说，我感到她长期以来一直生活在令她窒息的家庭里。由此，我更加理解她和陈书祥的恋爱。

一个多小时过去了，她还在滔滔不绝地诉说着，她甚至向我谈了她的恋爱经过，以及由此受到伤害后的绝望。

说着话的时候，她很难过，但一直没有流泪。

"我真的觉得很悲观，很绝望，但又不知道该怎么办。我有时真想死。"她说。

沉默。我和她都不知道说什么了。

我终于开口说："我仍然不知道该如何对你说。但我的确要感谢你对我的信任！我的话可能帮不了你的什么忙，但我真的想帮你。你现在生活得不幸福，我很同情你。你现在的学习很自觉，成绩也比较好，但你不幸福。不幸福的原因，在于你与人相处出现了障碍。我们来一一分析一下。"

我先分析她和陈书祥的关系，分析了她和父母的关系，分析了她和周围同学的关系，分析了她对这个社会的看法……她听得很认真，不时点点头。我说："你现在是无法改变周围的世界的。怎么办？那就改变自己。同样一个世界，换一种眼光，我们的感受就大不一样。我刚才说了，你要改善自己的性格，学会正确地处理和陈书祥、和父母、和其他同学的关系。这样，你会慢慢多一些快乐的。"

最后，我郑重地告诫她："要热爱并珍惜生命！关于这个问题，我要说的话很多很多。我现在只能简单地说说。上学期，你学过史铁生的《我与地坛》，上面说人为什么要活，这是一个不需要讨论的问题，要思考的只是如何生活。这观点非常正确。每一个人的生命既是属于自己的，又不完全属于自己，同时也属于父母、朋友和一切关心自己的人。我们常说，一个人不能为别人而活，这是对的，但这里是强调一个人的独立性和主体性。但从另外一个角度看，一个人也应该为别人而活，因为我们要报答无数关心我们的人。从这个意义上说，随便放弃自己的生命实在是一种非常自私的举动。我认为，生比死更需要勇气。因为活着就必须面对各种困难挫折和考验，而死则一了百了。自杀的人倒是得到了解脱，但留给亲友的则是无尽的悲伤。这是不是一种残忍和自私呢？所以，一定要善待生命。"

她向我表示感谢，我则说："我才应该感谢你呢！你这么信任我，给我说了这么多的心里话。"

再后来，她的性格开朗了许多，教室里"居然"还时不时响起她的笑声。当然，她也有反复，后来还曾出走过一次，但出走在外还和我在网上交流。其实，很难说我对她有多大改变（当然，也不能说一点影响都没有），但我依然有一种成功感。回想开学之初，她对我的排斥与不信任，再到后来我和她第一次书信"交锋"，再到后来她慢慢信任我，主动向我写信求助，直到现在能够向我倾诉苦闷，我感到自己走进她心灵的成功。

我们已经习惯于这样评价教育：一个学生被教师"改造"、"转化"了，才能算是教育的成功，否则就是失败。不对。不管读者是否相信，从一开始接触黄雅韵这样的学生，我就没有打算要"教育"她、"引导"她、"感化"她的企图，不只是因为对这样的学生这样的企图和做法注定是徒劳的，而是因为这违背我的一个信念：任何一个人的灵魂都是自由而独立的，只要在行为上不妨碍他人的生活，都应该得到尊重，而不是人为去"塑造"别人的"灵魂"。重要的是沟通，"沟通"本身就是目的。彼此做一个倾诉者，同时又是倾听者。师生双方都不要想着把自己的观点强加给对方，同时又不知不觉地走进对方的心灵，并且不知不觉地受着对方的影响。教育的成功，也许正在这"不知不觉"之中。对一个教师来说，这更是一种幸福。

2005 年 11 月 21 日

27. 怎么才算是真正的"爱国"?

你来信反复说,你号召学生"抵制日货美货"是爱国的,要我理解你,支持你,并希望我也利用自己的"影响力"号召更多的人参与"抵制日货美货"。

我真不知道说什么好了。

我知道要改变一个成年人的思想几乎是不可能的。偏见比无知更远离真理,所谓"没人能够叫醒一只装睡的耳朵"。我惊讶的是,现在居然还有这么糊涂而不自知且很固执的老师!是的,你是"老师"啊!所以本来我很想劝劝你,可看见你那么执迷不悟,甚至还有几分源于自认为自己"爱国"而不被理解的悲壮,于是我便放弃了劝说。但你说你尊敬我,希望我能够谈谈我的观点。好吧,那我就坦率地简单谈谈吧。

如果是学术观点,我可以和任何人讨论甚至争论;我不是容不下不同观点。但你的认识不是学术观点,而纯粹是糊涂认识(我尽量用"糊涂认识"这样温和的表述),尤其是作为知识分子的教师队伍里还有这样的认识,我确实很惊讶。有人动辄高喊所谓"抵制日货美货"之类,说他们智商低,恰恰是一种最温和的评价。稍微有点经济学常识的人都会知道,当今时代的所谓"抵制日货"之类,主要是自己伤害自己,对外资方的影响微乎其微。可惜这个常识,你居然不知道。最近几年的所谓"抵制"活动,受害的都是自己的同胞。砸烂自己同胞的车,捣毁自己同胞的店,甚至还打伤打死自己的同胞——这是当年日本鬼子在中国的行径啊!今天,日本人不敢在中国大地上这样做了,可我们一些号称"爱国"的中国人,却帮日本鬼子做了他们想做的事。所有有起码常识和良知的中国人都心痛不已。你却说这些人有"爱国心",只是"行为过激",你说你糊涂不糊涂?

我想给你说的是,我越来越觉得,有时候,抽象地谈所谓"爱国"实在是说明不了什么的。慈禧"爱国",希特勒"爱国",义和团"爱国",红卫兵"爱国"（我刚好从那个年代过来）……我绝非讽刺他们，因为就情感和愿望而言，他们真的是"爱国"——你说慈禧不爱大清国吗？你说希特勒不爱德意志吗？所以他们的"爱国心"绝对真诚。你看慈禧太后向十一国宣战的英雄气概，其凛然正气，空前绝后；希特勒的确提升了德国的国力，而且让德意志民族有了强大的凝聚力，所以才有后来的"二战"。对了，我还想到日本军国主义者，那是个个爱国啊！"爱国"的还不只是日本鬼子，其实当时日本国内的绝大多数国民都狂热地支持政府的侵华战争，"爱国"呀！比如，"千人针"便是日本妇女表达支持战争的"感人方式"。所谓缝"千人针"，就是官兵要奔赴战场时，其母亲、姊妹、妻子、情人等女性会拿着一种围腰或小背心，跑遍邻坊请一千位女性各缝一针，制作成"千人针"赠给上战场的亲人，以激励士气。1937 年 12 月 14 日，日军攻陷南京的消息传回日本国内，东京 40 万人上街举行庆祝攻占南京的提灯游行活动，全国小学放假一天以示庆祝。

但上述真心"爱国"，无一例外都给所爱的国家和民族带来了灾难。真正的爱国，起码是不要损害自己的国家，不给自己国家的同胞带来伤害；从长远来说，要有利于国家的走向强盛并赢得国际尊重。所以，对那些借口抵制日货美货而打砸自己同胞财产甚至伤及生命的"爱国者"，怎么可能因为他们"爱国"而原谅他们？他们就是一群愚蠢而无耻的暴徒，别指望"爱国"二字会给他们披上道德的神圣外衣！

我这几天也在想，你为什么会有这种糊涂的认识呢？我相信你绝对善良，绝对纯真，绝对是个好人，之所以有这些想法，估计还是书读少了，信息来源单一，缺乏独立思考。有时候我想，连八十五岁高龄的钱梦龙老师都思想敏锐（我们经常在网上讨论这些话题，我为老先生深刻的思考而惊叹），为什么一些年轻人相反却很糊涂呢？所以，我建议您尽可能扩大视野，充分占有信息，掌握常识，并运用常识去判断一些现象的是非。是的，其实对很多现象的判断并不需要什么深刻的思想，而恰恰需要常识就够了，比如"抵制日货"之类，然后自己做出辨析。

我和你的分歧，不是学术观点的不同（如果那样，各自求同存异就可以了），而是涉及到价值观、涉及国家民族的一些根本问题的分歧。我相信，我俩都是好人，都希望国家好，都热爱教育，热爱孩子，因而都有教育责任感。

也正因为如此，我才给你写这么多。但愿对你有启发。如果我们当教师都是这么糊涂，怎么去引导我们的学生？又如何培养能够把我们国家带入民主富强时代的真正公民？

2016 年 8 月 29 日

28. 如何把学生"日记"当做一种有效的教育方式？

> 一篇精彩的随笔，能够将一个人的发现变成集体的发现，把一个人的感动变成集体的感动，把一个人的思考变成集体的思考，把一个人的表扬变成集体的表扬。

李老师：

您好，暑假刚过，我想了解一下学生暑假的情况，因此打算让学生写日记，我知道通过日记的方式能让学生把平时不敢跟我说的话通过文字的形式表达出来。通过日记来了解学生的心理状态，以便能够对学生进行更好的引导，而我又担心这样做会侵犯学生的隐私；于是我心里一直在挣扎，挣扎原因有二，既然日记能够将真心话写下来，那么它必然也会记录违心话。我担心日记的作用会得不到明显的效果。因此，也在心里打鼓，到底老师该不该布置学生写日记，又能不能通过日记的方式，对学生进行教育。

你有一个苦恼：既想让学生写日记，又担心这样做会侵犯学生的隐私；既希望学生给你说真心话，又担心学生交上来的实际上是应付老师的违心话。究竟该不该布置学生写日记？老师可不可用学生的日记来教育学生？

在我看来，你所说的"日记"，其实就是学生和老师心灵沟通的文字，而不是真正意义上的那种纯属写作者个人私密的文字。那种私密文字，老师当然不应该看。但是，既然是学生和老师心灵沟通的文字，就已经不是一般意义上的日记了。在学校，有老师把这样的文字叫做"周记"或"谈心"，而我把它叫做"随笔"。为了表述方便，下面我就用"随笔"这个说法吧！

教师布置学生写随笔当然是可以的。我给学生是这样说的："所谓随笔，就是你愿意给老师交心的话。你不愿意写的话，我不会强迫你写，但既然写给老师看的文字，就是一定要真实真诚。"因此，我给这样的文字提了八个字的希望："随心所欲，真情实感。"

学生能给老师写出真诚的文字，要有一个前提，那就是师生之间真正的信任感。或者说，只要师生之间建立了互相信任的关系，学生会自然而然向老师敞开心扉的。

学生随笔只要感情真诚，内容真实，其意义是多方面的。不只是能够让老师很直接地走进学生的心灵，而且我们也可以通过批注和评语与学生沟通。如果随笔中出现了一些老师认为比较消极的内容，我认为，老师不要急于批评，要通过继续和学生保持这种心灵上的交流，从容不迫地引导学生，或者说慢慢影响学生。对心灵来说，有时候彼此的信任比单方面的教育更重要。我不是说放弃教育，而是说这个教育应该尽量从容一些，自然一些，充满人情味一些。

另外，在征得学生同意的前提下——这个前提很重要，将一些随笔在班上公开朗读，能够对更多的人有所启发，有所感染。

举几个例子。

我很注重培养学生一种感悟生活的习惯，我常给学生说，要做一个对生活对自然很敏感的人，要有一颗感悟周围世界的敏锐的心。我看到王光贤同学一篇《太阳》，这就是他感悟平凡生活的结果。于是征得他的同意，我给学生们朗读了——

今天早上我醒来时，发现寝室里特别亮。我便朝窗外一看，一轮淡淡的、模糊的红日正从东方升起。虽然看不见太阳的全貌，但能感受到太阳的光芒与温暖。我很快起了床，第一次在这样的阳光下洗脸，感觉就是不一样，精神也不一样，心情特别好，好像一切都是新生的。

我迎着阳光来到操场，感受这美好的一天，享受太阳带来的温暖。我在操场上漫步，心中有许多说不出的愉快。我这时想，这么好的天气，不做点什么，一定会有些可惜。这时我翻开了手中的《杨振宁传》，我已经读到第四节：普林斯顿，我第一次认识了奥本海默，我被书中所说的一些学术问题所吸引，便一直读了下去。周围安静得很，偶尔会有几声鸟叫，我直读到第四节完，严忠孝在我对面喊我时我这才反应过来。肚子已经开始叫了，而且没有吃早饭，我便与严忠孝一起去了食堂……

下午吃了晚饭后，我回到教室，打开教室门，教室里一片晴红，一轮夕阳正在下落，红得像血一样，以前我从来没有机会和时间来看这美丽的晚霞，心中有一种说不出的喜悦，大概是久别之后重逢的原因吧！一切都过得那样的匆匆，三年初中生活很快就过去了，就像夕阳一样。美在一时，很快就暗黑下来。我真想跳到天边的尽头，抓住它不要走——"夕阳无限好，只是近黄昏。"

我一边读一边评论："其实，这种感觉我们都有的。早晨起来，一拉窗户，哇，阳光灿烂！那心境是多么愉悦，你把这些写在纸上就是诗！遗憾的是，我们许多同学对这些很麻木。王光贤不过就是朴实地把感受到的写下来，便感染了我们。而且字里行间还有一种'不要辜负了这时光'的味道。同样经历了这样的场面，我们忽略了，王光贤却用笔将其留住了，多好啊，他把他美好的感觉写下来了，让我们一起分享他的愉悦。咱们为他鼓掌！"

慢慢地，学生交来的随笔中，感受自然，品味生活的内容多起来了。用班上一部分学生的美好文字，去感染另一部分同学，这也是学生集体的自我教育。

付锐是一个很有上进心，但有时候又缺乏毅力的同学。在随笔中，他向我祖露他每一天的心迹，我则不断鼓励他战胜自己，特别是引导他多读好书，通过书籍与人类崇高精神直接对话。他的成长具有一定的代表性，在征求他的同意之后，我决定把他的随笔公开——当然，某些不宜公开的内容我会隐去的。于是，一个人的成长变成了同学之间的彼此激励——

在下课前10分钟，李老师给我们讲了一些有关我们阅读的问题。我是真的受益匪浅，李老师在看我们的作文《读ＸＸ有感》，提到我们现在阅读的东西，太多太多的是垃圾文学。虽然没有坏处，但也没有好处的。不能给我们的精神以升华。然后李老师说出一个我未曾听过的名词：精神贵族。这同样给我的感触很深。李老师给我的影响总是巨大的精神贵族，这四个字，让我再一次地开始反省自己。我在思考着我的思想、我的精神，然后是我的行为。就像以前写到的，我的精神世界才刚刚站起来，进退两难，不过李老师的讲话，让我更加执着地下决心，一定要继续朝最后的精神殿堂迈进。而且李老师的讲话更让我明白了，通往精神殿堂的捷径便是书籍。

我已下决心，在这个寒假里，多读些课外的书，多去感悟生活，让自己真正地成为一个"精神贵族"。

"贵族"似乎都挺孤单的，因为贵族太少，精神贵族就更少了，但多了也就没有贵族这一词。我要做一个孤独的勇者。

……

每次读付锐的随笔时，教室里都特别安静，同学们一边听一边思考。随后交来的随笔则让我感到了付锐的文字在同学们心中掀起的波澜。比如，李文思同学这样写道——

每次听李老师读付锐的随笔，我总是会有一种震撼。正如今天，我又一次被惊醒了。

一直以来，总以为生活就是那么一回事，安静地听课，安静地写作业。日子就在安静的忙碌中逝去了，未曾回头，也未曾思考。

而当李老师告诉我们别的同学的心路历程时，我才终于清醒了，我感到莫名的失落，悔恨之中带着几分难过。

总觉得付锐是一个很有思想的人，他总能积极地思考，然后再改进，他的人生也因而是向上的。而我呢？我总感觉自己过于幼稚了，说实在的，我真迷迷糊糊地就到了15岁，从未思考过我在做什么，也没有想过未来的路该怎样走，只是想，随缘吧，随缘吧，随缘吧！

我该这样吗？我能这样吗？

此刻，我反复地问着自己。不，我应该是积极的、向上的，不能相信天意，命运在自己手中！

我也常常提醒自己：难道所有的伤痛就只是痛过而已吗？开学时的那种斗志，似乎被一次次的打击磨得棱角全无了。

我对何思静说，想到一些事，真的很难过，上天有时太不公平了。何思静说，把这一切都当做是对自己的考验吧！

我能经受住这样的考验吗？

我想说是。

真羡慕付锐，有那样昂扬的斗志。

我就像一个迷路的小孩，站在下着雨的十字路口。

转眼又是期末了，又一年就这样流逝了。

回头看看，曾经感觉什么都很匆匆，匆匆地结束了中考，匆匆地开始了高一，匆匆地过完了这一学期。

总不知道这一路是怎样走过的，日子就从指缝中流走了，抓不住，回不来。

看着自己装着收获的竹篓，我发现自己在精神上收获很多。例如李老师所说的"无干扰思考"，例如李老师"选择教育"的理念，等等，都让我受益匪浅。最重要的应该还是那两句话——

"让别人因我的存在而感到幸福！"

"我们和他们不一样！"

我想，诸如此类的收获，应该是很多吧！我也在慢慢实践，希望有朝一日也能成为一个如李老师一般的人！

我一直都记得李老师第一次在我随笔本上打给我的评语——

"让我们一起用生命写诗！"

我想，我会努力的，我要写出同李老师媲美的诗！

对于教师来说，教育就是他生命的体现方式；而生命的最高境界就是与事业同行。我越来越感到，真正的教育，就是教师用自己的心灵在学生的心灵上写出心灵的诗篇！而与学生通过随笔进行文字交流，就是在和学生一起用生命写诗，很美！

陈鑫是我班上一个曾经让我和全班同学头疼的学生。在帮助他的过程中，我尽量给他创造助人的机会，然后用同学们的感谢来鼓励他。一次，苏畅病了，我特意安排陈鑫陪他去医院看病。一路上，陈鑫对苏畅特别关心，这让苏畅很感动，并把这种感激之情写进了随笔。于是我不但把这篇随笔打印出来给了陈鑫，让他感受一下助人的余香，而且在班上读了苏畅这篇随笔——

现在被金钱、名利、个人得失所迷蒙了的社会，似乎感受不到一点温暖，走在街上处处可看到因要钱而被人骂得狗血淋头的乞丐，在公交车上常常会为一个座位而争吵不休，但要相信，人间还是有温暖存在的啊！

前天我的手因冻伤而痛苦不堪，苦于自己又不是成都人，连东南西北也搞不清楚，正在痛苦与惆怅之际，同寝室的陈鑫毫不推托地带我到城里看医生。感激，那是当然的了，我还抱歉耽误了他半天的课程，我俩坐车到了城里看着车来车往的大街，穿梭在喧闹的都市里，我们两个都有种被遗弃的感觉。到这个医院看了不行又到另一个医院，拥挤的汽车让我两个有无穷的累意，可是陈鑫没有一句抱怨。在医院又是挂号又是排队，真的没想到上个医院都这么的麻烦。在街上听得到陈鑫的话："朝左拐，直走，我们要坐 16 路车……"他就像是我的一个导游，可这种"导游"的爱心已让我感到了人间自有真情在，由于他的存在让我感到了幸福。李老师说："让人们因我的存在而感到幸福！"这句话我刚听到的时候似乎觉得很遥远，用今天的话来说就是不现实。但事实证明我错了，从这时刻起我在心里也督促自己谨记"让人们因我的存在而感到幸福"。我也想像陈鑫那样给予需要我帮助的人，像他那样给沉没在惆怅与痛难中的人一点心灵的安慰。

我衷心地感谢陈鑫，在我心中他依然是没有被个人利益污染的人，他在我心中还是那么的淳朴。

这篇随笔不但感动了陈鑫，也感动了全班同学。大家情不自禁地为他鼓掌。如果不是这篇随笔，本来最多就是苏畅感谢陈鑫，或者我表扬一下他，但现在，我用苏畅的感动，引发了全班的感动，用苏畅的文字提醒大家发现陈鑫的可贵之处。同时，我在全班朗读了这篇随笔，陈鑫所感受到的表扬，就是整个集体的了。

快到期末时，同学们评选"全班之最"，其中有"全班进步最大的同学"，同学们自然选了陈鑫。但让我生气的是，放假前几天，陈鑫却不服从生活老师的管理，还骂了生活老师。于是，我便取消了陈鑫这个荣誉——后来我反思，这其实是我的一个败笔，因为既然是同学们选的他，要取消也必须要由同学们来决定才是，但当时气愤中我没想那么多。我让同学们再选一个进步大的同学，大家选的是潘晓虹。

正式表扬是那天下午，但在上午我读同学们的随笔时，却从潘晓虹的随笔中读到了她对我做法的不同看法——

> 本周评选了学校表彰的同学，陈鑫本来是被评为了进步最大的同学的，可是后来因为他犯了一些原则性的错误而被李老师取消了，后来同学们就把这个仅有的名额给了我。
>
> 其实，我觉得我有些愧对这个评选，因为在我看来我的进步并不是很大，至少说来不显著，况且我还有太多太多的不足的地方需要去改进。再说陈鑫的事，或许李老师是对这件事作了周全的考虑后才作出这样的决定。
>
> 但我认为陈鑫是不应该被取消的，首先我们必须肯定他无可厚非的进步，其实犯错误是在决定之后的事，我们不能因为他犯一个错误而否定了他的进步，毕竟取得进步是比犯错误困难许多的。其次，或许这对他来说不仅是对他的进步的一种肯定，而且是在很大程度上可能成为他向更好方面发展获得更大进步的一种动力。而霎时间这种动力就因为自己的一个错而烟消云散荡然无存，心里难免很有一种失落感。
>
> 其实我是坚信陈鑫本性还是单纯善良的，因为他毕竟还只是个孩子而已。以前的环境多少对他有了些影响，但这种改变是需要给他时间的，或许有些难，但只要他不妥协、不屈从于过去的"他"，进步和超越，是再容易不过的事了！
>
> 所以我希望李老师能够将"进步最大的同学"的荣誉还给陈鑫。我要申明的是，这绝不是我的同情或退让，而是我切切实实的感言。

读到这些文字，当时我就感到脸红，觉得自己的宽容之心有时还不如学生。于是我便动了还是把进步奖授予陈鑫的念头。但我转念又一想，还是让同学们来决定吧！我要让陈鑫感到的，不是李老师一个人的原谅，而是全班同学的宽容。

于是，我在宣布学校表彰名单前，特意把潘晓虹的随笔给大家朗读了。

然后我说："李老师觉得我在相信同学这一点上，远不如潘晓虹！我要向潘晓虹学习！这样吧，究竟是不是还是让陈鑫得进步奖，还是让大家来决定。——陈鑫，你出去，回避一下好吗？"

陈鑫正想站起来走出教室，同学们纷纷说："没有必要！我们同意潘晓虹的意见！"说着，大家便鼓起了掌。这掌声既是给陈鑫的，也是给潘晓虹的。

你看，一则随笔便引发了这么生动而有效的教育。

一篇精彩的随笔，能够将一个人的发现变成集体的发现，把一个人的感动变成集体的感动，把一个人的思考变成集体的思考，把一个人的表扬变成集体的表扬。

真心希望我的这些做法，能够对你有所帮助。

2012 年 12 月 10 日

对待『特殊学生』有妙招

我们的教育对象的心灵绝不是一块不毛之地，而是一片已经生长着美好思想道德萌芽的肥沃的田地，因此，教师的责任首先在于发现并扶正学生心灵土壤中的每一株幼苗，让它不断壮大，最后排挤掉自己缺点的杂草。

29. 如何善待"后进生"？

> 我们的教育对象的心灵绝不是一块不毛之地，而是一片已经生长着美好思想道德萌芽的肥沃的田地，因此，教师的责任首先在于发现并扶正学生心灵土壤中的每一株幼苗，让它不断壮大，最后排挤掉自己缺点的杂草。

尊敬的李老师：

不知道您有没有这样的情况，非常不喜欢跟后进生说话，当然我说的这个不喜欢不是指任何时候，而是在后进生在不学习的情况下还要影响班上其他同学时，我的脾气就变得非常不好。比如我班上有一个后进生，曾经我也努力劝导他要按时交作业，要认真听老师的讲课，可时间长了之后，我发现起的作用并不是很大，不知道是不是我的方法用得不对，反正我教育了一阵子还是没有见到任何效果，眼看就要放弃了，忽然想起您是这方面的专家，因此提笔向您讨教方法，关于后进生我们这些做老师的应该如何对待，让他能够意识到这么做等于是在自毁前程啊。

谢谢你对我的信任。不过，我恐怕很难让你满意。因为任何方法都不可能放之四海而皆准。但我今天很愿意和你聊聊"后进生"的话题。

"后进生"，有时候我们更直接地叫"差生"。但有人说"差生"带有歧视性，好像一说"差生"就把学生贴了标签定了性，便改称"后进生"。其实，"后进生"不也是一种标签和定性吗？语气似乎要缓和一些，但本质都一样，都是说某个或某些学生不优秀，一贯表现不好，成绩也很差。于是，又有老师或专家发明了许多叫法来称呼这样的学生："个性生"（不是"差"，只是有"个性"）、"潜力生"（这样的学生成绩虽然差，但有潜力）、"待优生"（等待"优秀"的学生）、"学困生"（学习困难的学生）等等。然而在我看来，这都不过是掩耳盗铃。因为不管叫什么，教师对这类学生的认识是明确的，就是"差"，就是"后进"。

其实，"好"与"差"，"先进"与"后进"，是一种客观而动态的存在。所谓"客观"，就是你不叫它也存在；所谓"动态"，就是"差生"也好"后进生"也罢，在不同程度上是可以转化的，向"先进"和"优秀"转化。既然如此，我们与其在叫什么上变着花样地"发明"称呼，不如在如何善待如何转化方面动脑筋。

所以，我认为，"差生"这个说法是可以用的，但不要用于称呼，而用于分析研究。什么意思呢？就是我们不能直接用来称呼学生，比如："喂，差生，过来过来，我和你谈谈。"但我们在研究学生状况时，完全可以在文章中，甚至在班科会（班主任和科任老师会）上分析发言时用这个说法。我不认为这样就是在"歧视"某些学生。还是那句话，重要的不是怎么个叫法，而是如何对待。

苏霍姆林斯基的著作中，谈到这类学生时，用的是"难教儿童"，我看其含义也和"差生"和"后进生"差不多，只是他的重点放在"教师难教"上，但为什么"教师难教"呢？不就是因为这类学生"差"吗？可是，尽管"难教"，但苏霍姆林斯基却没有放弃，而是花了大量心血几十年如一日地和这些孩子打交道，在爱他们的同时研究他们。苏霍姆林斯基的研究，不是冷静的分析，而是充满感情的投入，是全身心的实践。与学生一起摸爬滚打，和学生心心相印。他身为校长，几十年不断地研究儿童，他先后曾为3700名左右的学生做了观察记录，他能指名道姓地说出25年中178名"最难教育的"学生的曲折成长过程。有了这样惊人的投入，苏霍姆林斯基转化"难教儿童"卓有成效。我看，在这一点上，的确要向苏霍姆林斯基学习。

在谈到这类学生时，和老师聊天时口语中我偶尔也用"差生"这个说法，但更多的时候特别是书面论述时，我往往用的是"后进生"这个词。所以，今天和你谈论这个话题，我也用"后进生"这个说法。

你说知道教育的前提是爱，但你对后进生就是"爱不起来"，"看见他们就心烦"。你的心情我理解，但我要说，你"心烦"是因为你用成人的眼光去看他们——我认认真真地备课，你居然不认真听讲，不但不认真听还在课堂捣蛋；我辛辛苦苦地教你，你每次作业总是乱做，每次考试都是白卷；因为你我们班每次的平均分都比同年级的其他班低，教学成绩总上不去，评优选先轮不上不说，在领导和同事面前还抬不起头来……如此越想越气，当然"心烦"。

我觉得不解决心烦的问题，就无法面对后进生，也就谈不上善待，更谈不上转化了。所以，转化后进生的前提，是教师本人先"转化"自己。"转化"自己什么呢？转化——实际上是"转变"——自己的心态。在这里，所谓"转变心态"就是换一种眼光。换什么样的眼光呢？换一种儿童的眼光。

是的，如果你换一种眼光，也就是儿童的眼光，准确地说，是站在后进生的角度看他，你的心情也许会不一样的。你会感到这些孩子不但可怜，而且可敬——

是的，他们听不懂课，可是他们一年四季无论寒风凛冽还是烈日炎炎，每天总是准时（当然，有时也迟到，偶尔也旷课）到学校来做一件事，就是听他们听不懂的课。想一想，这是什么概念？换做你，你能做到吗？成人听一堂枯燥的报告都觉得度日如年，可这些孩子，每天都在教室里受着残酷的精神折磨——听他们根本听不懂的课，一听就是三年、六年甚至十二年！他容易吗？这种坚忍不拔的毅力，你作为老师具备吗？

后进生长期坚持听他听不懂的课，换来的是什么呢？是老师的呵斥，是同学的嘲笑，是家长的打骂——这就是我们号称"以人为本"的教育给他们的全部"馈赠"。教育人道主义，教育所应该蕴含的起码的人性和人情，在这里荡然无存。然而，面对呵斥、嘲笑和打骂，他们从来不气馁、丧气，不悲观绝望，第二天依然背着书包来到学校走进课堂。而且还乐呵呵的，对老师还是有礼貌，对同学依然友好，回到家里照旧叫"爸，妈，我回来了"。这种良好的心理素质，你有吗？这么多年，媒体常报道哪个学生又自杀了，请问这自杀的学生当中，有一个——哪怕是一个——后进生吗？上课可以睡觉，作业可以抄袭，考试可以交白卷，大不了又挨一顿臭骂，这么美好的生活，干吗不享受而要自杀呢？你说，后进生如此乐观豪迈的生活态度，你有吗？

还有，你什么时候看见后进生记恨过你？是的，可能有时候他也和你顶撞几句，但事过之后，你也许还在生气，他却忘记了，碰见你依然"老师好老师好"叫你叫得甜蜜蜜的。经常听老师们说，学生毕业之后，能够经常会来看老师的，往往是那些在学校经常被老师骂得狗血喷头的后进生。不管后进生在学校怎么被老师骂，甚至有时候还是被冤枉的，可这些孩子回母校首先看的，还是当年骂他骂得最厉害的班主任。如此宽阔的胸襟，你有吗？设想一下，如果你被校长骂了，你能够忍受吗？那还不在心里记一辈子？

这也几乎是规律了——后进生们也许考不上大学，但长大之后自谋职业做生意，屡屡发财呢！我的学生中好些老板，都是当年的后进生，在我班上的时候把我气得要死，自然没有少挨我的骂，可是十年二十年之后，他们一个个居然都"抖起来了"——无论是从事房地产，还是经营餐饮业，反正在各自的行业都干得还不错。在我们这个风云变幻的时代以及人心险恶的社会，商场的摔打沉浮，人生的跌宕起伏，他们都是怎么过来的呀？原因当然很多，但至少有一点不可忽略，那就是他们的心理素质好极了！其实，仔细一想，他们所拥有的超强的抗挫能力，不正是学生时代被我们老师的一次次呵斥、臭骂、罚站……所培养锻造出来的吗？都说"恨铁不成钢"，没想到，钢铁可就是这样炼成啦！

这样一想，我们做老师的，可能还不如后进生呢！表面上看他们可气又可怜，但实际上，他们可敬又可佩！

你说，你还能恨他们吗？

你也许会说："我不恨他，但我无法转化他。"

我认为，"转化"永远是相对的。所谓"相对"，就是第一，并不是所有的后进生都能够被转化。谁也不敢打包票说能将所有后进生全部绝对转化，因为一个人的转化需要合力，包括家庭的、社会的、学校的各种力量，还有他自己的上进心和毅力，等等。教师只能尽到自己的一份力量，或者说通过自己的力量尽可能影响和调动其他积极力量共同转化后进生。但即使如此，我也不敢说任何后进生都可以被转化。第二，任何一个学生被转化的程度也不是绝对等同的，有的可以转化得非常优秀，甚至出类拔萃，有的可能是成为合格的公民。我们意识到"转化"是相对的，就能够放弃一些不切实际的理想化的教育目标，减轻自己的思想负担，甚至放下不应该属于自己的负疚感。

当然，对于有责任心的教师来说，我们永远也不会因这种"相对"而放弃或哪怕有一丝一毫地放松我们对这些孩子的责任与努力。无论如何，做总比不做好。

你还问我，有人说所谓"优秀老师的眼中没有差生"的说法，对还是不对？你可以做出理智的判断了吧？

关于转化后进生，已经有不少优秀的班主任创造了许多行之有效的办法，我以前在我的拙著中——比如《爱心与教育》《做最好的班主任》等等——有比较详尽的论述。无论是优秀班主任的经验，还是拙著中的一些做法，都只能供你参考，不能绝对照搬。从某种意义上说，任何学生都是唯一的，适宜于这个学生的方法也只能是唯一的。教育，的确没有公式可言。

不过，我还是愿意把我的一些体会给你说说，也许可能启发你的思考和实践。

关于转化后进生，我在实践中比较注意以下几点：

第一，注重感情倾斜。

这当然又是"老生常谈"了，但的确至关重要。教师对后进生真诚的爱，是转化他们的第一剂良药。后进生们几乎是从读小学受教育起就伴随着呵斥、嘲笑、辱骂甚至体罚，因此，教师应怀着强烈的人道主义情怀给他们以心灵的呵护，帮助他们树立起人的尊严。关于如何给这样的学生以爱，已经有很多人有太多的论述，我想你也不会一无所知——有时候，不是我们"懂不懂"也不是我们"会不会"的问题，只是我们"愿不愿"。只要愿意，我们总能找到给后进生以爱的方式与途径的。

我想强调的是，这种爱不应该仅仅来自老师，还应来自集体。也就是说，不要让某个后进生只感到是老师在爱他，而要让他感到是整个集体在爱他，班上所有的同学都没有抛弃他。甚至有时候，教师要有意识地把自己个人对后进生的爱隐蔽起来，不动声色地转化为集体对这个学生的爱。

举个例子。

有一年刚开学，我刚刚组织班上的学生坐在教室里讨论新学期的打算，这时站在教室门口的我，看到教务主任正远远地向我走来，他后面还跟着一个学生，垂头丧气的。快走近我的时候，主任大步朝我疾走，到了我的面前他趁后面的学生还没跟上来，便悄悄对我说："我安排了一个留级生在你班上……"话刚说到这里，那学生已经走近了，我赶紧打断主任的话，直接大声地对那孩子说："呵呵，是新同学吧！欢迎欢迎！"我要让这孩子对我的第一印象，就是这个老师对我非常热情。

　　然后，我把这学生领到教室门口，很兴奋地对同学们说："同学们，今天是新学期第一天，我们班上迎来了一位新同学！"同学们一听我热情洋溢的口吻，立即报以热烈的掌声，表示欢迎。

　　因为新同学是突然来到我班的，教室里自然还没有他的桌椅。可我不能让他一个人站着呀！这时候，我完全可以动员前排某一个同学："你暂时先和旁边的同学挤着坐一下，把你的课桌和椅子给新同学，让新同学先坐下，好吗？"我坚信，我这样说，任何同学都愿意的。但这样一来，新同学感受到的只是老师的温暖，因为他看到是在班主任老师的动员下同学才让出桌椅的。我决定让同学们主动让出自己的桌椅，而且要营造一种纷纷让出桌椅的场面。

　　于是，我好像是自言自语地说："哎呀，新同学还没桌椅呢！"这其实是一句暗示，因为我长期和孩子们一起相处，彼此早已经有心灵的默契。听见我"叹息"的孩子们都听懂了我的暗示，好几个孩子都举起手来并急切地说："用我的桌椅吧！"说着他们还站了起来。几个孩子的举动，又"提醒"了其他同学，教室里七嘴八舌地响起了"用我的"、"用我的"的声音，而且几乎全班同学都站了起来。我"只好"带着新同学坐到了前排一套已经让出来的桌椅前。

　　这场面，显然让新同学非常感动。课后，教务主任特意对我说，这孩子品学兼差，而且很自卑，要我多费心思。我说，你放心，我和我的班级会关心这个同学的。后来，这个学生在班上很阳光，对集体事务也很热心，各方面都有不同程度的进步。这些进步，原因是多方面的，但集体对他的温暖无疑也是一个重要原因。

　　第二，唤起向上的信心。

　　后进生从来不乏自卑感，他们缺少的往往是自信心尤其是向上的自信心。或者说，缺乏自信，正是他们后进的原因之一。所以，唤起对自己的信心，是转化后进生的切入口之一。

　　每当我感到后进生听不进话时，或者在我面前很顺从，但实际上过了一会儿就把我的话当成了耳旁风，没有在他的身上留下一点痕迹，我就问自己："我的这些话，是否点燃了他心灵深处向上的愿望和信心？"无数事实证明，只有当学生自己有强烈的上进愿望和信心时，他的进步才会出现并得以持久。所以，从某种意义上讲，所谓转化后进生，更多的时候就是不断设法唤起他向上的信心。当然，教师唤起后进生上进信心的前提，是对孩子无限的相信，相信每一个后进生都有着向上的愿望。

唤起向上的信心，应该从让孩子发现自己的优点开始。只有意识到自己有很多优点，他才可能奋发向上。因此，最近二十年来，我每当接触一个后进生，第一次谈话，往往是问他（当然是很自然地问）："你有什么优点？"但很遗憾，几乎所有被我问的孩子都是这样的表现——先是一愣，脸上迷惑，好像在说："什么？我还有优点？"然后低头默想，好像试图努力地挖掘出自己的优点；最后抬起头，不好意思地说："没有优点。"但如果我问："那你有什么缺点呢？"学生则往往不假思索地"一二三四"流畅地说出自己的缺点。

我们的教育就是这样"培养"出只知道自己的缺点却不认为自己有优点的孩子！

学生说不出优点，我自然会启发："怎么可能呢？没有优点的人是没有的。这个优点有大有小。比如，你爱你妈妈吗？"

"爱呀！"学生马上回答道，同时会以一种很奇怪的表情看着我，好像在说："我怎么可能连自己的妈妈都不爱呢？"

我笑了："你看，你有孝心，这不就是优点吗？"

就这样，在我的启发下，孩子会慢慢说出诸如"我是自己走路上学的"、"我在家经常扫地的"、"我肯帮助同学"、"我乒乓球打得不错"、"我同情弱者"（他不一定是这样的表述）等等优点。

苏霍姆林斯基在《要相信孩子》一书中，曾阐述过这样一个观点：我们的教育对象的心灵绝不是一块不毛之地，而是一片已经生长着美好思想道德萌芽的肥沃的田地，因此，教师的责任首先在于发现并扶正学生心灵土壤中的每一株幼苗，让它不断壮大，最后排挤掉自己缺点的杂草。

我们做教师的，正是要善于发现并且首先要引导学生发现他们身上的"美好的萌芽"。这是后进生信心的来源，和进步的动力。

第三，引导集体舆论。

所谓"教育"，从来就不是教师一个人的事。"真正的教育是学生的自我教育。"这已经成为许多教育者的共识了。但是，我要说，所谓"自我教育"又包括两个方面，一方面是学生自己对自己的反思、审视、评价、表扬、激励……另一方面是学生集体中积极向上的气氛对部分消极学生或者某一个后进生的感染与影响。后者还没有引起更多教育者的重视。

班主任要善于引导集体舆论，把自己对某一学生的表扬、鼓励、关心、帮助变成集体对这个学生的表扬、鼓励、关心、帮助。前面我讲的那个留级生到我班后，我暗示学生们把桌椅让给他，就是一种成功的集体舆论引导。不过，那只是爱的表达。其实在表扬或鼓励等方面，同样可以让集体舆论成为对后进生的教育。

这种引导不应该只是在遇到具体的困难时，才临时让全班同学表现出"帮助"的姿态。那样的帮助，更多的是教师的意思。教师应该从这个班集体诞生的第一天开始，就设法营造出一种既洋溢着温情又充满正气的班风。这种风气，能够让同学们面对某些情况时，自动形成一种力量。这样说有些抽象，我还是举个例子吧。

十多年前，我做班主任。开学第一天，我就给孩子们赠送了一句话，这句话后来成了我们的班训："让人们因我的存在而感到幸福！"我给他们推荐意大利作家亚米契斯感人至深的小说《爱的教育》。当然还有平时点点滴滴的引导。总之，我们班的确非常温暖。

到了毕业前的一个月，每天下午放学后，从六点半到八点半，同学们都要上晚自习。有一天早晨我来到办公室，我班的数学老师对我说："李老师，昨晚上我发现，晚自习下课后，你班的许多同学都没回家，而是留在教室里继续学习。后来我才知道，最近一段时间，你班上有22个成绩优秀的学生自愿留下来，给另外22个成绩差的学生一对一地进行辅导。"

我听了大为吃惊，因为我并没有动员成绩好的学生做这件事，这完全是他们的自愿行为；进而我又特别感动，这22位主动帮助辅导同学学习的优秀学生才是真正的优秀！

当然，我也有些欣慰，尽管我没有具体地组织学生之间这样的学习帮扶活动，但毫无疑问这也是我近三年来班风建设和舆论引导的结果。

被帮助的22个同学好多都属于成绩差、表现也不太好的所谓"双差生"，但是毕业前他们却感到了整个集体的温暖，而不是李老师一个人的关心。所以，他们所获得的精神力量，远远不是我一个人的关爱所能给予的。

把后进生始终置于集体的注视之中，让他们随时感受到来自全班同学或温暖或期待的目光，这是我在转化后进生时所遵循的一个重要原则。

第四,允许不断反复。

不少老师,尤其是年轻老师见不得后进生反复犯同样的错误——我年轻时也是这样的。他们往往这样批评甚至责骂反复违纪的后进生:"昨天犯了错误,你不是说要改正吗?怎么今天又犯了?你写的检讨还在我这儿呢!你说话真是不算数!"

我理解这些老师的心情,我年轻时也曾是这样的,见不得学生反复违纪。但是三十年的教育实践告诉我,其实,反复是后进生的特点。仔细想想,优秀生和后进生的区别是什么?是不犯错误吗?不是,优秀学生也犯错误呢!但优秀学生是偶尔犯错误,后进生是经常犯错误。这就是二者的区别。比如,优秀生和后进生都可能有不交作业的时候,但前者是偶尔不交作业,而后者是经常不交作业——这自然就是后进生了。所以,反复应该是后进生的重要特点之一。

明白了这一点,我们做教师的就会理解甚至允许其反复。这不是纵容,而是宽容,更是一种期待。有了这份宽容和期待,我们便会多一份从容与平和,面对后进生我们的眼光会柔和许多,这柔和的眼光会让孩子感受到我们的爱与信任,进而在心里接受而不是排斥老师的帮助。

懂得这个道理后,我从来不要求学生绝对不许犯同样的错误——连大人都很难做到这一点的,而是尽量希望学生犯错误的周期长一些,而且越来越长,最后渐渐克服某些坏习惯。

第五,要以表扬鼓励为主。

我从来不认为对学生只能一味地赏识,我对取消批评无原则的所谓"赏识教育"一贯持质疑的态度。问题不在于该批评还是该表扬,而在于面对具体的学生,我们要研究他缺乏什么,他更需要什么。

好,我们来看看后进生。他们犯了错误,当然该批评,甚至如果犯了严重错误还必须按学校规章制度予以必要的惩罚。但在批评的同时,我们也不要放弃表扬。对这些孩子来说,他们从来不缺批评,但相对来说,他们受到的表扬要少一些。难道是他们没有值得表扬的地方吗?不是,是我们的偏见妨碍了我们发现他们的优点。所以,对这样的孩子,我提出要以表扬鼓励为主。

常说"榜样的力量是无穷的"。其实,榜样的力量是极其有限的。第一,人与人之间是不可比的，一味地提倡什么谁向谁学习，未免把人的进步看得太简单了，好像学谁就能够成为谁；在我的班上，从来没有出现过某个后进生因为向班上的优秀学生学习，于是他也成了优秀学生的"奇迹"。第二，每个人都有自己独特的个性，为什么一定要向别人学习呢？我们需要的是发现每一个人精神上的优势或者说尊严的制高点，如苏霍姆林斯基所说："要在每一个人（毫无例外地是每一个人）的身上发现他那独一无二的创造性劳动的源泉，帮助每一个人打开眼看到自己，使他看见、理解和感觉到自己身上的人类自豪感的火花，从而成为一个精神上坚强的人，成为维护自己尊严的不可战胜的战士。"

但是，表扬的力量则的确是无穷的！人都有尊严，都希望自己被别人尊重并承认。任何一个人，当他听到别人真诚而不是虚伪地赞美自己的时候，绝对是很开心的，并且信心大增。我们老师不也一样吗？何况我们的学生呢？一般来说，鼓励和表扬，绝对多多益善。每听到一次真诚的表扬，我们的信心就增强一分，表扬越多，信心就越强，其力量的确是无穷的。当然我说的是那种实事求是的表扬，而不是牵强附会或虚情假意的所谓"表扬"。

我曾经教过一个由后进生组成的班。你可以想象，这样的班，后进生可不是一个两个。对付和转化这个班的学生，除了严肃纪律和严格管理之外，我的"法宝"就是表扬。当然，这个表扬也尽可能转化为集体的表扬。

那时候，我每周末都要在全班举行一次"全民公投"，也就是让全班同学无记名投票，评选出当周进步最大的同学。凡是获得票数最多的前十名，我都要征求科任老师的看法，如果科任老师也认为这些同学进步很大，那我就给这十位同学两个奖励：一是周末带着他们去公园或野外玩，那可是孩子们和我最开心的日子；一是给家长发报喜单。所谓"报喜单"，是我开学就印好的，需要的时候直接填有关学生的姓名就可以了。"报喜单"是这样写的——

某某某同学的家长：

您好！

您的孩子某某某，本周在校表现良好，进步突出，特此通知，请予以鼓励，并建议给孩子以适当的物质奖励。

感谢您的配合教育，我们期待着孩子继续进步！

班主任：李镇西

我要求获得报喜单的孩子必须拿回家让家长签字，周一返校将家长签字后的报喜单回交给我，由我保存。到了期末，我再做统计——那时我将根据获得报喜单数量的多少，分别给有关同学按一二三等奖发奖品。另外，每个月我都将邀请连续三次以上获得报喜单的学生的家长到学校参加我们的班会课，在班会课上隆重表扬学生，感谢家长。

别看这张小小的报喜单，其威力的确无穷。孩子很开心自不必说——他们很乐意把报喜单给爸爸妈妈签字，并理直气壮地要爸爸妈妈给以"适当的物质奖励"（我觉得这一条很好，反正又不要班主任自己掏钱，呵呵）。家长也很开心，而且感动。

他们给我说，孩子打读小学起，就不断挨批评，经常带回不及格的试卷呀写的检讨呀让家长签字。班主任常常打电话给家长告状，要家长"狠狠管教"一下孩子。如果是班主任请家长"来学校一趟"，那他们更是胆战心惊，十分不愿去学校但又不得不去。

而现在，孩子拿回家需要签字的不再是检讨而是报喜单，他们被通知去学校不再是"配合教育"，而是光荣地和孩子一起享受表扬的荣誉。这对家长来说，也是莫大的鼓励。他们会更加积极主动地配合班主任的工作。

转化后进生当然不是仅仅靠表扬就够了，教育哪有这么简单呢？但是，经验告诉我，在和后进生打交道的过程中，表扬的确力量无穷。

第六，暂时降低要求。

我这里说的暂时降低要求，指的是无论是行为习惯还是学习成绩，我们对后进生的要求不要一下子提得那么高。如果要求后进生一步登天，那他肯定会丧失信心的，因为他不可能一步登天。相反，适当降低要求，他则可能会跃跃欲试，逐步进步。

前面在谈"允许不断反复"时，我就说过后进生不可能一下子就把多年的恶习彻底改正。因此，我们应该给他们一个"过渡期"，这个"过渡期"就是降低要求，但必须朝好的方向进步。

那年我教高一时，发现一个男生吸烟。如果是年轻时，我肯定会大发雷霆，并"勒令"他绝不许再吸烟。可那时我已经是有二十多年班主任经历的老教师了，知道如果苛求学生，他也根本做不到。何况这个学生说他从小学高年级就开始吸烟了，已经习惯了。所以，我耐心地和他谈心，让他真正明白中学生吸烟的坏处，首先不是道德上，而是健康方面的。谈心的过程持续了很长，彼此都很真诚。最后我对他说，我不要求你一次性戒烟，但你自己得给自己订个计划，每天或每周递减吸烟量。他认真想了想，说第二天告诉我。我觉得他这个态度恰恰表明他是认真的，是真诚想改掉吸烟的坏习惯。

第二天，他告诉我，他以前是每周两包烟，现在他打算争取每周一包烟；做到之后，再减量，争取每周半包烟；然后再争取每天一支烟……我同意了。我说："我不可能每天都守着你，监督你的只能是你的毅力和良心。不过，你如果哪一周做到了你的承诺，就告诉我一声，算是给我报喜。如果没做到，不要紧，第二周重新开始。我相信你！"另外，我告诉他，不要在公共场合吸烟，更不要在班上吸烟，这样影响不好。

计划开始的第一周周末，他很兴奋地告诉我"做到了"，那一周他只吸了大半包烟。我也很兴奋地鼓励他："继续！坚持！"但第二周周末他没来报喜，我知道他没能战胜自己，但我也没找他谈。第三周周末他依然没来报喜，我也依然沉住气等待着，等待着。第四周周末他又来报喜了……就这样，经过大半学期的时间，他终于告别了吸烟的恶习。现在这个学生已经参加工作，一直没吸烟。回校看我时，还对我说："如果不是高一时李老师帮我，我可能现在还在吸烟呢！"

改变恶习需要暂时降低要求，学习呢？也是一样，也要对后进生暂时降低要求。后进生学习差，那不是一天两天造成的，他们的学习基础已经极其薄弱，学习习惯也非常糟糕，当然学习兴趣更是几乎荡然无存。在这种情况下，你要求他们马上就冲到前面，不可能。

我在拙著《爱心与教育》中，曾专门谈到如何先降低后进生的学习要求，然后慢慢提高他们的兴趣和信心，进而提升他们的学习的方法，建议你找来读读。简单地说，我就是根据不同后进生的学习基础和学习成绩，不同程度地降低要求。或减少作业量，减轻作业难度；或根据具体学生的具体情况有针对性地布置带有个性特色的作业；或干脆不布置作业，而是叫他抄写有关知识的段落……有一个学生虽已初二，可知识的储备只相当于小学低年级学生，上课完全是听天书，考试只能交白卷，那我就让他上课读小说，后来再让他抄小说，这样慢慢让他静下来，逐步让他进入学习状态。这当然是极端的例子，不带有普遍性，但因人而异地降低学习要求，则是一个普遍的原则。遇到考试的时候，我就专门给这些学生辅导——其实所谓"辅导"就是暗中给他们漏题，把第二天要考试的题目给他们反复讲，让他们反复练。结果第二天考试结束，他们非常兴奋地对我说："李老师，昨天你给我讲的复习题，我反复练了，结果今天考试就做对了！"我说："是呀，老师讲的你反复练，考试就能做对题，学习就是这么回事，就这么简单呀！"有老师曾经担心，这样做，孩子怎么可能通过中考呢？我反问，难道不这样做，孩子就能通过中考吗？我当时的目的，已经不是如何让这些孩子通过中考了，而是如何让他们对学习感兴趣，并力所能及地在知识上有所增长。实际上，这样做的效果，至少保证了他们上课坐得住，不影响其他人，而且还有同学后来真的对学习有了信心，成绩慢慢提高了。

关于转化后进生的方法，显然不只是我说的这些，很多老师都有着丰富的经验。不过，我要强调的是，任何方法都不能百分之百地解决你所面对的"这一个"学生。所以，转化后进生，主要还得靠自己在实践中探索，在探索中不断总结。这实际上就是一个科研过程。如果你天天都和一个或一群后进生打交道，只要有耐心，并且善于思考和总结，几年下来，你绝对就是转化后进生的专家了——要知道这可是后进生对你的"培养"和"提升"哟！

2012 年 11 月 16 日

30. 如何有效地与孩子谈心？

> 成功的谈心，第一，要发自内心地尊重学生，千万不要居高临下；第二，语言要有自然而然的亲和力；第三，要善于铺垫，善于不知不觉走进学生的心灵。

尊敬的李老师：

您好，我是一名不合格的教师，因为我发现自己并不擅长跟学生谈心。但凡我找学生谈心的时候，学生总喜欢用各种理由搪塞我，并不能做到很好的沟通。我不知道是不是自己太过于严肃，还是讲的大道理比较多。其实我对学生很真诚，但就是说出的话他们不爱听。我想，所有的谈心不都是重点要教会学生道理吗？

你说你对学生很真诚，但说出的话他们就是不爱听。你问我，是不是只要是大道理，学生都不爱听？我想，既然是"教育"，那"大道理"就是少不了的——关于理想，关于人格，关于善良，关于正直，关于勤奋……这些"大道理"我们能不给学生讲吗？如果不讲，就是我们的失职。

关键是，如何讲这些大道理。

关于如何给学生谈心，已经有很多很多谈班主任工作的著作说了不少了，我这里不想重复这个"原则"，那个"理念"。我只想简单地说，成功的谈心，第一，要发自内心地尊重学生，千万不要居高临下；第二，语言要有自然而然的亲和力；第三，要善于铺垫，善于不知不觉走进学生的心灵。

这样对你说，好像还是有些空洞。这样吧，你先看我一个案例——

上半年，我在我校小学部和六年级的郑老师交流的时候，她说到她班上一个男孩让她特别头疼。这个孩子家庭特殊，爸爸游手好闲，妈妈因此而出走，至今下落不明，孩子因此没人管。成绩差，习惯不好，怎么教育也收效不大。一次郑老师批评他的时候，他居然说："把李镇西叫来，我给他说！"

我一听，乐了："好，我找这个孩子谈谈。"

不一会儿，一个男孩被一个女孩推了进来——那男孩显然很紧张，不愿意来我办公室，所以郑老师专门请了一个女孩"押送"他。

女孩将男孩推进来之后，便走了。看着神色慌张的男孩，我指着我办公桌对面的椅子温和地说："请坐。"

他不坐，说："我就站着。"

我再次说："请坐，还是坐下吧！好吗？"

他依然不坐。我笑了："既然进来了，那就是我的朋友。哪有不让朋友坐的？如果你不坐，那我也不坐，我们都站着，这样才平等。"

听我这么一说，他慢慢坐下了。

这孩子显然是带着紧张甚至有些抵触来我这里的，是被"押送"着来的，他以为要挨校长批评，而又不知道自己犯了什么错误，因此我首先要消除他的紧张感甚至恐惧感。

我让他坐，就是让他感到我对他不但绝无"敌意"，而且我还很尊重他；更重要的是，我用这个行为告诉他，无论校长还是学生，都是平等的。

我问："是不是很紧张啊？"

他点头，说："非常紧张。"

我又笑了："紧张什么呀？是不是因为被叫到校长办公室，你就紧张？"

他说："是的。"

"咦？不是你要和我谈吗？"我依然笑眯眯地说。

他的表情有点诧异。

"我听说，你说让李镇西来给我说。所以我就请你来了。"我说。

他说他记不得这句话了。我说："不要紧，反正你又没犯错误，怕什么？校长有什么可怕的？我又不会批评你。再说了，我找你本身就是随便聊聊。我来这里做校长，找了好些同学了，问他们的学习，问他们对学校的建议，今天找你也是谈这个的。"

我当然不是找他"随便聊聊"的，但我有必要把自己的意图隐蔽起来。苏霍姆林斯基说，教育的艺术就是"保密"，即不要让孩子感到老师是有意要教育他。这里，我善意地对孩子"撒谎"了，目的是让他放松。果然，他的表情显然放松多了。

我问："给我说说，你觉得你们六（3）班怎么样？"

他说："有几个同学老欺负我，打我。"

我说："谁呀？告诉我，我帮你忙。竟然欺负我的朋友！"

他说了几个名字。我说："好，一会下课我就去警告他们！"

我又问："班上有没有你佩服的同学呢？或者说，你追赶的目标呢？"

"没有。"他说，"我就把自己作为目标。"

我说："超越自己当然好，但也要看到别人的长处，向别人学习，把别人当做追赶目标，这样你的进步会更大。"

他说："因为我自己不好，所以我想超过自己。"

这话显然没逻辑，但我还是说："超过自己，和向别人学习不矛盾的。"

我又问："你有什么优点吗？"

我试图让他找自己的优点，以此来增强他的自信心。

他说："没有优点，缺点倒是不少。"

我又笑了："不可能没有优点！哪有没有优点的人呢？"

他说："我真的没有优点。"

我问："你喜欢你的老师吗？"

他说他没有优点，我开始设"圈套"了。

"喜欢。"

"最喜欢哪位老师？"

"我最喜欢郑老师。"

我问："为什么？"

"郑老师对我们很好，很爱我们，而且对同学很公平。"

我说："这不是优点吗？你很尊敬老师，很爱老师，这就是你的优点！"

他终于进入我的"圈套"了。

他说："这怎么叫优点呢？"

我说："怎么不叫优点呢？的确有学生不尊敬老师呢！你这么爱你的郑老师，我都很感动呢！"

他已经完全没有了紧张，和我侃侃而谈起来。他主动给我说起了他的家庭，说妈妈嫌爸爸不会挣钱，便出走了，到现在也还没有音讯，不知道哪里去了。

从刚进来时的紧张，到主动给我说起他的家庭，孩子已经对我真正产生信任了。

我问："那你平时在家就你和爸爸？"

他说："还有奶奶。我们三个人一起住。"

我问他爸爸做什么的，他说："开野猪儿，就是野的。"

"野猪儿"是成都方言，就是黑出租车。

我问："你想不想妈妈？"

他说："不想，她都不管我了。"但说的时候，他的眼圈还是红了。

我一时不知说什么好。我让他坐在长沙发上，我也离开办公桌，和他一起坐在长沙发上，我拉着他的小手，沉默了一会儿。

此时无声胜有声。有时候一个亲切的肢体动作胜过许多空洞的口头语言。但是我要说，拉他的手，并不是我刻意的设计，我并非是有意想表现我的"关心"，不是的，当时我真的是发自内心心疼他，情不自禁拉着他的手。

我换了一个话题，说："你刚才说你有很多缺点，都有哪些缺点呀？可以给我说说吗？"

在启发他发现优点后，再让他找找自己的缺点，他不会感到难为情的。

他说："我不爱学习，就想玩。玩的时候，就不想作业。"

我问："你的成绩怎么样？"

他说："以前还行，现在不行。我的语文和数学还将就，但英语不好，我听不懂。"

我对他说："和别人比，你的家庭有些特殊。这对你既不好，但也有好的一面。说不好，是因为你妈妈出走了，你没有妈妈关心，但我说也有好的一面，是因为这能磨砺你。"我一下觉得这话很空洞，他也不一定能听懂，于是，我举了一个例子说，"告诉你，我父亲九月的时候就因病去世了，当时在教育局工作，也算国家干部。我妈妈当时对我说，以后一切都得靠自己了。我一直记着这句话。如果我爸爸健在，也许我会依赖他，但没有了靠山，我就靠自己。现在算是有了出息。我想说的是，如果你家里条件很好，也许你会依赖，反正有爸爸妈妈，现在你无法依赖任何人，只能靠自己。如果你现在学习不好，以后你工作都没有，怎么养活自己？"

用信任回报信任，我也主动给他谈起了我的经历。

他听得很认真，我继续说："我送你四个字，四个字是我经常给我学生说的，那就是'战胜自己'。你的内心深处有两个我，一直在打架。一个是勤奋的我，一个是懒惰的我。每次面对作业，这两个我都在打架，只是对你来说，经常是懒惰的我占了上风，所以你就没完成作业。现在你就要尽量让勤奋的我占上风。你说你喜欢玩，玩什么呢？"

"也没玩什么，反正不想做作业。"他说。

"打电子游戏吗？"

"有时候也打，但我也不是特别喜欢打。"

我说："适当打打也可以的，但千万不要迷恋电子游戏，一旦痴迷，那等于是吸毒。"

我又说："你现在可能学习上有些知识欠缺，但小学的知识有什么难的，只要加油，只要多花工夫，完全可以补起来的。英语嘛，无非就是多读多记，关键是你要下工夫。"

他不住地点头。

我接着说："你那么喜欢郑老师，那就一定要听郑老师的话。不要再缺作业了，好吗？"

他说："好。"

尽管我不敢保证他从此不再缺作业，但我绝对相信他此时是真诚的。

他完全放松了，话也多了起来，给我谈他的苦恼，谈他的爸爸、妈妈和奶奶，我又给他谈了学习方法，谈善良，谈童心，谈关心集体……

最后我说："我们是朋友了，以后你有任何困难，可以直接找我！对了，欺负你的那几个同学，一会下课我就去找他们。"

他说："不用了，他们这几天也没有打我了。"

我马上及时表扬他："你看，你这么宽容，又是一条优点！"

他又笑了。

我掏出一个棒棒糖，递给他："你今天这么信任李老师，什么都给我说，我送你一个棒棒糖表示感谢！"

他不好意思，说不用不用。

我把糖按在他手心："还给我客气，呵呵！"

接过棒棒糖，他说声"谢谢"，然后我送他出门："再见！"

"李老师再见！"

我没指望他从此就"改邪归正"——顽皮学生的转化哪有那么简单？但是，能够给他心灵一点温馨，此刻我也很温馨。

我给这个孩子的谈心应该说是成功的，而成功的首要原因便是真诚的尊重。

你还问我，如何给学生进行集体训话？其实，集体训话本质上也是一种谈心。同样需要对学生的尊重。我给你说说那次我去给一个班的孩子集体谈心的经过吧！

本期，我应邀担任胡鉴老师所教的初一（20）班副班主任。那天我去班上和学生聊天。在去教室的路上，我已经想好了话题："勇于吃苦，战胜自己。"但我不能直接说这八个字，而要迂回，要在轻松愉悦的气氛中和孩子们讨论这个话题。

我一进去，孩子们的掌声就响起了。我看着大家一个个黑乎乎的，便问："你们怎么那么黑呀？"

大家说："太阳晒的。"

我问："你们怎么没事去晒太阳呢？还晒得这么黑！"

我显然是故意逗他们的，果然把他们逗乐了。他们大笑，说："军训啊！"

"哦！"我故作恍然大悟，"那么，这黑黑的皮肤就是你们军训的收获了！"

大家哈哈大笑。

我接着问："军训一周，除了收获黑皮肤，还收获了什么啊？"

我暗暗地把话往主题上引。

孩子们纷纷举手。

我抽了一个孩子起来说。她说："吃苦精神。"

这孩子的回答真好！而且给了我一个铺垫的机会，于是我赶紧追问："吃苦表现在哪些方面呢？"

同学们说："不怕累！""不怕热！""坚持训练！"

我说："嗯，是的。这些都是吃苦。"

我又问："除了军训，还有哪些方面可以体现出吃苦精神呢？"

大家又开始七嘴八舌："认真上课！""还有认真完成作业，不怕困难。""打扫教室卫生不怕脏不怕累！""不挑食了！"……

"嗯，说得好！"最后一个答案"不挑食"引起了我的注意，我特意强调说，"不挑食了？很好。那我问问大家，你们平时哪些食物不喜欢吃啊？"

同学们说："苦瓜！""鸡蛋！"……

我说："吃什么不吃什么，不能以你喜欢不喜欢，而应该根据身体需要的营养。吃自己不喜欢但有营养的食物，也是吃苦！从今天起，回家吃饭，不许挑食！"

我接着说："还有，帮爸爸妈妈分担家务，也是不怕吃苦的表现。有没有同学会做饭会炒菜啊？"

好几个孩子举手了。

我随便抽了几位。有的说会炒蘸菜，有的说会西红柿煎蛋，有的说会烧排骨……

我说："好，希望我以后有机会品尝你们炒的菜。"

同学们笑了。

我又说："我再调查一下，每天在家里饭后洗全家人的碗的同学举手！"

好多同学都把手举起来了。

我很高兴地表扬这些同学，并让他们站起来，叫全班同学为他们鼓掌。

我说："希望从今天起，每个同学在家里都能够坚持每天洗碗！好不好？"

同学们说："好！"

我通过这个调查，不但表扬了在家做家务的同学，同时又很自然地给孩子们提了一个具体的要求。

我继续说："吃苦还有一个含义，就是每天坚持不做自己非常想做却非常有害的事！大家想想，这样的事都有哪些？"

我这是在继续启发学生。

同学们马上说："上网！打电子游戏！"

"对！"我说，"其实，本来上网也好打电子游戏也好，也没有什么。关键是你们这个年龄缺乏自控能力，很容易上瘾，而且不能自拔。好多同学本来成绩很好，可因为沉溺于网络游戏，结果就一落千丈！"

我说："一个人要进步很难很难，但要堕落则非常容易。堕落的方法有很多很多，这里给大家介绍两种。一种叫做快速堕落法，呵呵！"

同学们很好奇地看着我。

"怎样快速堕落呢？比如，学校大门对面有卖烧饼的，你冲过去抢一个烧饼就跑，马上警察就来把你抓住了，送进派出所。这不就快速堕落了吗？"

全班哈哈大笑！

我说："还有一种不知不觉舒舒服服堕落法，比如，网络游戏，多么舒服，多么陶醉，"我表现出陶醉的样子，"啊，多幸福啊！但是，你已经堕落了！这就是不知不觉舒舒服服堕落法！"

同学们不笑了，若有所思。

所谓给大家介绍"堕落法"，不过是用轻松幽默的语言提醒同学们而已。这样的话语方式，孩子容易接受。

我说："所以，大家一定不要迷恋网络，控制自己不要打电子游戏，这就是吃苦精神！"

同学们点头。我知道，尽管大家都懂这个道理，但真正要做到，还不是那么简单。我不会那么盲目乐观。

时间不多了，我说："我是你们的副班主任，以后每周都会给你们上课。最后我还要送你们一句话，这句话，其实不用我送，因为你们在军训时已经知道了，那就是我们的校训，让人们……"

同学们情不自禁跟着我大声读了出来——"因我的存在而感到幸福！"

离开同学们之前，我给大家唱了一首歌，就是三十年前谷建芬给我谱的班歌《唱着歌儿向未来》——

"蓝天高，雁飞来；青青松树排成排，我们携手又并肩，唱着歌儿向未来……"

以唱歌结束我的谈话，是想给孩子们一种轻松和亲切。

这第一次集体谈话无疑是成功的。谈话中，我不仅仅是尊重与亲切，而且还注意了把大道理融化在轻松诙谐的聊天中，而且特别注意语言的铺垫，由于有了自然的铺垫，我想达到的教育目的也就水到渠成了。

我这两个案例对你有启发吗？

2011 年 8 月 31 日

31. 班里有了"小偷"怎么办？

> 当发生失窃案件的时候，老师应该做的是将注意力放在对整个集体的教育上，巧妙自然地抓住突然发生的失窃事件，对学生进行必然的教育，也利用这一不期而遇的教育情景，对全班进行自然而又入耳入脑、震撼人心的教育。

李老师：

您好，我知道您在教育学生上"很有一套"，因此想请您给我支个招儿。事情是这样的，我发现我的学生有小偷小摸的习惯，想当面教育却害怕伤害学生的自尊心，但又不能熟视无睹，毕竟偷东西是一个坏习惯，做老师的有责任教会他要往好的方面发展。可我又不知道该用什么方法既不伤害学生的自尊，又能让学生摒弃小偷小摸的习惯。

你问我的这个问题，也是不少年轻老师面临的困惑。我经常收到一些老师的来信，其中就有班里的"失窃事件"所带来的困惑。

是呀，这个问题的确很棘手。从教三十多年，我也不止一次遇到这样的问题。经历这样的事多了，慢慢也摸索出一些办法。总的原则是：第一，不能伤害犯错误同学的自尊心；第二，不能大张旗鼓地搜查，那样的话，即使搜出来，也不能达到教育目的；第三，是否能够破案并不重要，重要的是教育；因此必须在全班进行教育，但又不能因为一个同学犯错误而兴师动众批评全班同学；第四，教育过程一定要自然，而且进入孩子的心灵。

这样说可能你觉得有些空洞。那还是来看一个我的案例吧！

我班林映霞同学刚刚收的 1600 元班费不翼而飞了。

在德育处和刘朝升老师的帮助下，经过比较困难的努力，案子算是破了。是一个叫"李沛龙"的男孩干的。但是，案子虽然破了，这件事却并没结束，我决定开个班会课，对全班同学进行一次教育。

在开班会之前，我做了两件事。第一，我找了一个很有"说服力"的借口，让李沛龙的家长来把他带回家去了；同时我跟刘朝升老师"串通"，让他在我上课的时候和我配合演一出戏。我的目的，是要让同学们觉得李沛龙今天没来上课，是很正常的。第二，我通知年级组长，让他们转告其他年轻班主任，没有课的都来听我这堂课。我试图让年轻老师看看，作为校长，我是如何利用偶发事件进行必然教育的。

我临时和教数学的陶老师换了课。我一走进教室，同学们就欢呼起来——他们总是这样喜欢我的课，我很得意。

我看了看教室，正面中间黑板下方的槽里挂着一块抹桌布，很不雅观。吴笛说："李老师，那桌布应该放到讲桌里面去。"我笑笑，没说什么。我想，一会当着全班说这事。

老师们陆陆续续地进来，我请值日生叫起立，雷震云大声叫道："起立！敬礼！"

"老师好！"同学们说。

我说："同学们好！"同时开了一句玩笑："雷震云的声音，真如雷震云一般响亮！"

然后我指着那个抹布说："刚才进来的时候吴笛就着急地说，李老师，抹布挂在黑板槽上很不好看，把它收起来。第一，其实这个我刚才就看了的，但我并没有把它收起来，因为我想看看有没有同学把它捡起来。第二，为什么上这样的课的时候才注意观察教室的前后呢？哦，是因为今天来听课的老师比较多，但是如果没有老师听课呢？我们的卫生是给谁做的？我们搞卫生不是为了别人，而是为了我们自己。"

我把那抹布取下来，放在一边。然后说："今天我给大家上一节班会课。我先把星期一没有给大家读完的小说读完。同学们还记得我上次给你们读的小说吗？是什么小说？"

同学们说："《谁生活得更美好》。"

"对，是《谁生活得更美好》。"我一边板书《谁生活得更美好》，一边继续问："上次读到哪儿了？"同学们七嘴八舌地回忆，郑炳旭说："吴欢侮辱了售票员姑娘，施亚男准备去安慰她。"

我说："嗯，是的。售票员姑娘非常和善、友好、有教养，吴欢呢，老要挑衅她，想激怒她。好，我接着读。"

我开始朗读——

施亚男猛然站住，他再也不羞于自己的"嫩"了。他把想要用在拳头上的力量全都压进了这最简单的几个字："太可耻了！"然后立即返回停车场去。他想对售票员姑娘说——说什么呢？

吴欢说过，女性是一种脆弱的生物，而漂亮的女性尤其如此。

施亚男看见，她还坐在那辆空荡的、等着再次发车的车厢里，在暮色里低垂着她的头。他想她一定在哭泣，他甚至听见了她轻轻的抽泣声。要不是怕她误会他是一个趁火打劫、想要得到她的垂青的无赖，他准会替她擦干眼泪，对她说：

"还有很多人尊重售票员那平凡而高尚的劳动……"

一辆汽车悄然驶过，车灯照亮了她的脸。施亚男这才看清，她不但没有哭，而且正沉湎在什么想象之中。从她脸上的神情可以看出来，她的思绪正在遥远而又美丽的地方漫游着……施亚男明白了，人的意志和坚强在于自身内心的平衡。脆弱的生物不是她，而是吴欢，也许还有他自己！他悄悄地离开了。

读到这里，我评论道："我那天给你们介绍过张洁这个作家，非常了不起的，现在已经六十多岁了。她的作品不像有的小说那样，故事很曲折，但她的作品很细腻。张洁的小说很富有哲理的。80年代出了很多的书。前不久写的是《世界上最疼我的那个人去了》。建议同学们找来读读。"

我继续读——

他在淅沥的雨声里信步走着。一面听着雨滴扑簌簌地敲打着阔大的白杨树叶，一面想着人们从生活这同一源泉里却攫取了怎样不同的东西。他的心里忽然升起了一种热切的愿望，想要把这迟迟才意识到的东西说给那位可尊敬的写诗的朋友。

读到这里，我停了停，说："拿出笔记下这句话，'人们从生活这同一源泉里却攫取了怎样不同的东西'！"我把这句话写在了黑板上，同时再次对同学们说："请大家把这句话抄下来。"

我说："售票员姑娘从中攫取了美好，施亚男从中攫取了纯真，而吴欢从中攫取了虚荣。同学们，每个人都问问自己，我攫取了什么？"

同学们都静静地听我说着，听我继续朗读这篇小说。

读到施亚男去找他所仰慕的诗人的时候，我提醒道："奇迹出现了！同学们反应过来了没有？"

同学们七嘴八舌地回答，有同学意识到了，售票员就是那位诗人。我说："对！对！这篇小说是明暗两条线，明线是施亚男和吴欢他们乘坐公共汽车、和售票员交往；暗线是施亚男追随、仰慕这位没有见过面的诗人。到最后这两条线合二为一，售票员和诗人就是一个人。"

小说读完了，我简单地评论了一下这篇小说的艺术特色：小说有明暗两条线，明暗交替，最后结尾的时候合而为一。

"对售票员就是诗人这一点，前面有没有铺垫呢？"我问。

同学们思考了一会儿，纷纷说："亲切地讲话，显出她的教养。""还有写她的眼神，写了好几次，和一般的售票员不一样，这是有教养的，有文化的，而且是境界好高的人才有这种眼神。""还有，那天下午去看画。"

"但是，"我说，"今天我们读的这篇小说更多的是心灵的感染，并感慨万千。比如我会叹息，这样的纯真今天看来已经比较遥远了，因为现在很少有这样的售票员姑娘了。小说中说'人们从生活这同一源泉里却攫取了怎样不同的东西'，我刚才也说了，售票员攫取了美好，吴欢攫取了虚荣，施亚男攫取了纯真。那么，我要问我们的同学，我们从生活中攫取了什么？其实，答案很明确，因为我们的班集体告诉我，同学们攫取的是美好。"

我似乎像突然发现了什么，问："怎么最后一组空着个位置呢？谁没来呀？"

张征坷说："是李沛龙。"

我问："李沛龙怎么没来？请假了吗？"

这时，事先和我"串通"好的刘朝升老师说："李沛龙生病了，他爸把他接回家了。"

我又问："病很重吗？"

他答："很严重。"

我叹息了一声，对同学们说："我们班的同学生病了，大家都要关心呀！"

就这么三言两语，我就把李沛龙成功地排除在了同学们的怀疑之外。然后我话题略微一转："前几天大家刚刚对干部投了信任票，结果已经统计出来，获得信任票最多的前五名是黎悦然、刘华霜、王倩之、张昊舒、沈蒙蒙。我特别要表扬张昊舒。上次投信任票，几乎没有什么人支持张昊舒。我给张昊舒说，一定要用行动挽回自己的威望。一个月过去了，张昊舒重新赢得了同学们的拥护。我们给张昊舒鼓掌！"

同学们热烈鼓掌。

"刘华霜同学担任体育委员时间不长，但也赢得了同学们的信任。另外，我们还选举了三好生，获得前几名的是张激勇、张征坷、高依依、林映霞、郭心雨、王天宇、张昊舒、黎悦、邓雪珊、丁若莹，让我们用掌声，向他们表示敬意！"

同学们热烈鼓掌。

等掌声平息下来，我缓缓说道："这么多优秀的同学！我们是个美好的集体，咱们'攫取'的东西是真善美。刚刚开学的时候，报名那天，我在教室后面黑板上写了一行字，同学们还记不记得我当时写的是什么字呢？"

吴笛回答："相亲相爱一家人。"

同学们也一起回答："相亲相爱一家人！"

"是呀，'相亲相爱一家人。'"我拍着吴笛的肩膀说，"同学们还记得吗？吴笛是第一个为我们班上做贡献的人，还记不记得？他为我们做了什么呢？"

"他把教室地板拖干净了！"同学们大声说。

"对，拖地板。那天来得比较早的郑炳旭、廖飞都给我们班做了些事情。虽然吴笛脾气不好，有些暴躁，但他还是有一颗温柔、善良的心。他给我们提供的温暖，我们一直记着。何况吴笛最近进步不小呢！"我说。

我再次提到李沛龙："还有今天生病没来的李沛龙同学，也曾经为我们班作出过贡献呢！一说到李沛龙，大家会想到什么呢？"

同学们说："第一个争取当劳动委员。"

"会想到他平时积极打扫卫生。"

我说："对，他主动要求当劳动委员，给大家服务。"

还有同学说："运动会他为班上争光。"

"是的，同学们会想到上次运动会上，他顽强拼搏而后又悲壮倒下的身影。"我说，"今天下课后，每个同学都给李沛龙写几句话，安慰他，祝福他早日康复。好不好啊？"

同学们都说："好！"

我又说："我们还有些同学默默无闻的，比如张激勇，是一个体弱温柔的小不点，可是他为咱们班赢得了荣誉。"

我由衷地说："大家看，我们班多么温暖！"

然后我停顿了好几秒钟，教室里一片肃静，孩子们的眼睛都静静地注视着我。

我叹了一口气，似乎很吃力地说道："唉！我接下来说的事情就让我很难受了，我不知道该怎么说。我们个别同学，从生活这一源泉里，攫取了和别人不一样的东西。"我犹豫了一下，"我还是说了吧，昨天，林映霞收的1600元班费不翼而飞！"

"啊？"同学们都非常吃惊。

我说："我们经过初步的分析，这事不可能是其他班的人干的。我昨晚上没睡好，老在想这件事。我就在想，为什么，我们班个别的同学会有这种想法这种做法？为什么？谁忍心做这事儿呢？"

我说："为什么林映霞会遇到这样的事？大家想想，林映霞有什么优点？平时林映霞为我们做了些什么？"

同学们说："勤劳。"

江河说："她是班上的会计，很负责。"

他把"会（kuài）计"说成"会（huì）计"，大家都笑了。我纠正了他的读音。

郑炳旭说："她很开朗，很大度，有时跟她开个玩笑，也许开得有些重，她笑一笑就过去了。"

"嗯，林映霞的确大度，很善良。我还想到联欢会的时候，林映霞他们那个组节目好多，给我们带来了欢乐。可是现在在她身上发生了不幸，发生了不愉快。"我提高了声音，"我要问同学们，这个不愉快，或者灾难，是她一个人的吗？"

同学们都说："不是，是我们大家的。"

"为什么是我们大家的？"

姚熠举手："因为林映霞是我们班的同学。"

"嗯，这是个理由。还有没有其他的理由呢？"

张波回答："因为我们是相亲相爱的一家人！"

"是的！我们是相亲相爱的一家人。所以，这绝不只是林映霞一个人的灾难！当然，林映霞应该小心些。但这事既然发生了，就不是林映霞一个人的事了。在我们班上，有了什么光荣，我们共同享受；有了什么耻辱，我们一同洗刷！"教室里一片安静，孩子们的神情都很严肃。

"既然是一家人，那林映霞丢失了这笔钱怎么办呢？"我问。

吴笛说："查出来，看是谁干的！"

我说："查不出来了。"

吴笛毫不犹豫地说："那就重交！"

吕一雄说："对，大家重交班费。"

我说："我不赞成重交，因为有同学家里经济条件很不好的，我赞成捐助，这样自愿捐助好一些。让林映霞感到班集体的温暖。当然，这钱不是捐助林映霞的，是捐助咱们班的。"

同学们都纷纷点头，嘴里不停地"嗯"着，表示赞成。

但我还是问："愿意捐助的同学请举手！"

很快有许多同学举起了手，渐渐地，每一个同学都举起了手。

我说："这么多善良的同学！我真高兴！如果林映霞还为昨天的事儿难过的话，今天看到一只只高举的手，应该感到，咱们班，有阴影，但更有光明，有令人寒心的地方，但更多的是温馨。是不是？对于李老师来说，同学们举起的这一只只手臂，让我想到了1984年秋天，我班彭艳阳丢菜票的事。"

我给大家讲了这个故事："24年前，李老师教第二个班的时候，我们那个班的班长，叫彭艳阳，有一次她来跟我说，她的菜票丢了，是课间十分钟丢的。那个时候的伙食费很低的，十多块钱就是一个月的伙食费。而她丢了五块钱，这五块钱就相当多了。怎么办？我准备找她的好朋友邱梅影和陈晓蕾发动全班同学捐助她,我把她俩找来问:'你们是彭艳阳的好朋友,她的菜票丢了,你们打算怎样安慰一下她呢?'这两位同学说:'李老师,我们正在发动全班同学捐助彭艳阳菜票。'原来她们和我想到一块了。丢失菜票,给彭艳阳带去了不愉快,或者说是一种伤害吧。说'不愉快'稍微轻了一些。但更多的同学给了她温暖。晚上的时候,彭艳阳拿着一叠菜票来找我,流着泪说:'李老师,我不能收这菜票!'我说:'同学们的心意,你怎么好拒绝呢?再说,你退给我,我又退给谁呢?'她说:'可我只丢了五元菜票,而这里有九元,多出了四元啊!'我说:'这四元很好办的,你把这四元放在你这儿,以后谁有困难就给他,让他不要还你。谁有困难就到他那儿去拿。爱的循环就这样开始了。'后来彭艳阳加倍地关心集体,她就总觉得同学对她太好了。她没有因为一次菜票的丢失就不好好对这个班,相反,她对更多的同学好。"

同学们都静静地听着。

我说:"二十四年过去了,现在彭艳阳已经三十五岁了,论年龄都可以做你们的妈妈了。也就是说,我的学生已经是两代人了,可是两代学生,却纯真依旧,善良依旧。你们的童心,一样透亮!我很欣慰,我很自豪!"

我又停了一下,说:"现在,我明确地告诉大家,同学们不用捐款了。李老师刚才提出这个问题,就是想检验一下你们的童心。这个事情已经水落石出了,已经查出来是谁干的了,钱也全部追回了。"

同学们再次吃惊,脸上都露出了欣慰的笑容。

我说:"我不打算讲细节。我只想说,经济损失是一点都没有了。如果说精神损失,林映霞还有一点心有余悸。但是我想现在已经没有了。做这件事情的同学,要用一生的时间来洗刷自己的耻辱。"

同学们开始东张西望,互相打量。

我说:"不要东张西望。李老师永远不会说这个秘密。我想这个同学此刻心里很惭愧。同学们,钱虽然找到了,但李老师的心并不平静,我也希望同学们的心也不要就此平静。我还要给你们讲个故事。十多年前,我在玉林中学教书,经常给同学们读小说,我给他们读过一个中篇小说,叫《在困难的日子里》。"

我提到了中篇小说《在困难的日子里》:"小说的副标题是'一九六一年记事'。作者路遥,已经去世了。小说写的是大饥荒年代,在没有战争的情况下，活活饿死成千上万人。路遥就写他的经历，以自己的亲身经历为题材写成了这篇小说。其中有这么一个情节，主人公马建强很饿，课间休息，走路都是摇摇晃晃的。干脆就趴在桌子上，趴在桌子上都眼花缭乱的。老师的讲解也听不进去，如果是语文课，他就会想到许多关于美食佳肴的诗文句子；如果是上化学课，他就会想到这些化学元素如何组成各种食物；如果是数学课，他就会想如何用最精确的方法，分配每一天极其有限的食物，以维持生命。"

我继续讲道："有一天傍晚，他摇摇晃晃地朝河边走去，然后躺在河边的草地上，突然他发现了一个铁盒子，打开一看，里面装着许多钱和粮票。他本能地想到用这些钱和粮票去买吃的。但他突然理智地问自己，这是你的吗？不是的！不是你的为什么要用呢？他立刻感到一种赤身裸体般的羞愧。这是书中的原句。他终于控制住了自己。同学们，你们看，马建强在那么困难的时候在生命都受到威胁的情况下，都坚守着做人的良知，坚决不要不属于自己的东西。"

我又说："这篇小说，我给我历届学生都读过。十多年前，我在玉林中学的时候，也给我的学生朗读。记得那一年，我读完这篇小说后，又给同学们读《悲惨世界》，我估计这本书有同学也读过。主人公冉·阿让，我不知道同学们读过没有。他的弟弟快饿死了，便偷了一块面包——也不叫偷吧，就被抓进监狱，被判刑。他身强力壮，数次越狱，又被抓回来，再加刑，结果累计坐了十九年牢。走出监狱的第一个晚上，住在米里哀主教的家里。他当初走进监狱的时候还是一个纯朴善良的人，现在出来却染上一身恶习。第一晚上住在米里哀主教的家里面，第二天走的时候却把人家的银器偷走了。别人对他那么好，他却做那样的事情。但一走出去就被警察抓住了，押回米里哀主教家。警察说，他偷了你的银器，我们给你送来了。米里哀主教平淡地说，哦，那银器是我送他的。就这么淡淡的一句，在冉·阿让的心中掀起了滔天巨浪。他完全没有想到主教会这么对他。米里哀主教盯着他，意味深长地说了一句话：'冉·阿让啊，我希望你永远做一个善良的人啊！'"

说到这里，我停了一下，说："昨天晚上，想到林映霞的钱不见了，我很难受。就把米里哀主教送给冉·阿让的这句话记起来了。一定要做一个善良的人。其实做人哪有那么多的道理可讲？不就是坚守良知吗？深山老林里没

238

有文化的老太太、老爷爷啊，培养出来的子女个个有出息，最根本的就是教他们要善良。我的《爱心与教育》里面写了一个学生叫宁玮，很善良的。她给我讲，爸爸妈妈都是农民，他们经常告诉她，伤天害理的事情千万别做。她说，就这么一句话管我一辈子。"

"好，接着讲冉·阿让的故事。"我继续说，"后来冉·阿让果真洗心革面，战胜自己。他出狱后，沙威警官一直在追踪他。这个沙威警官忠于职守，发誓一定要把冉·阿让缉拿归案。冉·阿让就假装跳海'死'了。他本来也很聪明，所以后来他化名为'马德兰'，通过艰苦的努力奋斗，成了一个市的市长。他用他的智慧，对这个市——用现在的话说，叫发展经济——做出了巨大贡献。深受当地市民的爱戴，可以说是德高望重。可是有一天，他在他的办公室突然听到一个消息，在远方，一个长相像他的老人，被沙威警官误以为是他而抓进监狱。你们说，这个事儿对冉·阿让是好事还是坏事？"

同学们都说："是坏事！"

"为什么是坏事呢？"我问。

高依依回答："因为这件事让冉·阿让的良心受到谴责。"

"对，你们说是坏事，这是站在冉·阿让的角度说的，或者说，你们和冉·阿让一样，有一颗善良的心。"我说，"那么，如果换一个人，他也许认为是好事，是不是啊？如果冉·阿让一直邪恶，他就会想，好啊，从此不是安全了吗？有人替我去坐牢，我不是安全了吗？永远摆脱了被人追踪，永远不会再做噩梦。但这时他的心里又掀起了波澜，他也在犹豫。他想，那个老人多不幸啊，怎么仅仅因为长得像我就要入狱呢？他想到法庭去自守，这样才能解救那老人。但又一想，不行，那样的话我一辈子都不能出来。如果真的去解救，现在所拥有的一切就没有了，迎接我的很可能是终身监禁，失去自由。可见冉·阿让也有犹豫、软弱的时候，这是人之常情。他又想，如果我不去自首，我可以在这儿继续做我的市长，继续造福我的市民，我一走，那损失不是更大吗？但他马上又推翻了自己这个想法：冉·阿让啊冉·阿让，你连一个无辜的人都不能解救，还谈得上为更多的人造福吗？这儿离开了我，还有人可以当市长嘛！他反复地犹豫。突然，他就想到米里哀主教说的一句话，你要做一个好人，一个善良的人。所以他毅然决然走向法庭自首。"

冉·阿让的故事打动了大家。

我继续说："当时，我给学生读到这里，忍不住评论说，任何一个人都有两个自我，这两个自我在不停地打架，在搏斗。比如冉·阿让在那一刻，心里也有两个冉·阿让在较量，最后高尚的冉·阿让战胜了卑下的冉·阿让。那么对于同学们来说，也一样，高尚的你和卑下的你，坚强的你和懦弱的你，勤奋的你和懒惰的你，诚实的你和撒谎的你，等等，随时都在打架。关键是哪个你获得了胜利！我们每一个同学都要有勇气战胜自己！当时，我不过是随便这么有感而发地说，但没有想到，我的这一番话却触动了班上一个同学的心。第二天，我来到办公室，我看见我的办公桌上有一个纸包。比较大的纸包。什么东西？我打开一看，十元的纸币，总共二十二张。纸包里还有一封信……"

那封信的内容是这样的——

李老师：

您好！

看到这封信您一定很奇怪，那么就请您慢慢往下看吧！

过去，我是一个非常卑鄙的人，但是我在老师和同学的眼里却是一个品德高尚的人。是的，同学们都认为我是好同学，老师也认为我是好学生，可是，他们哪里知道我这个公认的"可爱的人"，竟是一个小偷！

那是初一的时候，有一次班里收费，我观察到三小组的组长把本小组的钱放在了文具盒里，我心里十分高兴，认为一片肥肉就要到手了。第三节课下课了，同学们都要去操场做广播体操，我等同学们走得差不多了，就开始了自己的罪恶。我走到小组长的座位前，拿出文具盒，打开一看：里面有一叠10元的人民币！在那一瞬间，心灵中卑鄙的"我"战胜了高尚的"我"，便赶紧偷了那一叠人民币，匆匆下了楼。还好，没人发现！而且后来老师和同学们没有一个人怀疑我，因为我在老师同学心目中的印象一直很好。

那件事以后，我感到自己的心灵在很快地堕落。又接着偷了好几次钱。尽管每次都没人发现，但事后我总是心虚，很不好受。

李老师，您是一位好老师。每次听您在班上苦口婆心地对我们进行正面教育，经常对我们讲做人要诚实，要正直，我的心情总是难过到了极点。记得您给我们读了路遥的小说《在困难的日子里》，并对我们说："马建强在那么艰难的情况下，都决不要不属于自己的钱物，这是多么的可贵！"

当时，我真想来向您坦白我的罪恶，但实在是没有勇气啊！昨天，您给我们念《悲惨世界》时，教育我们要向冉·阿让学习，向过去的罪恶告别，做一个人格高尚的人。您在说这些的时候，并没有具体地批评谁，但我听了却总觉得是在敲打我可耻的心灵！

如果我不承认，别人也许不知道；但我就彻底堕落了。终于我决定鼓起勇气，承认我过去的偷盗行为；并且开了一张清单，写明我曾偷过的同学和所偷的金额，连同赔偿的220元钱，悄悄地放在了您的办公桌上。请您代我退给这些同学。

本来我应该彻底勇敢地找您当面谈，但请原谅我还缺乏冉·阿让那样的勇气。我非常感谢李老师在我危急的关头，把我从罪恶的深渊拯救了出来，为我以后的人生点燃了一盏明亮的灯！

我给同学们讲完这封信的内容后说："信的结尾署名是'一颗曾经失落的童心'，但我一看笔迹就知道是谁，我当时很感动这个同学主动承认错误的勇气。"

我感慨道："我有时候想，人为什么要长大呢？一长大，各种各样的问题就出来了。昨天我到初三（10）班去，这个班还是不错，我给他们讲，一定要保持一颗童心。不要随着年龄的增大，而丢失童心。再说那封信。我一看信的字就知道是谁写的。我把那个同学叫到办公室，对他说，李老师已经看了你的信，首先我要表扬你战胜了自己，并用行动改正错误。同时，我想征求你的意见，我打算匿名在班上宣读一下。他一开始有些犹豫。我说，这和具体的人没有多大的关系，我要表扬这种勇气。他终于点头同意了。后来我就在班上读这封信，同学们都很感动，并鼓掌向这位同学表示敬意。"

教室里依然是静静的，同学们依然在凝神听着我的话，后面坐着或站着的老师也依然在聚精会神地听着……

我转身再次指着黑板上的那一行字："你们看，人们从生活这同一源泉里却攫取了怎样不同的东西？"我说："现在同学们对这句话的理解一定会更加深刻了吧？从生活中攫取的不同东西，将决定'谁生活得更美好！'"我又指了指黑板上方写的小说题目。

我说："今天下午，李老师要去支教，去崇州灾区，给孩子上一堂课，给老师作一个讲座。我想，同样是学习，同样是生活，灾区的孩子们和我们有什么不一样？当然，环境不一样，老师不一样，条件不一样，但不同的条件下，只要我们都善良，我们就会有共同的欢乐。因为善良，所以美好！"

我说："今天是一个普通的日子，我给同学们上了这堂班会课，请同学们记住我今天说的话。我们还要一起走过两年多的时光，我们还会遇到困难和风浪。说实话，我把所有将在班上会出现的一些不好的现象，都看做是意料之中的。这样我会更从容一些。当然，我们的目光不要只盯着这三年。我希望我今天所说的一番话，对所有的同学的心灵都有所震动。要站在人生的高度，看待我们今天这堂课。再过十年二十年，如果我们有机会聚在一起的话，回想起这个班，回想起我们犯的错误，包括我们以后犯的错误。同学们会说，那不过是我们人生长河中的一个个小小的漩涡而已。不仅长江滚滚来，人生的河流会继续往前奔流，任何困难和错误都不能阻挡我们的成长和我们的进步！到了在座的各位同学七老八十的时候，回顾自己的一生，想到我们曾经所遭遇的困难、挫折，我们会想，那不过是人生旅途中的一段不太高、但比较陡的坡！包括这位同学，我相信这堂课他不会无动于衷。李老师永远不可能说他是谁。因为他发自内心承认了。谁不会犯错呢？李老师的手臂伤痕累累的，这是我小时候打架留下的。可见李老师小时候也不是个乖孩子，也犯过错误。人要善于宽容、谅解。同学们更不许去瞎想瞎猜，最后这位同学还是承认了错误，不然怎么能找到呢？从这个意义上说，他找回了自己失落的童心。我提议用掌声祝贺他的新生！"

掌声响了起来。

我一看，快下课了，便对同学们说："下面，同学们拿出两张纸，分别写几句话。第一张纸上写：这节课让你有什么感悟或收获？第二张纸写给李沛龙，给他安慰，让他好好养病。以后我们要记住，我们班每一个人的痛苦都是大家的痛苦，每一个人的欢乐都是大家的欢乐！请大家写完后交给刘老师。"

　　下课了，我把后面听课的老师召集在一起简单地说了说："班里出现失窃，属于突发事件，这种突发事件的出现是偶然的，但老师要善于把这偶然的事件变成必然的教育。其实，一开始我就没有把精力用在清查上，虽然后来还是清查出来了，但那实在是太偶然——对于这种事，清查不出来是正常的，查出来倒是一种意外，是偶然的。但还是那句话，教育则是必然的。做一个教师，一定要非常敏锐，要善于抓住一切机会对学生进行自然而然的教育。"

　　是的，班主任要善于把任何一次突发事件都当做一次教育的契机。

　　也许你还有一点不明白，明明李沛龙并未生病，是你为了"掩护"他而把他叫回去了，你为什么要让学生给他写"慰问信"呢？是的，李沛龙并未生病，但我让同学们给"病中的李沛龙"写慰问信不只是培养孩子们的爱心，更是想通过这种方式撞击李沛龙的心灵。第二天，他来学校后我特意请他到办公室，让他看了每一个同学给他写的温暖的话，他当场就流泪了。他说："同学们对我太好了，可是我却……"他的心灵顿时受到了折磨。我就是要这种效果！

　　但愿我这个案例对年轻的你有所借鉴。其实，每一个老师面临的问题不可能完全相同，但一些教育原则应该是一致的。班级发生失窃事件，我们一些班主任首先想到的是清查。当然，能够清查出来最好，但班主任毕竟不是专业侦破人员，要准确地查出"行窃者"，难度相当大；何况，还有不少法律忌讳（比如，不能随意搜查学生，等等），因此，要成功地侦破案件，不是一件容易的事，往往花费大量精力，却劳而无功。

　　因此，我每次遇到这种情况，从来没有把清查放在首位，当然，也会力所能及地进行一些调查，包括对学生的察言观色，但我不会把主要精力放在这上面。我的主要精力，会放在对整个集体的教育上。案件能够侦破，多少有些偶然因素。比如这次我班的失窃事件，其侦破成功，就带有相当的偶然性。但是，巧妙自然地抓住突然发生的失窃事件，对学生进行必然的教育，也就是说，把它当做一次教育契机，这最能体现出班主任的教育敏锐和教育智慧。

　　换句话说，发生了失窃事件，不能仅仅是教师对个别学生的较量和转化，更不仅仅是经济损失的挽回。而应该利用这一不期而遇的教育情景，是对全班进行自然而又入耳入脑、震撼人心的教育。

我相信，在面对一个又一个困难的不断地实践探索中，你也会拥有这样的教育智慧的。

2012 年 12 月 5 日

32. 如何把每一个"意外"都当做教育资源?

> 作为班主任要学会从容与冷静,这里的"从容"和"冷静"不是放任和不作为,而是善于从"意外"中发现、挖掘和利用其中蕴含的教育因素,将偶然的突发情况,变成必然的教育契机。

李老师:

您好!

虽然我是一个资历比较"老"的老师,我知道跟您相比,我的教学经验远远还不够,我说的"老"是因为从业已有十年有余,自认为什么学生都见过,但这次我带的班上却接二连三发生了很多"意外"。这些"意外"当然都不是什么好事,相反让我很是头痛。请原谅我不能将"意外"的具体内容透露给您,但我想您一定知道。给您提笔写信的目的就是看看您有没有"绝招"帮我解决这些意外,或者您可以将通常您应对"意外"时是怎么做的告诉我,我也好心里有个底。

你说你班上开学不久就出现了很多"意外"情况,让你焦头烂额。我理解你说的"意外"情况,可能就是指一些没遇到过的特殊学生,或者说突发事件,是吗?

其实,任何班主任都会遇到"意外"的,高明的班主任总是把一切"意外"都当做意料之中的情况。因为对年轻老师来说,所谓"成长",就是面对一个个不断出现的新情况而探索解决办法的过程。所谓"教育智慧"、"教育艺术"等等,都是在一次次面对意外情况中摸索积累出来的。因此,每当你遇到意外情况了,就要告诉自己:成长的机会又来了!

在我多年的班主任工作经历中,我有一个基本的理念,就是班主任要善于把每一个意外都当做教育资源（或者说"教育机会"）。年轻时刚当班主任，也曾因一些意想不到的困难而着急。但在经历了许多次的磨练之后，我慢慢学会了从容，学会了冷静。这里的"从容"和"冷静"不是放任和不作为，而是善于从"意外"中发现、挖掘和利用其中蕴含的教育因素，将偶然的突发情况，变成必然的教育契机。

十多年前的一个下午，放学后的同学们正在搞大扫除。而我正在办公室批改学生的作文。《班规》刚刚正式实施，我已经不再过问诸如清洁卫生之类的具体事务了：有生活委员吴玲带领着同学们搞卫生，我还用得着操心吗？

其实，所谓"带领"，不过就是同学们按《班规》上的分工自己干自己的一份活儿而已；然后，每个学生必须由吴玲一一检查合格之后才能离去。

但没想到，那天却出现了"意外情况"——

吴玲走进了我的办公室，她眼睛哭得红红的，脸上还挂着泪花。陪她一起来的还有戈云、罗苒、汪舸、解煊等同学。

我问："发生什么事了？"

吴玲低着头，好像不愿说。戈云等同学好像比吴玲还要气愤，便纷纷七嘴八舌向我诉说起来……

原来，刚才在检查卫生时，负责打扫讲桌的柳叶急着要吴玲先给她检查。吴玲看到讲桌湿漉漉的，不好检查，便对她说："你用干布擦干，我再来检查。"

谁知，柳叶一下子激动起来，用尖厉的声音叱责吴玲："我哪没擦干净？你说！你说！……"引得周围其他搞卫生的同学围了上来。

吴玲的眼泪一下子就涌了出来，她觉得委屈也觉得难过，但她实在不想与她的好朋友柳叶争执，便打算暂时离开一会儿。可是，柳叶却死死地拦在路当中，不让吴玲走过，还继续对她歇斯底里地大吼大叫。吴玲只好退回去从教室后门出去了。

吴玲一出教室就控制不住哭出了声，但想到还有同学正等着自己去检查，便擦干了眼泪又回到教室。

走到教室门口，正遇上柳叶气呼呼地走出来，柳叶用咄咄逼人的眼光盯着吴玲，"哼"了一声便扬长而去。

这时，同学们围上来告诉她：柳叶刚才竟用脏拖把在讲桌上乱抹乱舞！

吴玲听后很气,但还是将讲桌擦干净了。

戈云等同学都对柳叶的做法感到气愤,认为吴玲应该将此事告诉李老师,但吴玲却不愿意,她觉得自己能够按《班规》把这件事处理好,而没必要让李老师操心。

戈云说:"柳叶太不像话了,一定要让李老师知道,让李老师教育她!"

罗苒说:"就是嘛,你不要太软弱了,那样,更会被人欺侮。"

汪舸说:"走,我们和你一起去找李老师,我们给你作证!"

于是,在几个同学的"劫持"下,吴玲便来到了我的办公室……

面对这个突发情况,我一听就火了:这个柳叶,不认真搞卫生不是一次了!而且,这次竟在班上耍横,这还了得?于是,我一时冲动,便说:"我今晚就给柳叶家打电话,请她家长明天到学校一起教育柳叶!"

吴玲和几个同学离去后,我才觉得刚才我的话实在不妥:柳叶犯了错误,应由吴玲按《班规》有关规定处理;如果班上出了什么事都由我即兴决定处理,那不是典型的"人治"吗?

晚上,吴玲给我打电话: "李老师,我觉得您明天请柳叶的家长不怎么好。"

我很欣赏她能对我直言,便问:"为什么呢?"

"因为我们有《班规》呀!"吴玲说,"我刚才翻了翻《班规》,柳叶违反了第17条、第18条和第56条,可以按上面的规定处理。"

《班规》的第17条是:"按时按要求高质量完成所承担的清洁任务,违者扣操行分2分,并重做卫生。"第18条是:"大扫除时,必须一丝不苟地完成所承担的任务,并严格服从班委同学的管理,未经班委检查不得离去,更不能无故不搞卫生。违者自带扫把搞校园卫生。"第56条是:"不服从班干部管理甚至与班委同学顶撞,在全班做书面检查,扣操行分4分。"

我很高兴吴玲决定运用《班规》处理班务困难,便在电话里鼓励她:"好吧!这样,你暂时不要让柳叶知道你们告了她,然后,你明天自己去找她谈谈心,说服她根据《班规》上有关要求接受惩罚。"

"这……"吴玲有些犹豫,"她不听我的怎么办?"

我给她出主意:"先你一个人去找她谈,态度一定要温和,但原则一定要坚持。如果她又对你发脾气,你就请班长和你一起去找她谈。最后,实在不行，我再出面找她。"

第二天做完课间操时，吴玲鼓起勇气向柳叶走去……

也许是柳叶气消了以后意识到了自己的不对，也许是吴玲亲切的态度和温柔的话语感动了她，也许是对《班规》的心悦诚服，总之，结果是令人满意的：柳叶不但诚恳地在班上对吴玲公开道了歉，而且还心甘情愿按《班规》接受了惩罚。

中午吴玲很兴奋地找到我，说："通过这件事，我明白了什么叫依法治班。"她甚至有些得意，"这件事李老师几乎没有出面过问，而完全是由我自己处理的，看来我还是有一定工作能力的！"

周末，我特意就这几件事开了一个班会课。我谈了这件事的经过，然后表扬了两个人：一个是坚持原则的吴玲；一个是知错认错的柳叶。但是，无论是表扬吴玲，还是表扬柳叶，我都突出了《班规》的权威。

我说："最初柳叶不是冒犯了吴玲，而是违反了《班规》；吴玲坚持原则，也不是和柳叶过不去，而是严格执行《班规》。柳叶最终服从了班干部的管理，这不是服从哪一个人，而是服从集体意志的载体——《班规》。"

这是《班规》正式实施后第一次遇到的挑战，或者说是第一次遇到有同学公开不遵守班规，也是吴玲第一次严格依据《班规》去规范同学。吴玲在这个过程中，既锻炼了自己的工作能力，更维护了班规的尊严。

这个意外事件，最后让吴玲受到教育，那就是管理班级不能仅仅靠老师，更要靠《班规》，所谓干部的能力，就是《班规》的执行力；也让柳叶受到教育，《班规》的权威是至高无上的，热爱班集体，就应该严格遵守《班规》；更让全班同学都受到了一次教育，这就是《班规》面前，人人平等！而这个"一箭三雕"的教育效果，正是一次"突发事件"带来的。

上面我讲的是"意外"的事，下面我再讲一个"意外"的人。

2008年8月下旬新生报名的那一天，我发现一个女孩在妈妈的陪同下来到我面前。说实话，当时我吃了一惊，因为这女孩面部明显是被毁伤过，尽管创伤已经愈合，但看起来还是有些明显的疤痕。我估计这女孩一定有过一段不幸的遭遇，但当时我更多的是担心：这女孩今后三年可怎么过呀？如果因为她这副面孔而被同学嘲笑，或者说哪怕是被开玩笑，她的自尊心都将受到深深的刺伤。

用你的话来说，这个面部曾被损伤的女孩的出现，对我来说就是一个意外情况。但我当时没办法不接纳她；相反，我同时作为一个校长，更应该热情地欢迎她，她来到学校和班级的第一印象就是真诚而温暖。因为我没思想准备——我无论如何也想不到，报名第一天我会遇到这个特殊的女孩——至少在面容上她比较特殊，而且这个女孩还要在我班上生活三年，所以如何帮助她我一时还没想那么多。

但是有一点我很清晰，那就是既然这个女孩在我班上，那她就是我的一笔教育资源，因为她的某些特殊性，这份资源就成了我所独有的甚至不可多得的教育因素。比如，关于爱、尊重、坚强、自信等等品质的教育，都可以因为这女孩的存在而变得更加自然生动。

哦，我还忘记告诉你了，这女孩名叫"王露霖"——本来我应该用化名，但征得她同意之后，我还是决定写出她的真名。你不知道在这三年中，围绕她发生了许多充满教育意义的感人故事，后来她还上了中央电视台《小崔说事》节目呢！这是后话。

还是回到当初。报名那天见了王露霖之后，我就想，什么时候得找她谈谈，我主要想了解她究竟是怎么受的伤。这不是出于好奇，而是我想了解情况之后我对她的帮助和引导会更有分寸和针对性。但因为刚见面，彼此都还不熟悉，特别是我还不熟悉她的性格，所以我没有贸然找她谈心。但我在等待，等待着一个自然的机会，然后自然而然地和她谈心。

开学后的一个星期，我没找到机会和王露霖谈心，但我在班上有意识地对孩子们进行爱的教育。这个"教育"当然不能让孩子们感到突兀，而应该是自然而然的。

比如，结合入学教育，我给孩子们介绍我们学校的校训："让人们因我的存在而感到幸福！"又比如，结合书香班级的建设，我给孩子们推荐《爱的教育》，并给他们朗诵了其中的一些片段；再比如，我利用阅读课的机会，给他们读一些充满爱的文章，让他们明白人与人之间的平等与尊重的关系，是最美好的关系，等等。

我这些教育，从某种意义上说，都是一种铺垫——为可能出现的有关关心王露霖的教育而进行的准备；也是一种预防——防止可能出现的有同学对王露霖有意无意的伤害。

不能说没有王露霖我就不会给学生们进行爱与尊重的教育；但因为出现了一个叫"王露霖"的特殊女孩，对我来说，这些教育就显得更加必要而且更加主动。从这个意义上说，开学之初的这些教育，都是王露霖这个"意外"带来的。

我一直在等待着一个和王露霖自然而然谈心的机会。

那天，陈老师很着急地对我说："今天我在课堂上让学生分小组进行演讲，每个同学通过演讲向组内其他同学介绍自己。然后小组推出一名优胜者，明天上课代表本组同学在全班演讲。结果四小组推出的同学是王露霖。我不理解，这个小组为什么要把王露霖推出来？是王露霖真的讲得好吗，还是小组学生在搞恶作剧？如果明天王露霖上台后，同学们笑她怎么办？李老师，是不是先对同学们进行一下教育？"

我理解陈老师的担心，其实我也有这个担心。是呀，王露霖特殊的面孔一旦走上讲台，同学们会有怎样的反应呢？但我当时不可能在全班给同学们进行什么"教育"，那样的话，我的用意太明显了，无非就是要同学们明天不要笑话王露霖。这样的教育，尽管我是好心，可对王露霖来说，这种过度而明显的"关心"会不会对她却是一种尴尬？

但我决定当天放学后找王露霖谈谈心。我想，只要王露霖有足够强大的心理，那么无论第二天发生什么，她都能够承受和应对。

那天放学后，我对王露霖说："开学以来，我每天都要找同学聊天，主要是想了解一下同学们小学的学习生活，以及有什么需要我帮助的。"

这几句话显然是为了让我们的谈话显得更加自然，不让王露霖以为是我对她的特殊关照。果然，王露霖很自然地和我聊了起来。在谈话过程中，我感到王露霖比我想象的要开朗，而且她主动说她很喜欢上我的课，对我很信任。

我先问她小学读什么小学，小学的学习怎样，家住哪里，等等。她都一一作了回答。我又问她，到这个班感觉怎么样？她说很好。她特别强调同学们对她挺好。

我听了心里有些宽慰，想，看来开学以来我那些不动声色的教育还是有效果的。

想到她明天的演讲以及我的某种担心，我一直想正面告诉她正确对待自己面部的缺陷,但是我实在说不出口。这样直接的所谓"教育",很可能对她造成伤害。我便和她聊起了她的爱好和性格。渐渐地,王露霖和我聊得越来越轻松,她也无拘无束了。

我问她:"你觉得你有什么优点?"

她说:"我觉得我很开朗乐观。"

我问:"表现在哪些地方?"

她说:"小学时有同学嘲笑我的脸,我都不生气。"

她自己提到了自己的脸。那一刻,我太高兴了,因为这么自然地引出了我想问的话题。

我乘势问她的脸是怎么回事。她很坦然地告诉我,在她五岁的时候,因为一次偶然的事件,她的脸被烧伤了。我听着她讲被烧的经过,讲治疗的经过,听得很难受。听着听着我不忍心继续听,便打断她的话,问:"现在班上有没有人嘲笑你?"她说:"没有啊!同学们对我都挺好的。"我非常欣慰。同时想,在王露霖和同学的关系中,展示着爱、尊重、心灵美等因素。

那天我和她聊了很久很久,我讲到了人的尊严,讲到了人的精神世界,讲到一个人气质的美……便给她讲了《简爱》,并推荐她有机会找来读读。最后我祝她明天演讲成功。

这次谈话之后,我放心了。我坚信,第二天不管发生什么,王露霖都能正确对待。

第二天我特意来到班上听陈老师的课——其实,主要是想听王露霖演讲,同时,多年的教师经历让我有一种预感,或许课堂上会出现什么,我在现场便能够及时进行某些"干预"或者说"介入"。

在同学们热烈的掌声中,前面几个同学先后完成了各自的演讲。接着,便是第四组的代表王露霖上台了。同学们同样给她以热烈的掌声。

王露霖自信地看了看同学们,然后大方地开始了演讲——

同学们,大家好!

她刚说完第一句,同学们又鼓起了掌。我也和大家一起鼓掌,给王露霖加油。

王露霖继续开始她的演讲,她介绍了自己幽默的特点,还说自己很乐观,同时喜欢跳舞。说到乐观的时候,她特别提到小时候被烧伤毁容的不幸,但她表示自己很坚强，有几句话打动了大家："我常常告诉自己：外表并不重要，重要的是你有没有一颗美丽、健康、开放的心，更在于你是否自信！"

她讲的时候，全班同学没一个人嘲笑她，相反，每一双眼睛都饱含崇敬之情专注地看着她。那一刻，我无比感动。我的"教育资源"正在发挥作用——不是吗？如果我要对学生们进行励志教育，还用得着去找张海迪的事迹或古今中外其他什么"感人肺腑"的故事吗？不需要了，我们班有王露霖！

她的演讲刚　完，雷鸣般的掌声就响起了，而且持续了很久。这掌声让我非常感动。为王露霖，也为孩子们。我想说点什么，因为这正是教育学生的极好机会。但我克制了自己，因为现在还不是我发言的最佳时候，因为我此刻的"教育"不够自然。那么什么时候说呢？我在寻找时机。

所有同学都演讲完毕了，陈老师说："大家评评，你认为哪个同学讲得最好，请说出理由。"

机会到了，现在我不是在"教育"学生，而是在"回答"陈老师的提问。这是最自然的表达。我举起了右手。

陈老师说："李老师也要发言，好，请李老师说！"

同学们都笑了。

我站起来，说："刚才听了所有同学的演讲，我觉得讲得都很好。但是……"

我正准备脱口而出地说："我认为讲得最好的是王露霖同学！"但就在那一瞬间，我突然意识到，如果我这样说，那只是我一个人对王露霖的表扬，我应该把我这个表扬化为整个集体对王露霖的鼓励！于是，我临时变换了句式："但是，如果硬要说哪个同学讲得最好，那么，你们说，应该是谁呀？"

不出我的意料，全班同学一起大声喊："王——露——霖！"

"说得太好了！的确是王露霖。"我说，"我要把第一个喝彩献给王露霖，因为第一，她落落大方，声音洪亮，充满自信；第二，她讲的内容很具体，感情真诚，而且条理清晰；第三，最关键的是，她不因自己容颜被毁而自卑，而是勇敢地面对一切，勇敢地走上讲台。我们再次为王露霖同学喝彩！"

掌声再次响了起来。

我继续说："说实话，报名那天，我就发现了王露霖脸上的伤痕，当时我既担心她自卑，更担心同学们看不起她。但是从今天王露霖的演讲看，我的担心完全是多余的！刚才我说我的第一个喝彩献给王露霖，那么，现在我要说，我的第二个喝彩，要献给我们的同学们！昨天王露霖对我说，同学们对她很好，她在我们班很快乐。我真是感动！今天王露霖在演讲的时候，同学们给她以掌声，这让我感到以前的担心真的是多余的！我们的同学太好了！我相信，未来三年，我们班上的每一个同学，都会是王露霖最真诚的朋友，大家说是不是呀？"

同学们一起大声回答："是！"

那一刻，我真是非常感动。孩子们不知不觉地和我一起在营造一种非常美好的氛围，不但温暖着王露霖，也温暖着教室里的每一个人！在这里，王露霖成了一个不自觉的教育者，以她的行动告诉其他同学什么叫做自尊、自强、自信！其他同学也成了不自觉的教育者，鼓励着鼓舞着王露霖继续她虽然曾经不幸但现在和未来依然美好的人生！只有我是一个自觉的教育者，默默地欣赏着眼前的一幕。不，我也是受教育者，被我的学生教育着，感染着。

我感谢王露霖给了我这么一个丰富的教育资源和自然的教育契机。

下课之后，我请王露霖把演讲稿给我，然后又将这演讲稿印发给了全班同学，让王露霖的演讲稿成为"二次教育"的资源——

　　我叫王露霖，今年12岁，毕业于成都市晋阳小学六年级三班。我是个快乐的女孩。

　　这就是我，一个幽默的女生。因为每当我和别人讲话，或聊天时，大家听完我的话几乎都会笑，我也觉得挺逗的，和我在一起的同学，都会发现我的幽默与风趣，在我高兴时，说起话来更是搞笑，而他们每次像配合我似的，也会捧腹大笑。

　　这就是我，一个乐观的女生。我可以说，我从来不看别人的眼光，不在乎别人怎么看自己。我的脸因为一次意外而被烧伤了毁容了，可我从不为此事而悲观沮丧，总是以乐观开朗的心去面对生活中的一切，带着一颗平常心过着每一天，这就是我，一个热爱街舞的女孩。我喜欢跳舞，我对舞蹈的热情比天高，比海深。以前学拉丁舞，现在开始学街舞。我在舞蹈中找到了快乐，找到了自信。

　　这就是我，一个愿意为同学服务的人。我热爱这个新的班集体，我希望在下周的班委选举中，同学们能够选我做文娱委员，我喜欢唱歌，也喜欢跳舞，我愿意用这个爱好给同学们带来快乐，给班级带来荣誉。

这就是我，和别人就是不一样，因为我快乐，我坚持，我自信……

王露霖的确感动了大家。在第二周的班委选举中，同学们果真把票投给了王露霖，王露霖如愿当选文娱委员。

接下来三年的日子里，围绕王露霖还发生了许多爱的故事——注意，这个爱不仅仅是同学们对王露霖的爱，也包括王露霖对整个集体的爱。作为一个成长中的女孩，王露霖当然也有缺点，但三年中，她和同学们和谐相处，彼此帮助，创作了一个个爱的故事。

初中毕业时，面对崔永元的访谈，王露霖讲述着自己的故事，讲述着同学们的故事，感动了崔永元。这些故事也随着《小崔说事》的播出，而感动了全国许多观众。

写到这里，我的心情依然激动。我的脑子萦绕一些凝聚着美好人性的词语：自强、尊重、平等、人道、善良、审美……

你看，一个意外出现的王露霖，不但为我提供了源源不断的教育资源和机会，也为我的教育带来这么多充满人性的诗意！

你仔细想想，你的身边有没有属于你的"王露霖"呢？

2012 年 12 月 11 日

33. 能够对学生用"兵法"吗?

> 教育离不开智慧,或者说,没有智慧的教育是空洞无力的教育;但比智慧更重要的是教育者心中的民主主义理想和人道主义情怀,而不是手中的"兵法"——因为我们面对的是成长中的孩子,而不是我们必须消灭的敌人。

亲爱的李老师:

您好。我是无奈之下给您写信的,我班上有一个学生非常调皮,抽烟喝酒打架,"坏事做尽",这个"问题"学生也是让各科老师都头疼的麻烦所在。同事知道我的烦恼后就给我介绍了一本万玮老师的《班主任兵法》,我也专心拜读,但读后却思考不断,老师跟学生相当于长辈跟晚辈,我们爱学生,真心希望他们能往优秀的一面发展,但用"兵法"却感觉我们面对的学生好像变成了敌人,因此,我也认为"兵法"用在学生身上,似有不妥之处,您觉得呢?

你说你正在读万玮老师的《班主任兵法》,觉得对学生用"兵法"好像不妥。想听听我的看法。

应该说,作为一本谈班主任智慧的书,《班主任兵法》是相当不错的。我多次给我校年轻老师推荐这本书。现在我办公室的书柜里,还有一本被许多老师读过的《班主任兵法》,里面有不同老师阅读时所留下的勾画圈点。

本书的作者万玮是我很欣赏并敬佩的老师,也是我的老朋友。大概八九年前,这本书中的内容还在我的教育论坛上陆续贴出的时候,我曾经在后面跟帖,除了对作者善于思考勇于创新精神的赞赏,还有不同观点的碰撞:"无论如何,用兵法来对付孩子是不妥的。"后来《班主任兵法》出版了,受到一线班主任的普遍欢迎。用这个书名未必是作者的初衷,可能更多的是出版社的"市场考虑"。

但为什么书名为"兵法"就会"市场"呢？显然，出版社是深谙目前不少班主任的种种浮躁心理，其中最突出的，就是这些老师对"兵法"的迷信。

实际上，在万玮那里，所谓"兵法"之说只是一种形象的比喻——比喻的是班主任的方法、技巧甚至"绝招"。在《班主任兵法》一书中，有许多精彩的案例的确展现了万玮老师班主任工作中种种有效的招数，这些招数背后就是万玮老师对学生的爱——遗憾的是，好多老师眼睛只盯着前者，而忽略了后者。有一次，我当面对万玮老师说过不能把方法放到第一位，第一位应该还是爱。万玮老师说："我同意你的观点，实际上我的想法和你是一样的。"

尽管只是比喻，但我依然不同意"兵法"的说法。最近我又看到《班主任兵法》的发行广告把万玮老师说成"班主任中的军事家"——这一称谓显然源于"兵法"一说。尽管所谓"军事家"也是比喻，但类似的说法无疑会给一些年轻老师一种误导，好像教育就是军事；那谁是敌人呢？当然就是学生了。

当然，我知道没有哪个老师会在思想上真的把学生当敌人，但因为是"军事"，是"兵法"，潜意识里自然会把学生视为敌对面，并希望在行动上战而胜之。

多年来，我们习惯于把一切（经济、文化、教育等）都视为军事行动。比如"钢铁元帅升帐"、"新长征突击队"、"大兵团作战"、"大会战"、"打一场……歼灭战"（或"人民战争"）、"占领高地"、"卫生战线"、"教育战线"……现在，连班主任工作都有了"兵法"之说，优秀的班主任都可以称之为"军事家"，是不是这种思维在教育上不自觉的体现呢？

把自己的工作"军事化"，意味着把工作对象视为需要战胜甚至消灭的敌人，同时为了目的可以不择手段。在战场上，两军对垒，狭路相逢，"不择手段"必需的，因为面对杀红了眼的敌人，不是你吃掉我，就是我吃掉你。战场上的敌我双方是不可能也不应该讲什么"民主"与"人性"的。书生气十足，感情用事，只会被对方吃掉。但教育不能这样。兵法只能用于对付敌人，不能用来对付学生。因为学生是教育、培养、转化、感染的对象，而不是消灭的对象。我当然知道，"班主任兵法"并非是说班主任要把学生从肉体上消灭，但这种说法，在观念上首先就把学生放在了敌对面。我不能不说，这与现代教育应有的尊重、信任、平等、民主观念实在相差太远。

我想到网上流传的"老师小薯条搞定抽烟学生"的一个著名段子——面对死不承认吸烟的学生，老师让他吃薯条，以此来观察学生的习惯性动作，进而判断其是否吸烟。比如老师问："吸烟吗？"学生说："不吸。"老师便递上一根薯条说："吃根薯条吧！"男生习惯性伸出两根手指夹着接过薯条，于是"原形毕露"；如果学生很小心地用手掌接薯条，老师会问："不蘸点番茄酱吗？"学生一不小心蘸多了，赶紧用手指弹了弹薯条，又"露馅"了；如果男生蘸番茄酱恰到好处，圆满地吃完薯条，老师又问："不给同学带根薯条回去吗？"学生会自然地接过薯条夹在耳朵上，结果可想而知……

在这里，班主任无疑是很有"兵法"的：不动声色，含而不露，欲擒故纵，声东击西，兵不厌诈……对此，也许一些年轻班主任会推崇不已。但我看到这段子，则不寒而栗：明明已经知道学生吸烟了，却不正面教育，而是猫玩老鼠式地把学生戏弄了又戏弄，胸有成竹地让学生一次次难堪，最后笑眯眯地看着学生一次次出丑，最后乖乖地束手就擒。教育到了这步田地，太可怕了，太可怕了！老谋深算与浑然不知，精心策划与猝不及防，居高临下与狼狈不堪——这是世故的成人与幼稚的少年之间不对称的较量，胜负早在较量之前就定了。

面对违反学生守则的孩子——是的，不管怎样，他还是孩子，为什么不开诚布公地和他谈心呢？教师可能怕他不承认，怕他狡辩，于是便设计"请君入瓮"。孤立地看，这个教师很有"成效"，因为他让学生不知不觉就暴露了自己的恶习；但这是我们充满爱心、充满尊重、充满人性的教育吗？当教师得到了犯错误学生最后"不得不承认其错误"这个"战果"（这个词和"兵法"十分匹配）的时候，教师付出的代价是什么？或者说，我们教育失去了什么？

曾经在和一些老师讨论这个话题时，有老师说："您太认真了吧？这里的'兵法'指的是教育转化学生的技巧，是破解难题的具体方法。"其实，我深知班主任日常工作的繁琐，更理解班主任们每天所面临的种种令人头疼的问题学生与应付种种足以让人气急败坏的突发事件——从某种意义上说，这往往是班主任日常工作的常态。所以，班主任渴求各种高招的心情是很自然的，因为班主任本身就应该拥有"十八般武艺"。但我还是认为，技巧也好，方法也好，都不是孤立的，都必须与教育者的教育思想、教育情感相联系，如果我们在思想深处把教育当做"战斗"，把教育的过程当做算计学生、征服学生、战胜学生的过程，其间充满计谋甚至权术，什么"瓮中捉鳖"、什么"以毒攻毒"，还有"游击战"、"阵地战"……恕我直言，这样的教育太可怕了。因为当我们玩弄学生于股掌之中最后"大获全胜"的时候，"人"已经失落了。

是的，教育者不可能不讲智慧，这里的"智慧"就包括了技巧与方法，但技巧和方法绝不是"兵法"。教育智慧饱含着民主的思想，散发着人性的芬芳。教育有时候甚至离不开善意的"欺骗"与必要的惩罚，但即使是所谓"欺骗"与惩罚，出发点依然是对孩子的爱与尊重。如果说教育方法是"术"，那么教育思想就是"道"。离开了"道"，所谓"术"的功效是有限的，有时候甚至是苍白的。对教育来说，爱、民主、尊重、信任……永远是最根本的"道"。只有教育之"道"，才能赋予具体的"术"以生命。而且我还要强调的是，"道"是普遍的——科学的教育理念古今中外都是相通的，而"术"是特殊的——任何有效的方法都是因时而异、因地而异、因事而异、因人而异的。班主任工作乃至整个教育，首先是发自内心对学生的爱和现代民主思想，方法、技巧从来都是第二位的，而且这些方法与技巧从来都是在特定条件下才有效，绝没有"放之四海而皆准"的什么"万能钥匙"。

很遗憾，我们现在不少年轻老师，一说到班主任工作，想到的就是如何把班级"搞定"，如何把学生"摆平"，至于潜移默化地感化与影响，持之以恒的涵养与熏陶，对不起，没那闲心，没那工夫！所以，才有诸如《和家长过招》、《班主任工作招招鲜》等"兵法类"书籍的应运而生。但我依然认为，把教育仅仅看成是"术"，看成是"谋略"，看成是"兵法"，这样的教育是走不远的。

网友"江南明月客"说得好："作为班主任，还是当以修道为首，提升自身的人格魅力与学问修养，这才是育人的不竭之源；只注重术的追求，哪怕技巧练到了炉火纯青，最终会让自己变得很小，挖空心思如侦探如间谍般对待学生，只讲奏效，不讲策略，教育自然失去了人性。"

教育，首先是出自良知。面对正在成长中的孩子，你忍心用权术与兵法吗？有良知的班主任，面对孩子层出不穷的问题或屡教不改的缺点，他会难过，更会可怜，这是一种悲天悯人的心痛与惋惜。在具体的教育过程中，他当然也会生气，甚至严厉批评学生；他更会讲究教育艺术，甚至运用一些策略，但伴随整个教育过程的，是老师那颗温暖柔软的心——他永远会善待学生，信任学生，尊重学生，而不是想方设法地算计学生，"制服"学生，"战胜"学生。

如果一定要"中庸"地说，"正确"的表述应该是——教育既需要情感，也需要技巧，不可片面地强调一方而忽略另一方，厚此薄彼。但是，从来就没有孤零零的"恰到好处"、"不偏不倚"、"半斤八两"，人们往往是有所偏重同时有所失落。因此通常情况下，一个时代所强调的，总是那个时代所缺乏的。那么我们现在的教育，究竟是缺乏技巧呢，还是缺乏情感？如果是前者，那现在多谈谈"兵法"是没错的。但我认为，从总体上说，我们现在的教育，爱与民主不是多了，而是少了。例子不用我多举。

作为有三十年教龄的老班主任，我的教训（年轻时候的我曾经多次打学生甚至曾经施计"诱敌深入"、"围而歼之"）与经验（拙著《爱心与教育》中的万同与《心灵写诗》中的陈鑫，都是被我充满民主精神的教育情感与智慧逐步转化的），让我有资格也有底气说——

教育离不开智慧，或者说，没有智慧的教育是空洞无力的教育；但比智慧更重要的是教育者心中的民主主义理想和人道主义情怀，而不是手中的"兵法"——因为我们面对的是成长中的孩子，而不是我们必须消灭的敌人。

《班主任兵法》完全可以继续读。我依然认为这是一本谈教育方法与技巧的好书，不然我不会给我校年轻班主任推荐的。只是每次推荐我都要提醒："任何教育方法、技巧，都必须有科学的教育思想和充沛的教育情感作为背景，才会有效。"我想，作者万玮老师是会同意我这个说法的。

我想，你也会同意我的观点的，是吗？

2011 年 10 月 19 日

34. 教育可不可以要惩罚？

> 教育不能没有惩罚，但惩罚不是体罚，而且我们提倡的"教育惩罚"应该充满现代民主精神。

尊敬的李老师：

您好，我想与您简单地讨论一下教育应不应该有惩罚的因素。我身边的同事一半支持一半反对。反对的老师希望用爱去教育学生，希望学生在爱中成长，学会做人的道理。而支持惩罚教育的老师却希望当学生犯错之后，采取带有惩罚性质的严厉方式，比如学生迟到后罚打扫卫生等等。支持的老师说通过惩罚能够让学生长记性，同样的错误不会再犯。而反对惩罚的老师却说惩罚学生无疑是加重学生肩上的负担……对此您怎么看？

你提的这个问题，是许多老师在教育中经常遇到的难题。

但在我看来，这根本就不应该是个问题。

是的，真正的教育首先是充满情感的教育。在学校，任何形式的体罚都必须根绝，因为离开了对学生的爱与尊重，就谈不上任何教育。

然而，科学而成功的教育却不能没有惩罚。

长期以来，有的教师在这个问题上存在误区。他们认为既然是"教育"，就总是"和颜悦色"、"润物细无声"、"循循善诱"；值得一提的是，有些"教育专家"也常常这样"高屋建瓴"而又"语重心长"地教诲每天和学生打交道的一线教师：要"说服教育"，要多"谈心"，要多"讲道理"，要"感化"，"不能发火"呀……

但许多老师显然还没有修炼到面对错综复杂的教育难题，特别是面对具体的违纪学生时能够"面不改色心不跳"的程度，他们——包括笔者实在做不到呀！于是，有人讥讽这些"专家"："您说得太好了！那我把我的学生交给您，您来试试吧！"

应该说，"教育"本身就包含有惩罚的因素。教育，不仅意味着提高人的道德水平和知识能力水平，同时意味着按文明社会与他人交往的准则规范人的行为，即通常所说的"养成教育"。这种"养成教育"，带有某种强制性——这种养成良好文明习惯的"强制性"与我们现在反对的思想专制不是一回事。作为社会人，不遵循起码的公共规则与秩序是很难与人交往的。同时，在一个集体中，一个人违纪必然妨碍其他更多的人学习。这样，为了尊重多数人学习的权利，有时不得不暂时"剥夺"个别人的学习权利——也就是说，必须予以必要的惩罚。

什么是"惩罚"？我理解的"教育惩罚"，是对不良行为的一种强制性纠正。这既可以体现在精神上，也可以体现在行为上。前者如扣操行分或纪律处分（警告、记过等等），对严重影响课堂秩序的学生甚至可以请出教室让学生反思其过（对所谓"请出教室"我认为要具体问题具体分析，不好简单肯定或否定）；后者是某些过失补偿性行为（比如做卫生不认真而罚其重做等等）。这些惩罚与尊重学生并不矛盾，正如著名教育家马卡连柯所说："确定整个惩罚制度的基本原则，就是要尽可能多地尊重一个人，也要尽可能多地要求他。"

但我要说明的是，不管怎样的教育惩罚，都不能是体罚。有的朋友不理解我的这个观点，他们认为，既然是"惩罚"，怎么又不包括"体罚"呢？"体罚"不是"惩罚"的一种吗？

这又是一种误解。何为"惩罚"？"惩罚：严厉地处罚。"那什么叫"处罚"呢？"处罚：使犯错误或犯罪的人受到政治或经济上的损失而有所警戒。"而何为"体罚"呢？"体罚：用罚站、罚跪、打手心等方式来处罚儿童的错误教育方法。"（以上解释均摘自《现代汉语词典》）可见，"体罚"从词义上讲，是排除在"惩罚"之外的。只不过现在许多人一提到"惩罚"，总想到"体罚"，这是对"惩罚"一词在理解上的泛化。

我这里还要强调的是，科学的教育惩罚不仅仅是制止违纪现象的手段，而且还应该是有助于培养学生的民主意识与法治精神的途径。也就是说，教育惩罚不应该只是来自教育者，而应该来自学生集体意志。比如在我的班上，所有的惩罚都来自学生民主讨论最后无记名投票通过的《班规》，因此，这"惩罚"已不是来自教师的"铁腕"（如果这样，很容易导致教师不自觉的"专制倾向"），而是包括教师和学生在内的集体意愿。更重要的是，教育惩罚不能仅仅针对学生，同样应该针对教育者。也就是说，在一个集体中，班主任和学生都应该遵循共同的"规则"，而不能有任何凌驾于集体规则之上的特殊成员。在这里，教育惩罚充满了师生平等的法治精神。从教30余年，我当班主任就有20多年，我多次因不慎违规而被学生依据共同制定的《班规》惩罚。我觉得，这不是我有意要"严于律己"、"以身作则"，或者显示"打铁先要本身硬"；真正的民主教育，理应如此。

说到班规的制定，许多老师非常感兴趣。常常有不少老师来信索要我所带班的班规。其实，班规的具体内容完全是根据具体的班级情况而制定的，并不具有"普适性"。而引导学生自己制定班规，则应该是共通的原则。下面是我15年前的一篇教育手记，谈的就是我和我班学生关于教育惩罚的一次讨论——

课堂辩论：该不该要惩罚？

从1987年我第一次在班级实行民主管理以来，每接一个新班，我都要"从零开始"地引导新生制定《班规》。每一个班的学生情况不完全一样，所以，制定的《班规》中某些具体的条文也不完全一样，但是《班规》的"可行性"、"广泛性"、"互制性"的基本原则和民主、平等的基本精神却是完全一致的。

1997年9月，我调到成都石室中学，接手初2000级三班班主任，又开始在班上引导小同学们制定《班规》。这次，在要不要"惩罚"的问题上，学生中产生了不同的看法。

本来，这个问题在我实行民主管理之初就犹豫过，"惩罚"在教育中的确是个敏感的问题；但无数教育者的实践都证明，教育不能动辄惩罚，但离开了一定的惩罚，教育将是苍白无力的！

但我这个观点决不能强加给学生，关于《班规》中要不要惩罚，还是应通过讨论甚至辩论，由班上学生投票决定。而且，多年来我已养成了一个习惯：凡是自己在工作中遇到什么难题，我就将难题交给学生。因为我坚信，五六十颗大脑无论如何也比我这一颗大脑聪明！

于是，我利用一节班会课搞了一次讨论。在讨论中，赞成惩罚的学生（简称"赞成派"）与反对惩罚的学生（简称"反对派"）几乎势均力敌，谁也说服不了谁。这时，学生们都把目光投向我，让李老师来做最后裁决。

我毫不怀疑我在这些十一二岁的孩子们心中的权威地位，只要我说出我的意见，至少大多数人都会赞同。但是，我不能把自己的看法强加给孩子们，而还是应该在尊重他们的前提下引导他们。

恰好这时，崔涛同学发言了："我有一个建议，我们的《班规》暂时不要惩罚，试行一段时间看看。如果需要惩罚，我们再加进去。"

崔涛的建议，不但说出了我本来想说的话，而且赢得了多数人的同意，于是我说："还是那句老话，班集体是大家的，班上无论什么事都应大家商量着办。既然多数人都同意崔涛的建议，那这个问题就暂时这样定了吧！"

孩子毕竟是孩子，相当一部分学生的自觉性不可能很强，这就使班上有些时候的纪律不能得到保证。凡遇上违纪情况，我们都是按《班规》批评教育，但对一些学生显然力度不够。有一天上自习课，纪律很不好，班委招呼几次都不起作用。放学以后，班长向启找到我："李老师，看来不要惩罚是不行的。还是应该在《班规》里加上惩罚的内容。这样，纪律才有强制性。"

我说："好，我们再开一次班会课，就这个问题搞个辩论，怎么样？"

班会开始了，我让向启向全班总结了一下近期班上的纪律情况，然后在班上就"是否在《班规》中加上惩罚内容"举手表决。结果，"赞成派"显然人数大大增加，"反对派"的人数则要少得多。按理说，就凭这个表决结果此事便可定下来，但是我想通过辩论让每个人都来深入思考一下这个问题。

于是，我叫"赞成派"和"反对派"各坐一边，准备辩论。

先是邹冰代表"赞成派"发言："我认为，《班规》里应该有惩罚，因为最近一段时间班里的情况已经证明，没有惩罚是绝对不行的！"

"反对派"的林媛却站起来反驳："惩罚只能让违纪同学行动上受约束，而不能让他们真正心服。"

向启立刻站了起来："如果要让每一位违纪的同学都心服，是很难做到的，但是，我们的纪律决不能迁就这些同学！"

张扬从另一个角度谈了她的看法："李老师最近为我们读了《爱的教育》，书中的老师对学生从来不惩罚，因为他爱孩子，信任孩子。我想，我们班也不应该要惩罚，而也应有'爱的教育'！"

她的话音刚落，就有"赞成派"的同学反驳她："对违纪同学进行惩罚与爱的教育并不矛盾，惩罚也是一种教育。《爱的教育》中，那位一贯不守纪律的弗兰提最后不也被开除了吗？请问，这不就是一种非常严厉的惩罚吗？"

但"反对派"仍然据理力争："违纪的同学毕竟是少数，但如果《班规》里规定惩罚就是对多数同学而言，这公平吗？"

"赞成派"："对于多数遵守纪律的同学来说，根本不必担心惩罚。国家法律规定抢劫杀人就要劳改或枪毙，可杀人放火的毕竟也是极少数，请问这又公平不公平呢？"

"反对派"："我们不否认惩罚会让一些违纪同学有所收敛，但这同时也让人产生逆反心理。我们为什么不用说服和感化来让他们心服口服呢？"

"赞成派"："开学以来的班风已经证明，对少数同学来说，仅仅靠感化和说服是不起作用的。而且，我们在采用惩罚的同时，也可以继续对他们进行说服教育嘛！"

…………

同学们希望听听我的意见，我说："同学们的辩论很有意义。不管赞成惩罚的，还是反对惩罚的，都是在真诚关心我们班集体的建设。因此这场辩论的意义已不仅仅是决定是否'惩罚'，而更重要的意义在于同学们通过辩论已经不知不觉地在进行自我教育，在尝试着以班级主人的身份思考民主治班的问题了。至于对是否在《班规》中加进惩罚内容的问题，我个人的意见是，咱们再尝试一段时间的'无惩罚'《班规》。我相信通过今天的辩论，少数经常违纪的同学一定也受到了教育；我更相信他们已经在心里暗暗下决心改正自己的缺点了。咱们再试试不要惩罚吧！当然，如果多数同学都认为现在就非加进惩罚不可，我服从班上大多数人的意见。"

说实话，理智告诉我，对于没有良好行为习惯的学生来说，应该通过纪律惩罚强制性地让他们养成良好习惯；但感情告诉我，如果不要惩罚就能让每一个人具有良好的纪律风貌，那多好啊！

最后，同学们举手表决，多数同学赞成暂时维持现状，过一段时间，再根据情况修改《班规》。

但下课以后，班上特别调皮的学生却找到我："李老师，我们要求《班规》有惩罚，不然，我们老是控制不住自己。如果我们想到违反了纪律将受到惩罚，可能会随时提醒自己遵守纪律的。"

这些一贯违纪的学生居然要求惩罚，实在令我高兴。但我仍然对他们说："刚才班上已通过，我怎么能随便改变呢？不过，你们愿意接受惩罚，这说明你们有着强烈的改正缺点的愿望。希望你们随时提醒自己做一个守纪律的同学。"

我对教育中的惩罚是这样看的，第一，教育不能没有惩罚，或者说惩罚也是教育的一种方式；第二，惩罚不一定是体罚，对学生任何形式的体罚都是应该反对并禁止的；第三，教育中的惩罚最好是学生自己对自己的惩罚，这样带有自我约束色彩的惩罚实际上是学生自我教育的一种形式，我认为应该提倡。

这场辩论刚刚过去不久，现在我班的《班规》仍然是没有惩罚的。不过，我想，如果过一段时间绝大多数学生感到非要惩罚不可了，那么，被惩罚的同学就不会感到自己的受罚是老师、同学和自己过不去，而是自己和班集体过不去，甚至是自己和自己过不去。

我和学生们都等待着下一次班会的集体裁决……

实际上，后来根据实际情况，班上绝大多数同学都赞成必须在班规中加进有关"惩罚"的内容——当然也包括对老师犯错误后的惩罚。

我再强调一遍，教育不能没有惩罚，但惩罚不是体罚，而且我们提倡的"教育惩罚"应该充满现代民主精神。这样的"教育惩罚"使民主精神真正深入学生心灵：学生与班主任享有一样的权利，班主任与学生具有同等的义务。在这样的机制中，学生开始尝试着自我教育与民主管理的实践，切身体验着集体与个人、民主与法制、纪律与自由、权利与义务、自尊与尊他的对立统一关系，潜移默化地感受着同学之间、师生之间尊严与人格的平等。这样的教育惩罚，实际上是让学生在实践中受到民主精神、法治（注意，不仅仅是"法制"）观念、平等意识、独立人格的启蒙教育——而这正是面向未来的现代教育所应该包含的基本要义。

听了我说的这些，你现在认为教育中可不可以要惩罚呢？

2012 年 12 月 5 日

第五辑

教师的尊严源于何处

教育，这个特殊的职业，让我们不得不放弃许多必须放弃的，而坚守一些必须坚守的。坚守的防线，就是我们的良心。

35. 班干部应该取消吗？

> 班干部是学生利益的代表者，是集体意志的体现者，维护班干部纯正的本质，关键是让班干部与任何名利脱钩。让教育回归纯净，要从改革班干部制度开始。

李老师：

您好！

我是一所普通小学的老师，前一阵子我读了一篇郑渊洁写的文章，文章这样说道："小学生干部制度是培养汉奸的做法"，对此我产生了一些烦恼，马上就要开学，新学期又会重新对班干部进行选举工作，在此之际，我很想问问您，班干部的设立到底有没有必要，是否如郑渊洁所说的，"班干部"会对学生的未来造成不良的影响。作为老师的我，又如何去对班干部进行有效的引导，以此来端正他们的人生观与价值观，使他们避免成为一个"汉奸"。

你说你最近读到"童话大王"郑渊洁关于"小学生干部制度是培养汉奸"的说法，"不敢苟同"。你想听听我对这个问题的看法。

郑渊洁是我真心喜爱并敬重的作家。他的成长与成功的经历从某种意义上说，是对现行教育体制的讽刺——不能设想，如果郑渊洁按传统的小学——中学——大学的模式与程序接受"教育"，他不可能成为现在的"童话大王"。或者直接一点说，正是因为他没有经受各种名为"培养"实为摧残的"教育"，他的灵气、天赋、想象力、创造力才得以原生态地保留下来。因此，他对现行教育弊端的许多批评，往往一针见血。

但坦率地讲，最近郑渊洁关于"小学生干部制度是培养汉奸"的说法，我是不同意的。我理解郑渊洁的激愤心情，也理解他说这话的具体指向——

他可能是想说，现在的班干部制度，往往培养了许多小人。但把"汉奸"二字加在中小学生头上，有点过分。什么叫"汉奸"？我没查词典，但凭一般人的理解，所谓"汉奸"应该是指出卖民族利益的人。就算小干部们有这样或那样的不足和问题，恐怕也很难说他们"出卖"了什么"民族利益"。一些教师的确也存在着素质低下甚至师德恶劣的情况，但要说他们是在有意"培养汉奸"，这话恐怕难以让人信服。应该说，无论小学老师还是小学生，绝大多数还是单纯的，没有郑渊洁想象的那么复杂世故，更没有那么阴暗与邪恶。我还相信，千千万万的小朋友担负起班干部责任时，心底是善良、纯真与神圣的。对此，我不想过多论证。把"汉奸"二字强加在万万千千小朋友头上，很难让我想象，这是热爱儿童的郑渊洁所说的话。

当然，目前中小学的学生干部制度的确是有问题的，从小学、中学到大学，学段越高，问题越严重。最近有人说"大学学生会是藏污纳垢的地方"，语言有些极端，但基本意思我是同意的。在这方面我多少有些感受，我的不少学生考上大学后来看我，都谈到了大学学生干部种种不正常现象。我女儿高中以后基本不再担任班干部，到了大学更是毫无兴趣，因为她对一些学生干部赤裸裸的功利心很是鄙夷。

社会问题不能简单归咎于教育，但教育的确是有问题的。其中，学生干部制度与班干部培养的确值得我们好好反思。

议论最多的是关于打"小报告"的问题。其实我倒认为，小干部们给老师反映情况，不一定有什么阴暗心理，相反孩子们给老师"反映情况"时，心中是充满正义感的。只是如果教师总是依赖小干部们"汇报情况"来了解班级动向，同时对小干部们的"及时汇报"总是予以鼓励并给予种种"好处"，久而久之，孩子们便养成了"告密"的习惯和能力，其纯洁的人品往往就是从这里开始被玷污的。

在我的班上，我从来都反对学生干部给我打小报告。我总是对学生干部说，遇到同学违纪，你们应该当面批评，自己学会应对处理，而不应该动辄给老师反映。当然，如果班里发生重大违纪事件，面对老师的调查，你们应该直言。需要说明的是，我的调查从来都是在班上公开进行，让犯错误的同学自己承认错误，只有在极少数情况下，才会出现同学们公开站起来当面批评违纪同学的情况——而这，显然不是打"小报告"了。

若班干部真的成了班主任的"卧底"、"眼线",或是在其他同学面前趾高气扬,颐指气使,而且掌握有决定同学荣辱的权力,并因此获得继续"进步"的机会或评优选先的"优先权",那么,班干部制度真的就是在培养不折不扣的小人,这将是我们教育的悲哀。

顺便说说,我当校长第一天给老师们讲话时,特别强调:"我这个校长,坚决反对任何老师到我这里来打小报告。看到同事有什么问题,当面指出。要当君子,不要当小人。"

1997 年,我曾在拙著《走进心灵》中这样写道——

在中国传统文化中,最腐朽也最发达的内容之一,便是"告密文化"!历代封建统治者,为了维持自己的统治,都要豢养一批给自己打小报告的小人。这是人治社会必然产生的现象。这种"告密文化"登峰造极的时代,便是那至今让每一个中国人不堪回首的"无产阶级文化大革命":父子之间、母女之间、夫妻之间、恋人之间……演绎了多少"大义灭亲",人间悲剧、人性悲剧啊!发展到最后,无密可告干脆自告其密——所谓"向组织交心"!

这样的悲剧当然不能再重演了。可如果我们在教育中自觉不自觉地鼓励或者只是默认学生打小报告,谁又能保证在 21 世纪能够不再重演这样的悲剧呢?

十多年过去了,我至今依然坚守"决不培养和纵容告密者"的底线,无论是当班主任,还是做校长。

还有人主张取消班干部,这是不现实的,也是不应该的。只要有人群有团体,总有服务的需求,也就总有担任服务的人。班干部就是服务者。这点很重要。班主任要设法强化班干部的服务意识,淡化管理功能。让孩子们确立"干部就是服务"的认识,干部不是管理者而是服务者。这样的服务者不应该由少数人垄断,而应该提倡彼此轮流服务。因此,我刚参加工作的 80 年代,我班上的班干部就是轮流担任,班委干部一学期换一次,加上小组长、课代表之类的职务,三年下来,所有学生都有专职服务的机会。另外,每届班干部都必须选举产生,已担任过班干部的同学没有候选资格,这样能够保证尽可能多的孩子担任班干部。我反复对班干部说："你们不是我任命的，是同学们选的。你们首先是同学们的代表，包括代表同学们监督我，而不是我的所谓得力助手。"让一套民主机制，保证学生干部不成为权力的代名词甚至腐败的苗子。

经常看到一些人批评"人人当班干部"，他们对学校的"班干部泛滥"表示忧虑，认为这样是在助长学生"官本位"的思想。恕我直言，这种忧虑源于忧虑者本人对"官"的传统认识。是的，长期以来，在相当一部分中国人心目中，"官"就是"管"，"当官"就是"管人"——哪怕是一个小组长或科代表都成了权力的标志，身份的象征，而不少孩子的纯洁的童心正是在所谓"追求进步"的过程中被逐渐玷污了。于是，人们一看到现在一个班居然绝大多数学生都有官可当，自然忧心忡忡。但是，让我们看看许多班级的"官"都是怎样的"官"呢？——除了有班长、学习委员、生活委员等，还有专门负责班级图书馆的馆长，专门管理班级报刊的"社长"以及专门负责关灯的管理员，专门负责保管粉笔的管理员，等等。他们无非是学生之间互相服务的召集人或组织者而已。

当然，"班长""馆长""社长"之类的具体称呼是否妥当这另当别论，但这样的"官"所代表的更多的是一种责任，一种义务，一种权利（注意：不是权力），其核心内涵是"服务"。孩子们在"当官"（我也暂且借用这种很不准确的说法）的过程中体验的不是管人的乐趣、征服的快感和权力的满足，而是自主的欢乐，服务的幸福和创造的喜悦。因此，"人人有官当"，与其说是互相管理，不如说是互相服务。

苏霍姆林斯基说："真正的教育是自我教育。"学生的自我管理与自我服务，正蕴含着"自我教育"；同时，在一个集体中，绝大多数孩子都能拥有服务的权利与机会，这本身也体现了现代民主教育的精神。提高中国官员的素质，我看也应该从娃娃抓起。学生长大以后当然不一定都会当"官"，但从小当过公仆的学生长大后当了"官"更容易成为真正的"人民公仆"。

这些"官"与传统的班干部有一个十分重要的界限：他们不是老师的助手或傀儡，而是有着独立意识的服务者和创造者（虽然在服务与创造的过程中，正在成长的孩子们离不开教育者的指导，但他们绝不是教育者脑和手的延伸）。

　　在这里，我特别强调，有必要重新思考一下学生干部和班主任的关系。在传统观念中，学生干部就是班主任的左臂右膀，是班主任的耳目，是"亲信"。正是这种定位，导致了班干部品质玷污，人格受损。我认为，班干部是学生利益的代表者，是集体意志的体现者，通常情况下，他们代表学生和老师真诚合作共建良好的班集体；某些情况下，他们代表学生对老师进行监督评议；特殊情况下，他们作为学生权利的代表，和教师沟通、交涉甚至谈判。在我从教三十年中，学生通过制度通过规则，对我的教育教学进行监督评论，是一种常态。我和学生的关系从没因此而成为"仇敌"，相反我们因此而建立一种真诚、民主、平等的师生关系。

　　班干部之所以在家长眼中成了某种程度的"名利场"，是因为我们赋予班干部太多的"优惠"：评优获奖、升学加分以及各种"优先"等等。一旦沾上利益，任何本来非常单纯纯洁的服务岗位都会变质，都会诱发人性深处的恶，变得十分虚伪而肮脏。

　　因此，要维护班干部纯正的本质，关键是让班干部与任何名利脱钩。让教育回归纯净，从改革班干部制度开始。你说呢？

2011 年 12 月 23 日

36. 怎么理解"爱孩子"？

> 爱，远远不只是一种情感，它本身就包含着教育孩子的责任与智慧。

我很不喜欢听到评价一个老师的标准是"爱孩子"，我觉得如果一个老师对学生最后只剩下爱时，这个老师是无比可怜的，因为，孩子到学校来，不只是让老师爱的，更是为了变得聪明的。对弱小生命的呵护这是任何一个善良的人应该有的最基本的东西，更何况老师。不要把爱孩子当成一块遮羞布。

当时我正忙着出去，但你的话引起了我的兴趣，我觉得你说得似是而非，便随手评论了几句："孤立地看，你这话不但没错，而且还重申了一个常识：教育之爱是最最基本的前提，但并非教育本身。然而，我们现在之所以要夸一个老师爱孩子，是因为现在有不少老师缺乏爱。这是一种悲哀，我们夸老师，不是夸他有智慧，而是夸他爱孩子。就像我们夸一个餐馆师傅，不是因为他厨艺好，而是因为他不用地沟油。"

有老师很快在我的评论后问道："有能自觉抵制地沟油的厨师么？"我答："当然有。上周白岩松的节目就说到一位这样的师傅。"但我心里还在想着关于"爱孩子"的话题。我隐隐觉得，我匆匆忙忙中对你的评论也似是而非的。是的，我们社会对人的评价标准越来越低，把本来应该做到的作为非凡之举来大肆表扬，比如，某官员或某政府部门受到表彰，竟然是因为没有接受红包便被授予"廉政楷模"。这的确是很可悲的。但今天所讨论的教育之爱，似乎还不能和这相提并论。

后来你回我："问李老师好！您说得对，现在把前提和常识当成要强调的标准实在是让人感到悲哀的事。我之所以这样说，是因为常有人说我很爱学生，我不喜欢这个评语。我希望我不只是爱学生，呵呵！"

终于想到问题的关键所在了：如何理解教育中的"爱"？或者说，"爱孩子"意味着什么？

我今天愿意和你讨论讨论。

你说："孩子到学校来，不只是让老师爱的，更是为了变得聪明的。""常有人说我很爱学生，我不喜欢这个评语。"从这些话看，你理解的爱，只是一种情感，而与专业技能无关，与教育智慧无关。

可是，真正的爱只是一种深藏于心或仅仅停留于口头的情感吗？

一个小伙子爱上了一位姑娘，可他仅仅是不停地表白"我是多么爱你呀"，却无法让姑娘幸福，这能说是真正的爱吗？一位母亲爱孩子，却无法让孩子健康成长，这能说是"爱孩子"吗？你所爱的人，不是你的玩偶，不是你的抒情对象，而是你责任的载体，也就是说，爱首先是一种责任——热恋中的情人之间，彼此让对方幸福；爱孩子的母亲，不会把爱挂在嘴上，而是想方设法让孩子健康成长，这份责任就是母爱本身。而实现这份责任，显然需要能力，需要智慧，需要持之以恒的毅力。

可见，仅仅把"爱孩子"理解为脱离了责任与智慧的一种"情感"，仅仅是"对弱小生命的呵护"，这是不全面的。如果这样狭隘地理解，自然会"很不喜欢听到评价一个老师的标准是'爱孩子'"，因为在这样的老师看来，爱只是空洞的言行——给孩子微笑呀，摸摸孩子的小脑袋呀，和孩子一起玩呀等等，甚至是掩饰自己无能的"遮羞布"而已。

但是，我要特别强调的是——爱，远远不只是一种情感，它本身就包含着教育孩子的责任与智慧。如果这样全面地理解爱，那么用"爱孩子"来评价一个老师，这个标准是不低的。

你连孩子都教不好，无论你课余和孩子怎样打成一片，怎么和学生称兄道弟，统统没用！上课一塌糊涂，成绩惨不忍睹，面对困难学生一筹莫展，遇到突发事件束手无策——你有什么资格说你"爱孩子"？当然，你别误会，我说的不是你。

尽管我刚才说过，爱不仅仅是一种情感，但我认为，在目前人与人之间的关系日益冷漠，日益物质化功利化的今天，强调一下师爱的纯真情感还是有必要的。我相信，之所以现在我们还会夸一个老师"爱孩子"，就是因为现在不爱孩子的老师恐怕不是个别。的确有这样的老师，他本来就不想当老师，由于种种无奈，迫不得已走上了讲台，可他心里是一百个不痛快，见了孩子就烦，你还让他爱孩子，这不是与虎谋皮吗？爱孩子，在有些老师那里属于常识，属于不言而喻的起码前提，可在另一些人眼里就是"苛求"了。在这种情况下，鼓励并表扬老师爱孩子，还是有必要的，尤其是对年轻老师。

苏联教育家阿莫纳什维利在其《孩子们，你们好》中这样深情地写道："谁爱儿童的叽叽喳喳声，谁就愿意从事教育工作；而谁爱儿童的叽叽喳喳声已经爱得入迷，谁就能获得自己职业的幸福。"这段话中，前半句说的是教育的前提条件，因为热爱，所以从事教育；后半句说的是教育的过程体验，因为入迷，所以收获幸福。你看，在这里，爱孩子，既是教育职业的基本条件——从事教育工作，又是教育事业的最高境界——获得人生幸福。

当然，教育之爱决不止于情感，它还包含着责任与能力。真正的爱，必然包含着智慧。写到这里，我想到了十多年前，我去拜访我尊敬的于漪老师。在谈到教育现状时，于漪老师说："还是要爱孩子。爱，是第一位的。对孩子的爱，能够使一个老师变得聪明起来。"这句话给我留下的印象太深刻了，因为这句话，准确地揭示了爱与智慧之间不可分割的联系："对孩子的爱，能够使一个老师变得聪明起来。"不是吗？因为爱孩子，你就得想方设法对他们好！怎么才是对他们好呢？那当然是让他们在你身边体格有增强，品德有长进，知识有收获，能力有提升……怎么才能做到这一切呢？那就面对一个个的具体问题研究呀，面对一个个具体的学生琢磨呀！这么不停地实践，不停地探索，老师必然经验日渐积累，智慧日渐丰富，这不就变得聪明起来了吗？而这一切的源头，不正是因为"爱孩子"吗？如此一来，你还敢轻看"爱孩子"这三个字吗？这三个字，既是起码要求，又是最高境界，说起来容易，做起来可不那么简单。如果说，"爱孩子"是我们最初踏上讲台时的承诺，那么要兑现这三个字，需要我们一生去践行！

回顾我三十年来的教育经历，对"爱孩子"有了更深刻的理解。当初大学毕业的我，在教育理论和教育智慧方面一贫如洗，什么"教育艺术"之类对我来说更是遥不可及。我有的只是一颗真诚的童心，和满腔理想的热血。好，有童心和理想就够了。不说是教育理论、教育智慧、教育艺术就不重要，而是因为真诚的爱，会驱使我主动读书、反思、研究、实践……这一切都基于一个朴素的想法：我不能辜负孩子们对我的爱，我得想方设法让他们在我班上的三年里有快乐，有收获，有故事，有成长，要给他们的未来留下三年充满人性的温馨记忆。所以，便有了"未来班"，有了"青春期悄悄话"，有了班级民主管理，有了语文人格教育……三十年后，我对陶行知和苏霍姆林斯基教育思想方面有些创造性的实践，在语文教育和班主任工作方面有了一些富有成效的探索，出版了四十多本著作。这一切，简单地说，都是"爱的馈赠"——对孩子的爱，和孩子对我的爱。

我想到了苏霍姆林斯基的不朽名作《我把整个心灵献给孩子》前言中的几句话。教育家这样深情地写道："在一所农村学校身不离校地工作 32 年，这对我是无与伦比的幸福。我把自己的一生献给了孩子们，所以考虑很久之后给这本书题名叫《把整个心灵献给孩子》。我认为，我是有权这样做的……我生活中什么是最重要的呢？我可以毫不犹疑地回答说：爱孩子。"

在这里，"爱孩子"三个字，是何等的厚重！

你说是吗？

2012 年 6 月 24 日

37. 把学生培养得太善良了，他们以后会不会吃亏呢？

> 在学生从幼年、童年、少年到青年的成长过程中，我们应该给他们的心田依次播下三粒人生的种子："善良"、"正直"和"机智"。

李老师：

很冒昧地在这个时间给您写信，但有些问题困扰我跟我同事良久，迟迟不能化解。我们刚送走了一批毕业生，接下来又将迎接新的带班里程，可现在随着时间推移也让我跟我的同事在如何培养学生的心理品质上产生了分歧。在我同事看来，他认为教育学生应当以"善良"为主，而我却担心如果将学生培养得很善良，当他们走到社会上后会吃亏。而我转念一想，难道我们不需要善良的教育么，孩子的未来如果不是由"善良"的元素构成，那祖国的未来又将是怎样的面目。我被这个问题困扰已久，期待李老师能给我解答。

你的来信说："担心把学生培养得太善良，他们以后走上社会会吃亏。"但你又很纠结："难道我们不需要善良教育了吗？"你的"担心"让我感到了某种悲哀。当然，这不是你的悲哀，而是社会的悲哀——善良，本来是一个人最基本的品质，是毋庸置疑的道德信念，现在却成了教育的某种担心，担心善良成为学生日后"吃亏"的原因。可见这个社会在某些方面已经沉沦到了何种程度！

我想到我的年轻时代，想到我刚工作的时候，那时我倒没有担心过，但不少人为我担心。他们觉得我给学生读《爱的教育》、读《青春万岁》等小说，是一种"纯而又纯的玫瑰色教育"，而我们的社会并非都是玫瑰色的；他们担心我的学生以后"不能适应社会"，于是善意地提醒我"教育，还是要现实一点"。实际上，以今天的眼光看，和现在相比，80 年代的社会风气那是比较纯净的。

不光是有成年人对我的教育表示担心，甚至有学生在毕业的时候，也曾这样问过我——我当然知道，这不过是他们的爸爸妈妈的担心而已："你这样培养我们，以后能适应社会吗？"

当时我很是迷惑。我当然没有底气说："我培养的善良学生，今后不可能在社会吃亏！"那时我刚参加工作，学生也还没毕业，我还没有有社会经历的学生为我证明"善良不吃亏"。我只是想，难道因为社会风气不好，为了让学生不吃亏，我就要向他们赤裸裸地传授种种抛弃善良、有悖良心的所谓"生存之道"吗？我无论如何也不能培养"野兽"啊！

现在，三十余年过去了，我早年的学生已经是爸爸妈妈了。他们每一个人都在向我证明：善良不吃亏！因此我也有底气告诉你：善良不吃亏！

去年 11 月 13 日，中央电视台《小崔说事》播出了关于我和我学生的故事。节目中，我现在的一名学生应崔永元的请求，唱了我们的班歌《唱着歌儿向未来》："蓝天高，雁飞来，青青松树排成排。我们携手又并肩，唱着歌儿向未来……"这是三十年前，著名作曲家谷建芬老师特意为我的未来班谱的班歌。我的历届学生都唱这首歌。节目播出后，我的博客上出现了这样一段留言——

　　我是李镇西老师 1984 届未来班的一员，昨日含泪看完了《小崔说事》，未来班的班歌还在传唱，未来班的精神还在发扬。这是老师给我们的精神财富。记得当时毕业时有同学问李老师："你这样培养出来的我们能不能适应社会？"现在我以我的经历现身回答：是的，我是适应社会的，而且如同老师所希望的那样——正直、勤奋、向上。我做到了。

我读了这段留言，泪水立刻蓄满了眼眶，因为"正直"、"勤奋"正是未来班当年的班训。我想到了当年不少人的担心和他们对我的"提醒"。后来我知道了这段留言的作者叫"李志英"，是我教的第一个班的一位女生。李志英当时在班上就正直善良，后来曾经教过中专，现在在广州工作，从事财务工作。去年 12 月，我去广州讲学，把她请到现场听我的报告，我在报告中讲了她的故事，也展示了她当年写的班歌歌词的手稿。我对所有听报告的老师说到了当年有人对我善良教育的担心，我自豪地说："现在，我的学生已经长大，他们以自己的人生阅历证明了善良的生命力是不可战胜的！"

不久前，在给马来西亚教育同行作报告时，一位马来西亚华人教师提问道："我们的社会并非处处都是善良的人，我们需不需要给孩子传授'防人之心不可无'的观念？"

我的回答是："当然要教给学生一些生活智慧，但这是相对的；而教给学生以善良的品质，这是绝对的！"

我给他们讲了我的学生宁玮的故事。宁玮是我班1990年毕业的一个女孩。当年高考她差几分而落榜。作为农村学生的她，走上了打工之路。先是到北京的餐馆打工，我那年去北京时，她请我吃饭，我看到墙上的表扬簿里全是顾客对她的赞美。

有一次两名喝醉酒的顾客打斗起来，其中一人扔烟灰缸狠狠砸对方，宁玮为了保护顾客，挺身而出，结果鼻梁被烟灰缸砸中，不得不回到老家养伤，自然花了许多钱。有人说当时应该索赔，但宁玮说："我哪里会让他们赔？我只是想让他们别打了。"也有人说她傻，但宁玮说："人不应该只考虑自己，还得考虑别人。"

后来她又在好几个地方打工。因为善良，她每到一地都被人尊敬，也都遇到好人。她曾经在某商场打工时，因为善良和勤奋，更因为工作业绩的出色，老总任命她为经理，结果许多员工不满意，说我们都是大学生研究生，凭什么她作为一个高中生就能当经理。老总说，请问你们哪一个人像宁玮一样受到每一个顾客的称赞？几年后，她主动辞去了这份工作，后来回到成都自己开小餐馆，专门给民工们做饭。因为她的善良——冬天，宁玮甚至经常义务给民工们烧洗脚水，让劳累了一天的民工们能够烫烫脚。民工朋友们对她都非常尊敬。每年过年后，老顾客们都会给宁玮带些年货来，表示感谢。

宁玮如此善良，收获了许多幸福。当然，二十多年来，她也遇到过坏人。有一年，她的小餐馆经常来一个地痞流氓，要收"保护费"，就是敲诈钱。开始宁玮不给，但他老来，为了息事宁人，有一次宁玮给了他两千元。但几天后一个晚上，他又来了，态度非常凶恶，到店里来滋事骚扰。店里的小工和他争执，叫他出去，但他依然很嚣张，小工忍无可忍，就给了他一刀，将他刺成重伤。公安局已经把小工拘留了。

当时宁玮给我打电话说这事，我给她联系律师，律师也是我的学生，是宁玮的同班同学，我说："宁玮的餐馆出事了，她这么善良，你们一定要帮她。"后来这事解决了，宁玮不负法律责任。她便回到老家继续开餐馆。现在，又是几年过去了，宁玮在老家县城开一家饭馆，因为她的善良，生意很好。她曾请我去她的餐馆吃饭，我去了。看到她现在满脸的幸福，我很是欣慰。

由你担心善良会让学生吃亏，我想到了我的学生宁玮等。我在想，其实"吃亏"与否，关键是看你追求什么？同样一件事，在一些人看来"吃亏"了，在另一些人看却谈不上"吃亏"。宁玮认为，生活的幸福就是朴素恬淡地过好每一天，就是以自己的善良赢得别人的尊重。这怎么叫"吃亏"呢？当然，对于有些投机钻营的人来说，每一步都要算计是否"吃亏"，这样的人随时都在斤斤计较得失，为了目的，有时候甚至不择手段，这样他们永远不会幸福。当然，他们也谈不上真正的善良。

必要的生活智慧是需要教给学生的，因为社会毕竟不是真空，尤其是在当前我们的社会风气不太好，人与人之间的关系的确还不够纯净，教给孩子们一些智慧是完全必要的。但这不是放弃善良的理由。

今天的世界与过去相比，有了很大的不同。日新月异的科技发展和经济增长，正改变着人类的生活方式，并推动着世界的前进。然而，战争、强权、仇恨、暴力……依然给这个世界制造着一个又一个新的灾难。每天打开电视，我们几乎都可以看到这样的画面——无数无辜的儿童流着眼泪的眼睛正渴望着爱。历史已经证明并正在继续证明着，物质文明的发展，并不一定必然带来人类精神生活的幸福。

中国改革开放30多年了，我们的确取得了许多令人瞩目的辉煌成就，但我们社会某些事件同样"令人瞩目"：一名中国著名大学的高材生，居然出于"好奇"的心理，把一瓶浓硫酸泼向黑熊的脸；一群刚进入青春期的男孩，放学路上看到一个比自己小的女孩，一时性起，便将可怜而无助的女孩"玩儿"了；一个十几岁的少年，因为奶奶不愿意给他进网吧打电子游戏的钱，竟然勒死了自己的奶奶……

如果说这些事件都还算是"恶性案件"的话，那么对于更多的不属于

"案件"但同样令人心寒的事件，我们可能已经习以为常了：2003年11月5日，成都市都江堰中兴镇老桥桥头，一名弱女子深夜遭遇歹徒追杀，发出撕心裂肺的呼救，整条大街的居民听到了呼救，却无人开门制止；惟一还开着门的店主居然马上拉下了卷帘门。这名女子最后在绝望中被暴徒殴打致死！2004年4月，云南省红河哈尼族彝族自治州个旧市绿水河发生了一起特大交通事故，造成3人死亡，18人轻重伤。几个因车祸受伤严重的农民，因无钱而被医生拒之门外，只好被人送回家用草药包扎……

其实，真正让人心寒的还不是这些特别"抢眼球"的新闻，而是我们每天都参与其中的某些日常生活细节：公共汽车上，颤巍巍的老人用求助的眼神搜寻着座位，可周围座位上的年轻人偏偏稳坐如山；一位老人突发心脏病而倒在街头，来来往往的行人却熟视无睹，最后孤独的老人在冷漠中停止了呼吸；在小区大院，看着迎面走来的邻居，我们双方都已经不会点头微笑，而早已习惯于擦肩而过了；看着正拉着板车吃力上坡的劳动者，我们已经伸不出一双有力的手帮他推一推；一个讨要工资不成的民工愤而跳楼，下面成百上千的围观者（可能也包括我们）麻木而开心地看着热闹……

现在有的教育者认为，对孩子的教育不能太"柔软"，不能太"善良"，而应该培养学生的"狼性"，教给他们与市场经济社会生活相适应的种种"生存技能"。他们认为，东方是"羊"的教育，培养的是温文尔雅、逆来顺受、安于现状的人；而西方是"狼"的教育，培养的是个性张扬、敢于挑战、不断超越的人。在物竞天择、适者生存的世界里，我们要对孩子们进行"狼"的教育，而不应是"羊"的教育。

对此我万万不敢苟同。教育当然应该教给学生生活技能与生存智慧，但首先应该给学生以人之为人的精神世界，而人的所有"精神"都必须以"人性"为最基本的底线——学校教育最重要的工作就是保持孩子善良和悲天悯人的天性，这对于一个人是否拥有终身幸福的精神生活是至关重要的。苏霍姆林斯基在其名著《帕夫雷什中学》中这样写道："为每一个人培养起善良、诚挚、同情心、助人精神以及对一切有生之物和美好事物的关切之情等品质，是学校教育基本的起码的目标。学校教育就要由此入手。"

所谓"西方是'狼'的教育"云云，实在是一种似是而非的说法。我爱给我的每一届学生推荐意大利作家亚米契斯的《爱的教育》，这是一部"爱的圣经"。作为一部西方的教育著作，本书提倡的恰恰不是"狼"的教育，当然也不简单是"羊"的教育，而是"人"的教育！正如人生的不同阶段有不同的幸福一样，教育的不同阶段同样有不同的主题。理想与现实，玫瑰与毒刺，美丽与邪恶，真诚与虚伪，热爱与憎恶……作为一个完整的人生，都是应该或拥有或经历或感受的，但对于成长于特定学段的孩子来说，是否都应该将这些一股脑儿全部展现给他们呢？不，我认为，对于某一年龄段的孩子来说，教育者只应该给他这个年龄最需要的东西。这是对人性的尊重。

我们和学生当然都不是生活在真空中。如何让孩子在灰暗甚至邪恶的环境中保持一份对真善美透明的信任？如何让孩子在追求真善美的历程中又能正视假恶丑的存在？如何让孩子在拥有善良天性的同时又具有坚韧不拔的生活勇气和化险为夷的生存智慧？这是我在 30 多年的教育历程中苦苦探索的课题。我现在的结论是：在学生从幼年、童年、少年到青年的成长过程中，我们应该给他们的心田依次播下三粒人生的种子："善良"、"正直"和"机智"。善良是一切美德的根本，由此萌生出正直——憎恶一切毁灭善良的罪恶，而与罪恶抗争，则必须有一颗机智的心。注意，我这里说的是"依次播下"，就是说，对不同年龄不同学段学生的教育，必须有不同的重点主题。而任何一个主题的错位，都可能产生教育的遗憾进而给学生的人生带来遗憾。

善良，是心灵的鲜花；这鲜花的种子应该在孩子童年时候就播撒到他们的精神原野上。我相信，你会同意我的观点的。当然，重要的不是我们对爱的观点，而是爱的教育——愿我们一起践行吧！

2012 年 11 月 30 日

38. 如何面对家长的送礼？

> 教育，这个特殊的职业，让我们不得不放弃许多必须放弃的，而坚守一些必须坚守的。坚守的防线，就是我们的良心。

李老师：

教师节临近，在这里我先预祝您教师节快乐。虽然教师节是作为老师的我们的节日，但烦恼与忧愁同时都来了。我这么说也是因为有原因的，昨天我的办公桌上就出现了一篮子水果。这还算好的，因为我进学校之前看到有家长在塞"红包"给我同事。我跟我学生的家长几番声明不要送礼，可她们还是会继续送。我想李老师肯定也有这样的经历，但我想知道您是怎么打消家长送礼的念头的呢？

教师节前，你的烦恼是如何看待家长的送礼。我真为你的烦恼而感动！因为现在不少老师不但已经习惯于家长送礼，而且或者说甚至还盼着家长送礼呢！

最近媒体都在说教师节送礼的事，说许多中小学学生家长每到教师节就犯愁：给不给老师送礼？不送吧，如果别的孩子家长都送而自己不送，那孩子会不会吃亏呢？送吧，可又送多重的礼呢？过于贵重，心疼；太轻，又拿不出手——那还不如不送呢！

真是为难这些家长了！

报上还说了一个家长的真实经历。这位家长去年给孩子的班主任送了一盒茶叶——茶叶嘛，老师不至于拒绝；但这不是一般的茶叶，因为家长在茶叶里藏了 2000 元钱。送给老师后，家长不安了：老师会不会以为就是茶叶而将其送人呢？好一段时间过去了，家长一点都没感觉到班主任老师对孩子有什么关照，越想越觉得这礼白送了，真冤！想起来就窝心。

读了这个故事，我也很难受。觉得自己也被什么东西玷污了。

一个中年男教师，在某县初中工作，非常优秀，无论其英语教学，还是班主任工作，都可以用"出色"来评价。我俩是非常好的朋友，他常常给我聊他的班主任工作，聊他和学生的故事，当然，也聊他的一些苦恼。

有一次他告诉我，他学校有一些老师收取家长钱物已经不再偷偷摸摸，能够收到家长的红包，竟然成了一些老师之间互相炫耀的话题。每年9月，办公室里老师之间就会互相问："这次教师节收获还大吧？""怎么样？你班的学生家长还算懂事吧？"我这个朋友听得难受。他还亲眼看见过这样的场面，一个"差生"又犯错误了，班主任将孩子叫来站在办公室"反思"，然后通知家长到学校来。母亲来了之后，把班主任叫到一边塞给一个红包，然后班主任训斥学生几句便让他回教室继续上课。就这么一个红包，家长就把事情"摆平"了。

这位老师告诉我："也有家长给我送这送那，还有家长请我吃饭，不是我有多高尚，而是我心理素质不好，总是心虚，不敢接受。这样也好，我心里踏实。但因为这点，我在同事中很是孤立，甚至还有人半开玩笑半认真地说我是'圣人'，甚至有人讥讽我'假正经'，'装什么装呢'。"

这个社会已经扭曲。什么时候我们的国家成这样了？我甚至想到自己从教三十年来是不是"亏"了。

当然我不会感觉自己"亏"了。三十年来我可以无愧地说，在和历届学生家长的关系上，我是清白的，是干净的。不是说我绝对就没收过家长的任何礼物——恐怕谁都不敢说绝对没收过礼物的。我收到过的不多的礼物无非就是水果呀茶叶之类的，最贵重的礼物是曾经有一位农村学生的父亲给我拎了一只鸡来。这位父亲为什么会给我送鸡呢？那是因为他女儿突发阑尾炎，我夜里将这女生背上在半山坡的医院，后来以女孩父亲的名义在手术单上签字。这位父亲感激不尽，所以给我拎一只自家养的鸡。

即使如此，我也通过各种方式巧妙地退给家长或"偿还"给我的学生。比如，为什么每一个学生的生日我都要给学生送礼？比如钢笔呀，书籍呀，等等，有的学生考上大学，我还送他被褥呀床单呀旅行箱之类，因为我想通过这种方式还债。这点，在我的《爱心与教育》上有很多故事。和历届家长相处久了，他们也就理解我了，再也不送我任何东西了。因为他记住了我的话："你们孩子对我的尊敬，你们对我的尊重，就是给我最厚重的礼物。"

现在在我的书房里，还珍藏着历届学生送我的各种礼物：有 20 世纪 80 年代学生送给我的自制书签，有 90 年代学生给我折的千纸鹤……这些纸制品的礼物已经发黄，但在我眼里，永远都是那么鲜艳。每次学生来看我，我都拿出他们当年送我的礼物展示，他们都说："李老师真是有心人，还保存着这些！"我说："那当然，这是你们的心啊！"后来我做了校长，很长时间依然担任班主任，而这时候的社会风气已经不比过去了，家长们根据心照不宣的潜规则也"跃跃欲试"，或者说叫"蠢蠢欲动"，都被我严肃制止了。所以，最近几年，连给我送水果茶叶的家长也没有了。但我知道他们对我是发自内心的尊敬。我曾对一些老师说："不要以为家长给你送东西是尊敬你，恰恰相反。他进门拜三拜，出门骂三代！"

我至今认为，绝不是所有老师都会收家长的钱物，我绝对相信不少老师一直坚守着良心，抵御着诱惑。我想对所有家长说：在这几乎一切感情都成了"工具"的时代，可能有的老师希望学生家长送礼，但是，这决不能代表所有老师的职业操守！更多的老师还是希望自己的职业纯净一些，希望老师和学生及其家长的交往纯粹一些。比如你这样还保持着纯真的教育情怀的年轻老师。

我还想到我特别敬重的王栋生（著名杂文家吴非的本名）老师。他从教几十年，硬是没有从家长手里接过任何礼物！他对我说："学生送我一瓶醋，我都不会收的！"正因为王老师把事情做得这么"绝"，他才可能写出那么多掷地有声的文字！胸怀坦荡，浩然正气，怕谁？

但是，却有一些老师已经钻进了钱眼儿，热衷于收取家长各种名目的钱物。我敢说，这样的老师还绝非个别。这种行为已经严重败坏了教师声誉，也把教师自己的尊严剥夺得干干净净。最可怕的，还不是这种现象的盛行，而是当事者和旁观者都认为这愈演愈烈的一切是正常的！我不止一次听一些老师这样说，也不止一次在网上见到这样的话："我们当老师收点礼算什么？比起那些贪官，我们算是干净的了！放过那些巨贪而揪住我们这些老师，简直就是欺负弱势群体！"

但是，当一个教师收下学生家长礼物的一刹那间，他的形象已经在家长心中坍塌了。一位家长曾经对我说过："我女儿小学时，我也很不情愿地给班主任送过红包。说实话，每次那位班主任收下我的红包时，我在心里骂道：孙子，你拿去花吧！"

三年前的9月4日，我第一次给刚刚接手的一个初一新生班的学生家长开家长会。我开诚布公地对学生的爸爸妈妈爷爷奶奶们说——

我希望我们建立君子之交。这里的"淡"，是"纯净"的意思。我希望在我教你们孩子期间，你们不要给我有任何"表示"，教师节要来了，我这个提醒不是多余的。

以前有的家长对我说："李老师，周末我们聚聚吧！"在现在的社会语言环境中，这里的"聚聚"显然不仅仅是"聚聚"，而是有丰富的含义，至少要在酒店吃一顿档次不低的饭。而我一不吸烟，二不喝酒，三不饮茶，我实在不喜欢这样的"聚聚"。

每当我拒绝的时候，这些家长就会说："啊呀，李老师，我们交个朋友还不行吗！"我说不行，现在我教着你的孩子，不便和你交朋友。如果你的孩子毕业后，你还要请我聚聚，还想和我交朋友，那我肯定会答应的，因为那时候你和我没有任何利益关系了。

去年我母亲患癌症住院，医院里一位主任知道后，对我母亲非常关照，他是我十年前教过的一个学生的家长，可以说，在我母亲住院的时间里，他对我母亲的关照无微不至。他对科室其他医生说，他是想以这种方式，表达他对李老师十年前教他女儿的感激！我知道后非常感动。

但是，现在你们的孩子在我班上，我不接受你们的任何"感谢"。请维护我清白的名声！我曾在教工大会上说，家长送礼的心情很复杂，有的是心甘情愿，有的未必，也有的家长"进门拜三拜，出门骂三代"！所以，还是"君子之交淡如水"好。

如果你们希望我冷落你的孩子，歧视你的孩子，虐待你的孩子，那你就尽管给我送礼，这样我就懂得你的"暗示"了：李老师，你千万不要对我的孩子好啊！相反，如果你尊重我，什么礼都不送，我也明白你的"暗示"了：李老师，一定要对我的孩子好！现在社会上有很多"潜规则"，什么都要勾兑，告诉大家：我是个不讲"潜规则"的人，我希望我们武侯实验中学能够是一块相对纯净的土地！

三年过去了，至今没有任何家长给我有哪怕是一丝的所谓"表示"。这是我的骄傲！

其实，1994 年教师节的那一天，我也向学生"索要"过"礼物"。这事写进了我的《走进心灵》——

1994 年 9 月开学不久，便迎来了又一个教师节，学校要求各班利用班会课举行庆祝活动。这天，我吩咐班干部在教室黑板上写了一行大字："教师节——献给老师的礼物！"

班会开始时，我笑着对大家说："今天是我的节日，所以，我想向同学们索取'礼物'。"学生们顿时笑了起来，显然是不相信我的话。可我却认真地继续说："在过去的高二学年里，由于李老师修养不好，再加上工作繁重，所以，我的工作越来越简单急躁，在各方面都存在许多问题。今天，我诚心诚意请同学们对我的工作提出意见。这对我来说，的确是最好不过的礼物啊！"

接着，我又拿出事先买好的钢笔、圆珠笔和铅笔："为了鼓励和感谢同学们，今天我来个'有奖征谏'——同学们可不要坐失良机啊！"

同学们又是一阵大笑，气氛开始活跃了。他们见我十分真诚，便也认真思考起来……

开头炮的是黄金涛："李老师，我们都记得，高一时您和我们没有师生界限，我们甚至可以对您直呼其名；可是到了高二，您越来越爱对我们发脾气，师生之间有了明显的心理距离。希望李老师能恢复高一时亲切的笑容！"

我走下讲台，来到黄金涛的面前，双手递给他一支钢笔："谢谢你的批评！"

班长吴冬妮站了起来："李老师，上学期班上的运动会的会徽设计，您没有征求同学们的意见！"

我略略回忆了那件事的经过，说："好吧，我接受班长的批评，今后班里的事儿多和大家商量。"说完，我送给她一支圆珠笔。

平时常挨我批评的郭坤仑也发言了："李老师有时太爱冲动。那次林川用脚狠狠踢教室门当然该挨批评，但您当时拍着桌子厉声斥责他，写了检讨又请家长，使林川事过很久还感到抬不起头。"

我同时拿起两支圆珠笔，一支递给郭坤仑："谢谢你的直率！"一支递给林川："请原谅李老师！"

提意见的学生越来越多了……

下课铃响了，我总结道："永远感谢同学们！愿在新的一学年，我们高95级1班的全体同学和我这个班主任精诚团结，同舟共济，共同创造明年7月的辉煌。"

回答我的，是一片雷鸣般的掌声！

一年后，学生们果然以出色的高考成绩为我班的历史画上了一个完美的叹号。离校之际，学生们来向我告别，他们送我一张同学们签名的尊师卡，我打开一看，里面有黄金涛代表全班写的一句话——

"镇西兄：血脉虽不相连，心灵永远沟通！"

我的历届学生已经给我太多太多，我哪里还需要家长送什么"礼"呢？

当然，我不需要家长送礼，但有时候个别家长出于某种"惯性"，仍然会给我有所表示。我当然不收的，但我也不会态度强硬地当面退回，我要给家长面子。那怎么退呢？

第一，我会巧妙地通过孩子的手，将礼物退给其父母。比如，有一年，有一位做服装生意的家长送我一套豪华睡衣，我表示感谢后收下了。第二天，我包装都没拆就交给她孩子，说："你妈妈托我的朋友在上海买的新款式，我朋友给我送来了，请你代我转交给你妈妈。"还有一次，一位家长送我一瓶酒，第二天我用报纸包好，交给他的孩子，说："这是你爸爸托我找熟人买的药酒，请你代我给你爸爸。"

第二，我会设法用在孩子身上。一次我生病出院后，有个住校孩子的家长送我一篮鸡蛋，我直说"谢谢"收下了。从此以后，每天课间操，我都给他儿子煮一个熟鸡蛋给他吃："这是你爸爸托我给你煮的鸡蛋，快趁热吃了。"这孩子吃了一个月我煮的鸡蛋。

第三，有时候家长送的东西实在不方便退，也不便用在孩子身上，我便拿到班上去，让全班同学分享。一个来自农村的女生生病，父母不在身边，我替她父母照顾了这女生。后来女生的爸爸非常感动，给我送了一大筐橘子来。我也收下了，然后送到班上去，让全班同学吃。

我说的这些都是二十多年前当班主任时候的事了。到了后来，家长们都知道了我的性格，便不再给我送礼了。这样好，我心里踏实。而且自豪——我和家长真正是一种"君子之交"。

我相信你也能和家长保持一种"君子之交淡如水"的关系。其实，只要我们自己善良正直，家长们是能够感觉到的。俗话说："路遥知马力，日久见人心。"哪些老师是虚情假意地说"不收不收"而实际上却特别在乎家长是否送了礼，哪些老师真的是不希望家长送礼，家长们心里是很清楚的。

所以，你完全可以以自己的真诚赢得家长们的理解，你"失去"的是某些老师企盼的"送礼"，而收获的是家长还有孩子们对你由衷的信任和尊敬。

我知道有些老师对我这些话是不以为然的，但我坚信我的观点同时会赢得包括你在内的更多老师的共鸣。我越来越觉得教育是一种悲壮的坚守。在现行教育体制下，我们很多时候不得不在良知与现实之间进行艰难的抉择。教育，这个特殊的职业，让我们不得不放弃许多必须放弃的，而坚守一些必须坚守的。其实，现在中国许多学校的老师，每天都这样坚守着。坚守的防线，就是我们的良心。

当然，不是说家长给老师送礼都是出于违心，也不是说老师收礼都不应该。这里有一个界限：孩子还在你班上读书呢，还是孩子已经毕业？我们不少老师对学生真心付出，家长看在眼里，孩子毕业之后，还记着老师。家长在节日带着土特产去看孩子以前的老师，这种礼物最真诚！老师收下，也问心无愧。

班华教授就给我讲过一个小学老师的故事："有一次我和这位女教师一起在街上，刚好碰见她多年以前教过的一个学生的家长，这家长见了老师，非常激动，非要买一件礼物送给老师。这位家长说，孩子现在都参加工作了，还经常提到小学的班主任！"当时班华教授很有感慨，说："这位给老师送礼的家长，绝对是发自内心的真诚！"是的，这样真诚的礼物，比黄金还珍贵！

前不久，我去广州讲学。我 1990 年毕业的一个叫"杨嵩"的学生也来听我的报告。在报告中，我向老师们展示着我给历届学生照的老照片，包括当年我给杨嵩拍的照片。这些照片，见证了学生们的成长，也记录着我的幸福。

我回到成都，杨嵩便托他在成都的朋友给我送来一份礼物。我打开包装一看，吓我一跳：竟然是一部价值上万元的佳能相机！

我一下蒙了：这杨嵩怎么想到送我相机呢？这么贵重的东西，我又怎么能够收下呢？

我拨通了杨嵩的电话："杨嵩，你搞什么名堂？我今晚睡不着觉了，心理压力大呀！这么贵重的礼物，我怎么好意思收下。"

他说："李老师，昨天听了你的报告，看到那么多的老照片，我又回到了我的高中时代。但我知道你现在用的还是一个傻瓜相机，所以我就想给你买个好一点的相机……"

我说："哎呀，杨嵩，李老师虽然不是富翁，但买个相机是没问题的！"

他说："这是我的心意！李老师就不要客气了，这就是工具，我知道李老师一直喜欢给学生照相。我希望李老师用这相机拍出更多的教育的照片，为以后留更多的资料！这相机对你来说，最有用。李老师你就收下吧！"

我的确感动极了，心里真的想，以后我一定要拍出更多的校园照片，为学生留下更多有意义的镜头！

几天后，我用这相机拍了我校运动会上孩子们欢快的场面，然后发手机短信让杨嵩看看我用他送给我的相机拍的"作品"。

杨嵩的回信就五个字："宝剑赠英雄！"

杨嵩赠给我的这把"宝剑"，是我迄今为止收到的来自学生最贵重的一份礼物。但从某种意义上看，这份礼物是我的骄傲！

我相信，有一天你也会拥有这份骄傲。

2012 年 11 月 17 日

39. 教师的尊严源于何处？

> 教师是否有尊严取决于当教师的你是否有一颗高贵的心灵，它包含许多元素：厚实的学问、儒雅的修养、执着的理想、赤诚的爱心、纯洁的童真、丰富的智慧、宽阔的胸襟、凌云的气节、伟岸的风骨、朴素的良知、自由的精神。

李老师：

我去年从大学毕业，到写信为止，已经当了一年多的老师，有一次我坐出租车回家，跟司机聊天时我无意间说出自己是老师后，司机立马表现出不愿意跟我多交流的状态。我问其原因，她说最不喜欢的就是老师，觉得老师有愧为人师表这四个字。其实这样的情况还不止一次，随着做老师的年限增长，我越来越感觉到教师这个行业也越来越不被人尊敬，甚至可以说，已经没有尊严了。尊严还得靠实力支撑。没有钱就谈不上尊严！可是我知道当老师不可能成为富翁，那我的尊严在哪里？

你当老师一年多了，感到教师这个行业不受尊敬，远不如那些老板，你说："尊严还得靠实力支撑。没有钱就谈不上尊严！可是我知道当老师不可能成为富翁，那我的尊严在哪里？"

你的第一句话我赞成："尊严还得靠实力支撑。"但我俩理解的"实力"可能不一样——你认为"实力"是金钱；我认为，这里的"实力"包括金钱，但远远不止是金钱。随便给你举一个例子，我在四川师大读大学时的老师杜道生先生——著名的古汉语专家，今年101岁了，生活当然无忧，但比起你说的大款却只能算"清贫"；然而，不只是在四川师大，包括所有认识他的人，无不对他肃然起敬。他的尊严显然不是靠金钱，而靠的是人格与学识。

没查过词典，但我以为我对"尊严"一词的理解不会太离谱——所谓

"尊严"，通俗地说，是一种被人尊重的权利。既然是"权利"那就人人拥有，教师当然也不例外。但是，拥有权利和权利的实现是两码事。

一次在飞机上，和邻座一名医生闲聊。当他得知我是教师后，说："我俩的职业都有两个共同点——第一，都是和人打交道；第二，社会声誉都不佳。"我笑了，心想"都和人打交道"并不准确，我每天面对的"人"充满活力，你每天面对的"人"能和我比吗？但他说医生和教师的社会声誉都不佳，我是同意的。平时听听周围人的议论，打开报纸看看那些负面新闻，真是没几个说医生好老师好的。相反有人把医生、警察和老师相提并论比作不同的蛇——"白蛇"、"黑蛇"、"眼镜蛇"！这说法当然既片面又偏激，但这三类职业的社会声誉远不如过去，这是不争的事实。

可见，相当一部分（不是所有）教师和医生、警察一样，并没有获得普遍的社会尊重，虽然有被人尊重的权利但并不被人尊重，拥有的权利并没有广泛实现，因此谈不上"尊严"。尽管政府花了大量精力宣传"人民教师无上光荣"，还设立了"教师节"，但老百姓依然看不起一些老师。"尊重"是一种发自内心的情感倾向，是无法强迫的。

我想，一门职业要受人尊重至少有三个原因：政治地位，经济待遇，个人素养。且让我稍微回顾一下历史。民国时期我不了解，至少从我记事起，我就从我当老师的父母身上感觉到，教师这个行业并不是那么"令人自豪"。原因还是从我刚才说的三方面去找。

1949 年以后很长一段时间里，包括教师在内的知识分子被当做"改造对象"。"镇反"、"肃反"、"反右"……每一次政治运动，教师无一例外都会被冲击。到了"文革"，毛泽东公开宣布："资产阶级知识分子统治我们学校的现象再也不能继续下去了！"——这是毛泽东 1966 年 5 月 7 日致"林彪同志"的信（亦称"五七指示"）中的原话，小时候我可是背得滚瓜烂熟的——无论大学还是中学小学，教师队伍再次面临劫难：侮辱、批斗、殴打以至迫害致死的老师不计其数。成都市龙江路小学的特级教师袁丽华，因为不堪忍受曾经叫她"袁老师好"的天真无邪的孩子伴随着谩骂吐唾沫的批斗，而饮恨自尽，年仅 38 岁！在我少年的记忆中，我亲眼看见我的老师在被批斗时惨遭毒打，从台下向他砸去的一块石头击中他的头部，鲜血一下子从额头流下来，整个面部顷刻间成了鲜红！当然并不是每一位教师都被批被斗被毒打，但在那个年代所有教师头上都悬着一柄达摩克里斯剑，时时刻刻都战战兢兢，惶惶不可终日，这是事实。他们都有一个共同的称号："臭老九"。如此"臭老九"，哪里还有什么"尊严"可言？

教师职业的经济待遇不高，似乎自古而然。尽管老祖宗有"天地君亲师"的排列，但到了明代便有了"九儒十丐"之说，教师的地位仅在乞丐之上。这里当然更多的是指经济状况。当教师从来就不可能发财，古今中外概莫能外。所以就有了"家有五斗粮，不当孩子王"的古训。不过，在运行正常的社会，教师虽然不可能成为富翁，但生活充裕是完全可以做到的。现在已经有不少资料显示，民国时期大学教授的收入是相当丰厚的，中小学教师的收入也绝不可能仅比乞丐好一点。即使50年代中前期，中学教师的收入也颇为可观。我说这话是有依据的。我岳父50年代初便开始在中学任教，当时他一个人的工资要养活一家大小十几口人，而且生活还算比较富裕。这在现在是不可想象的。但到了后来，教师的工资便渐渐衰落了。60年代初，我的一个叔叔（父亲的同事）平时在学校上课，周末则回到农村的家。一次回家前想给家里老小买点吃的都没钱，最后脱下自己的毛衣换了一个大南瓜带回家！我从小就听惯了"穷教书"的说法，却从来没有听谁说过"穷当官的"。因此，便有了公社书记对小学老师说"你好好干，以后我提拔你当售货员"的真实笑话。

教师在旧时被人称作"先生"，这个称呼包含着人们对教师学识和人品的认可，或者说期待。过去，哪怕是一位乡村小学的教师，都会被周围的乡亲们视为一方神圣。因为"先生"就代表着学问。逢年过节，主持各种礼仪，大家都要去请"先生"。现在我们所熟知的许多大家乃至大师，年轻时都有过当小学老师的经历。比如叶圣陶，当年师范毕业后，就是在苏州郊外的甪直镇以"小学老师"的身份开始了他的教育生涯。可以想象，当年学识渊博、人品高尚的叶圣陶会给孩子们怎样的启蒙？当然，叶圣陶是名人，可是我们完全还可以从大家熟知的魏巍《我的老师》中了解一位名叫"蔡芸芝"的普通小学老师对孩子心灵最初的滋润。这样的老师，是值得孩子们感恩一辈子的！写到这里，我不禁想，在现在的中小学中，究竟还有没有叶圣陶这样的大学问家？究竟有多少像蔡芸芝这样充满爱心的老师？孩子们每天见着我们都要叫"老师好"，但如果孩子仅仅是出自礼貌而不是像魏巍对蔡芸芝老师那样发自内心地尊敬与感恩，这礼节性的"老师好"三个字是没有多少尊严的含金量的。

好了，我们来看看，现在有的老师（注意，我一直说是"有的老师"而非全部老师）为什么没有尊严？

是政治地位依然低下吗？当然不是。改革开放以来，教师作为一个群体已摆脱了政治上的歧视，一般情况下，更不可能无端遭受政治迫害。相反，"尊师重教""尊重知识，尊重人才""百年大计，教育为本；教育大计，教师为本"等口号已经写进了党和政府的各类文件。尽管有些口号并不见得就不折不扣地落实到了学校，落实到了教师身上，但毫无疑问，整个社会氛围对教育和教师的重视，比起几十年前简直不可同日而语。当然，就个体而言，也许还会有辱骂甚至殴打老师的现象，但就整体上说，教师在政治上已经翻身，这不会有太大的争议吧！

是经济待遇依然不高吗？恐怕也不是，至少不完全是。是的，在相当长一段时间，教师的工资偏低，我在80年代90年代教高三毕业班的时候，要动员学生报考师范是一件很吃力的事。原因很多，但收入低是重要的一点。就在前几年，在职教师辞职下海做生意的也不是个别。然而现在情况已经发生了较大的变化，随着绩效工资的落实，绝大多数教师的收入在当地应该还算过得去——当然，我们不能和大款富翁比。"比上不足，比下有余"，算中等水平吧，而且教师职业相对还比较稳定，收入自然也比较稳定。这也是近几年师范院校出现报考热的原因。现在每年大学生毕业，包括一些非师范专业的学生也纷纷参与学校招聘的竞争，经济待遇绝对是一个重要原因。

现在有的教师不被人尊敬，既然主要不是因为政治地位，也不是因为经济待遇，那我们只有到教师个人素质上找原因了。按说教师也是"知识分子"，那么知识分子应该有着怎样的人格与学识？换句话说，我们应以什么去赢得社会的尊敬？

最近读《南渡北归》，我实在震惊于上世纪上半叶知识分子的人格与学识。我一边读一边想，当代知识分子和那一代知识分子在学识与人格上的差距究竟有多大？

先说学识。

1924年清华学校（当时还不叫清华大学）拟办国学研究院。校长曹云祥邀请1917年因新文化运动而"暴得大名"的胡适担任院长，胡适很有自知之明，立即推辞。他认为，当时大师如云，他有几斤几两？曹云祥说，院长你不愿当，那就退而求其次，担任国学研究院的导师吧！胡适依然觉得自己学问肤浅，哪敢冒充"国学导师"！

今天，稍微会说几句论语孟子，加上年长一点，立马就被媒体称作"国学大师"，相比之下，胡适简直就是"文化昆仑"了。但胡适当时很清醒，因为他怎么也不能无视当时真正的学界泰斗的存在。他谦虚而真诚地对曹云祥说："非一流学者，不配做研究院导师，我实在不敢当。"他还向曹云祥推荐了几位大师。

最后，根据胡适的推荐，曹云祥正式聘请的"四大导师"是：王国维、梁启超、赵元任、陈寅恪。

和近一百年前的大师们相比，说现在的我们简直就是"文盲"一点都不夸张。从学问上说，我们现在究竟哪一点比前人强？想去想来，也就会点计算机操作，会点"爱疯"、"爱拍的"而已！

特别让我感慨的是，那年头真的看重的是真才实学，而非虚名，更不轻信文凭。"四大导师"之中，只有赵元任是美国哈佛大学的博士，而王国维、梁启超和陈寅恪三位学贯中西，却均无博士、硕士文凭。陈寅恪海外留学十几年，分别在柏林、哈佛等欧美名校攻读，却终没拿回一张博士文凭。

试看今天的中国，"博士"、"硕士"何其多也！中学甚至小学早已本科化，每年的硕士也如过江之鲫涌入中学，但恕我直言，现在不少博士、硕士其学问还不如民国时期的高中毕业生。

所以，我从不敢在我的名片上印"博士"二字。不是虚心，而是心虚。

再说人格。

上面所说的清华学校国学研究院的"四大导师"指的是以"教授"的头衔担任导师的四位大师，其实，该院第一批导师是五位而不只是四位。还有一位叫李济，但他是以"讲师"的头衔担任导师的，所以便没有进入"四大导师"之列。

这位李济也是一位真正的大师，他14岁考入清华学堂，18岁毕业后赴美留学，先在克拉克大学主攻心理学、社会学，后在哈佛大学攻读人类学，以《中国民族的形成》论文获哈佛大学哲学（人类学）博士学位。这是第一位中国人获此殊荣。那一年，李济 27 岁。

学成之后，李济毫不犹豫启程回国。和若干年以后的许多留美中国学生不同，他想都没有想过"在美国发展"。在他的心中，有着成为学术大师的愿望，却没有成为百万富翁的大亨或权势显赫的大官的追求。他一门心思想的是"新文化，科学救国，振兴民族"。这不是他一个人的抱负，而是他那一代人共同的理想。若干年后，李济这样说："那时的留学生，没有一个想在美国长久地呆下去，也根本没有人想做这样的梦。那时的留学生，都是在毕业之后回国的。他们在回国之后，选择职业的时候，也没有人考虑到赚多少钱和养家糊口的问题。我就是在当年这种留学风气之下，选择了我所喜爱的学科——人类学。"

渴望中国尽快崛起，这不但是那一代知识分子共同的强烈愿望，也是他们的行动。他们清醒地看到了当时中国在各个方面与欧美的差距，并大胆地向西方学习。正是因为这种"强国梦"，梁启超特意安排长子梁思成赴美学建筑，安排次子梁思永学考古。这一安排，皆是为了让当时不受中国学术界重视的冷僻专业，能够在中国大地上生根、发芽、成长、壮大，用梁启超自己的话来说，是"为中华民族在这一专业学问领域争一世界性名誉"。后来梁思成和梁思永的学术贡献证明，梁启超的目的达到了，梁氏兄弟学成归国后，分别成为自己专业学科中领一代风骚的宗师。他们赢得的，不只是梁氏家族的"风头"，而是中华民族的光荣。

这就是那一代知识分子的人格。

读《南渡北归》，我真的自惭形秽，我甚至不敢对自己说"我是知识分子"。我甚至觉得，当代知识分子应该加个引号，为"知识分子"，意思是"所谓的"。

坦率地说，我现在对某些教授、院士，或者号称"大师"的专家，实在不敢轻易尊敬。如今学术腐败这么猖獗，我怎么知道你的"教授"、"院士"是怎么来的？就算你在你所研究的专业上的确达到了某种高度，但人品的高度也上去了吗？

过去讲"道德文章"，这是一体的。而现在，道德是道德，文章是文章，两码事！我曾经和一位教授接触过，该教授在全国有数不清的粉丝，因为他的书很是受一线教师追捧，但他在房间里与我聊天的时候，大骂中小学一线的老师是"白痴"，而且言谈举止粗俗猥琐，格调低下。当时我感到吃惊：这就是全国中小学老师心目中的偶像？如果老师们知道他们的偶像如此骂他们，该作何感想？

我再次想到——

和老一辈大师相比，我们连学者都算不上！

请问现在的中小学教师有几个在业余时间读书的？有几个教师家里有藏书？除了教材和教参，还有多少人在读教育学著作，读教育专业著作，读教学专业杂志？对于国际国内富有影响的思想家的著述，包括人文知识分子的著作，他们阅读了多少？他们有没有比较宽阔的人文视野？对于中国 20 世纪的历史，凝望了多少？对于 20 世纪中国知识分子的命运，思考了多少？对于当下中国社会和民众的生活，以及各种暗流汹涌的思潮，又关注了多少？毕业于师范大学中文系的中小学语文教师，是否能够写一手还算说得过去的文章？当他要求学生背诵古典诗词的时候，他是否能够背诵？有一次，我到某大学中文系去招老师，系主任给我推荐了几位"高材生"，面试时，我只出了一道题："请背诵一首你能够背的最长的古典诗词。"结果几位"高材生"面面相觑，继而面红耳赤。最后一个男生红着脸背了一首"床前明月光"！曾有媒体报道，某著名高校中文系有学生考试写作文时，因写不出某些常用汉字而改用拼音表达！还有一个学生因为不会写"钥匙"二字，竟然用"key"代替！以前看毛泽东、刘少奇、周恩来、邓小平的题词，觉得那一代人的字写得实在是好，包括文化程度相对不高的彭德怀，也写得一手好字。可现在，随便你到哪所学校去听课，有几位老师板书的字迹能够说漂亮？当学生家长看着孩子作业本上老师那蚯蚓爬行似的批语时，他怎么会对老师肃然起敬？

现在，接受家长送礼请吃，俨然已经是一些老师的"潜规则"了。我就亲耳听一位老师说："靠山吃山嘛，我们当教师的，也就靠这个了！比起那些巨贪，我们收点礼算什么？"可怕的不是老师收礼，而是老师收礼之后的心安理得，他觉得这是正常的！其实，家长给老师送礼，恰恰是对教师这个职业的蔑视——送点礼就把"老师"搞定了！家长当面对我们说奉承话，心里却在骂我们呢！所谓"进门拜三拜，出门骂三代"！我认识的一位小学老师，因为拒绝收家长的礼而在学校成为"另类"，颇为"孤立"。但她说："我守住了自己的底线，心里踏实。因为我不欠任何家长的情，所以我在教育处理学生的时候，敢于向任何家长说不！我有这个底气！"有一次，一个学生的母亲给这位老师送礼被退回后，孩子的家长理解了老师的真诚，很是感动。她对老师说："其实每年给老师红包送购物卡，我心里也不愿意，但一想到别人都送而我不送，我的孩子要吃亏啊！每次我把红包送给老师，老师收下的时候，我心里就说，孙子，你拿去花吧！"你们看，当学生家长表面上对我们毕恭毕敬而心里却在骂我们"孙子"的时候，所谓教师的"尊严"已经荡然无存了。然而，教师的尊严恰恰是被没有自尊的教师自己剥夺的。

没有渊博的学识，缺乏应有的人格，这样的"老师"，你凭什么让家长让社会尊重你？即使政府把一年365天每天都设为"教师节"，即使政府再把教师的绩效工资翻一倍，也没人尊重这样的"老师"！

不是要我们当老师的都成为完美无瑕的"圣人"或者不食人间烟火的"神仙"，不是的。其实我们每一个教育者都很普通，作为学校的一线老师（我现在经常还上课，因此我认为我也是"一线教师"），在现行教育体制下，我们承受着学生人身安全、教学质量要求、升学率任务以及家长过高的期待值等巨大的压力。因此我们每天早晨迎着太阳或冒着风霜雨雪匆匆赶到学校，然后上课、批改作业、找学生谈心、接待学生家长；晚上拖着疲倦的身体回到家里，还要在灯下备课、阅读或写教育随笔，反思自己一天的工作。我们有着来自教育的困惑，或来自生活的烦恼，也因此而叹息乃至流泪……但我们绝不苟且地对待自己的职业和班上的每一个孩子，我们还坚守着内心的底线。我们不愿意只是埋怨（有时候当然也忍不住发些牢骚），而想通过我们每一天点点滴滴的努力——从上好每一堂课开始，从带好每一个班开始，从和每一个学生谈心开始，从走访每一个学生家庭开始……一句话，通过我们自己干净的教育行为，改善进而（或许能够）改变我们身边的教育——我们当然不敢奢望改造中国教育，再进而影响我们周围的人改变对教育的看法，改变我们教师的社会形象，以赢得我们的尊严。

有一次去南京师大附中看望吴非，他给我谈到教师的风气："教师是否被学生真心尊重关键还是教师自己。教师的一言一行都被学生看着呐！"他很自豪地谈到他所在的语文组："我们语文组有几位年轻老师真不错，庄敬自强，有真正的教师修养，他们有一个共同的特点：不苟且！"

听到这里，当时我心里一震："不苟且"这三个字太有分量了，撞击着我的心。我说："我一定把这三个字对我校老师说。不苟且，意味着抵御外在的诱惑，坚守内心的良知，不管社会风气如何，决不放弃应有的理想、情操和气节！"

他说："是的，教师不能放弃理想。人生在世，吃的穿的用的，能够花费多少钱呢？够用就行了。不能因为过分追求物质，而放弃了精神追求。"

吴非所说的"不苟且"是一种灵魂散发出的芬芳。是的，说到底，教师的尊严正是来自高贵的心灵——

厚实的学问、儒雅的修养、执着的理想、赤诚的爱心、纯洁的童真、丰富的智慧、宽阔的胸襟、凌云的气节、伟岸的风骨、朴素的良知、自由的精神……构成了高贵心灵的全部内涵。

包括我在内的教师应该随时问问自己：我有这样高贵的心灵吗？

几年前的一天，在成都市区一辆公交车上，一位母亲模样的女士在和旁边的朋友聊她孩子的初中班主任："孩子从读小学起，每年她们都为给老师送什么礼而发愁。孩子进初中后，孩子的班主任潘老师不许我们给她送任何礼物。现在孩子都快毕业了，许多家长都在说，三年来，潘老师对我们的孩子那么好，可我们想请潘老师吃顿饭，就是那么艰难！"这里说的"潘老师"，就是我校的潘玉婷老师。听了这样的议论，我一点都不惊讶。"李校长，请将×××安排在潘玉婷老师班上。拜托了！"每当潘玉婷老师带完一届毕业班，暑假里我总会收到一些领导这样的手机短信，要我把他们或他们亲戚、朋友的孩子安排在潘玉婷新接的班上。在我校，也有不少老师在计算，看他们的孩子读初一的时候，能否刚好赶上潘玉婷教初一，"这样，我的孩子就有福了！"一位老师这样对我说。这里的"有福"不仅仅是说孩子可以享受潘老师精彩的语文课，更是可以享受班主任潘老师的爱。为此，我曾在大会上说："什么是优秀教师？家长想方设法——甚至托关系走后门把自己的孩子送到你班上，你就是优秀教师！"

这就是一个教师真正的尊严。

由此来看，教师是否有尊严全在于自己。你同意我的观点吗？

2012 年 2 月 25 日

百问简答

在我的博客上，经常有许多班主任朋友给我提这样或那样的问题，说是向我"请教"。因为工作繁忙，我实在无法一一回复，只能就其中我体会比较深的问题，做一些简答。

其实，并不是每一个老师的问题我都能解答的。因为教育总是具体的，从来就没有什么"放之四海而皆准"的教育真理。在《给青年校长的谈话》中，苏霍姆林斯基有几句话说得非常精辟："某一教育真理，用在这种情况下是正确的，而用在另一种情况下就可能不起作用，用在第三种情况下甚至会是荒谬的。"

因此，我这些简答，的确只能"仅供参考"。

1

真情：提起体罚学生，教师个个望而生畏，但仅靠说服教育，又有很多解决不了的问题。怎么办？

答：没有惩罚的教育，不是完整的教育。但惩罚不是体罚。要和学生一起研究科学的惩罚方式，而且这种惩罚也包括对犯错老师的惩罚。也就是说，这里的教育惩罚已经体现了教育民主与平等的"法治"精神。

2

kgdvfhp1973：李老师，我这周虽说天天坚持写了教育日记，但觉得是在坚持，没有真实的想法，所以写出来的东西像是在做流水账，没有感想，没有总结提炼。这样的日记有没有用呢？能不能帮助我成长呢？请李老师给我指明方向。

答：是不是流水账没关系，关键是有没有反思。有反思的文字，坚持下去，肯定对自己成长是有促进作用的。

3

钘秦暮楚：怎样在繁忙的日常工作中（一周十八节课加一个班班主任）加强理论学习？

答：我相信，无论多么忙，你每天都不会不洗脸不刷牙不吃饭的，因为第一，这些是你的生活必须；第二，这些你已经养成习惯。所以，只要把学习当成生活必须，同时养成习惯，那么无论多忙，你都永远有时间学习的。

4

温勇康：现在的孩子比较不能吃苦，不够勤劳，如何克服？

答：多给孩子吃苦的机会。这当然不仅仅是班主任的事，更需要家长配合，你可以在家长会给家长们提出要求，叫他们让孩子在家多做家务，比如每天晚上洗碗，自己能做的事家长决不代劳。

5

儿子和我：一个教师的成长，没有专家的指引，他也能成长为一名所谓的专家吗？

答：当然能够。任何老师，只要多实践，多反思，多阅读，多写作，就自然而然成了教育专家了。这和有没有专家"引领"没有必然联系。任何行业的专家都是自己成长起来的，而不是谁"引领"出来的。

6

水木：遇到不讲理的家长怎么办？只要学校出点事无论家长还是社会都会把责任推给老师，殊不知老师每周都有十几节课，尤其是班主任，责任更是重于泰山！怎样才能赢得家长对老师的理解？

答：让家长到学校体验一天或一周老师的日常生活，跟班听课，帮着老师处理一些日常事务。这样他们就会体会到当老师的不容易了。

7

孤烟直上：李老师，您好，现在学校给青年老师太多的压力和工作量，加上各种检查、评比，使得青年教师疲于应付，疏于思考，毋论静下心好好读书了。每天超负荷的工作量之后，剩下的只有疲惫和劳累。没有时间反思、提炼和阅读学习，如何实现专业成长？

答：从来就没有专门的"专业成长时间"，任何人也不可能为年轻老师成长而提供的"思考"和"静下心好好读书"的"专门时间"。从某种意义上说，教育本身就是每天对各种琐事和意外情况的处理。所有的成长都是在困境与夹缝中完成的。思考也好，学习也好，都是一种习惯，而不是一项需要"专门时间"完成的任务。

8

追逐梦想：我是一名小学教师，很喜欢孩子，孩子们也喜欢我，可有时候我不知道该怎样和孩子们交流沟通，在学生做了错事后，我不知道该怎样和他们沟通才能让他们明白我是爱他们的，是为了他们好。李老师，谢谢您！

答：尽量让自己具备孩子的情感、孩子的思维和孩子的语言。

9

小灵精们：李老师，您好！我是个很普通的中年老师。我每天为孩子记下校园点滴生活，只是一个简单的理由——为他们留下美好的童年回忆！几年前，我和孩子们还不知道新教育，但是我们每天早上也读古诗词，每周给孩子们介绍一本书，和他们共读一本书。后来，听说了新教育，我曾经欣喜地迎接新教育的到来，就像你所说，新教育就是心教育。可是我听了常丽华老师的讲座，我感到难过，感到疑惑，感到迷茫，因为常老师给我们展示的，让我感到我们的新教育就是贵族教育，就是精英教育，就是排场教育？我们的祖国是发展中的国家，值得推广的应该是平民教育！我是温州乐清人，我们这里的生活条件还可以，但常丽华老师的讲座让我们每一位老师感到这种新教育望尘莫及，那么可想而知，对于其他地区又有什么影响？我奇怪的是新教育为何不推广您的"五个一工程"？

答：常丽华老师是很优秀的新教育榜样教师，她所做的一切是符合她所在的区域的实际情况的，包括所在学校以及学生家长的经济条件。但这不是新教育唯一的方式。新教育更不是你说的"精英教育"，而是面对所有孩子的教育。你如果拓展你的视野，会发现还有很多的教育人，没花那么多钱一样做得精彩，比如河南的小风习习，比如湖南的桃花仙子……你可去网上查查这些老师的事迹，就会感到，朴素的新教育同样芬芳。至于我的"五个一工程"，连在我的学校我都没有以校长的权力强制推广，而只是倡导。原因很简单，凡是强制的，必然逼迫部分老师弄虚作假，而这正是教育的大敌。

10

821293747：李老师，您好！我是一名新老师。尽管开学前几周战战兢兢如履薄冰，生怕哪里的细节做得不好给以后的工作留下后患，事情还是朝着我所不希望的态势发展——学生很调皮难管理，我的性格比较温柔，缺乏足够的魄力和威信让他们信服。尽管我想了很多办法，多次找学生谈话，但还是没有效果。而在我们学校，教学成绩突出的都是那些气场强大严格管理让学生敬畏的老师。周围的老师跟我说：要么改变性格，要么转行。我很迷茫，不知路在何方。

答：威信不是靠"魄力"建立，而是靠心灵赢得。已经有很多性格温柔的优秀老师以自己成功的教育证明，"以柔克刚"同样可以获得教育的成功。当然，这需要智慧。

11

美好人生：李老师您好！能不能为我解决自私一点的问题。我是某农村中学的一位教师，参加教育工作十多年，也算是经历了教育的风风雨雨，曾经满腔激情，也有过灰心丧气。迷惘过、倦怠过、痛苦过、消沉过、但我仍然坚韧地走着教育之路，这大概是我对学生的爱太深，对教师的隐忍理解更深刻。我不愿放弃教师这一职业，更不敢尸位素餐，我时时刻刻提醒自己：要对得起自己的良心！我渴望成长，可是我不知怎样提高自己，弄不准如何成长，可是渴望成长的幼芽已破土而出，成长的渴望使我像一只无头的苍蝇，东碰西撞，不着正道。如牤牛犊子掉井里，有力使不上，隔靴子挠痒，抓不到正处。人之青春如此宝贵，再这样狼狈几年我可能真的就只有把自己的理想和愿望带进坟墓了。我不敢有太多的奢求，抛去一切外界因素，只希望有人能给渴望有所作为的老师指点迷津，在今天如何使老师成长？祝好！

答：不管外面如何喧嚣浮躁，守住自己一颗朴素的教育心；然后不停地实践，不停地思考，不停地阅读，不停地写作——如此坚持五年十年，你不想成功都十分困难。

12

渴望成功：您转化"后进生"有什么绝招吗？

答：没有。但有不少优秀的班主任创造了许多行之有效的办法，我也有一些体会。不过，无论是优秀班主任的经验，还是我的一些做法，都只能供你参考，不能绝对照搬。从某种意义上说，任何学生都是唯一的，适宜于这个学生的方法也只能是唯一的。教育，的确没有公式可言。

转化"后进生"，简单地说，至少应该注意这么几点：第一，注重感情倾斜，尊重和理解是至关重要的；第二，唤起向上的信心，让孩子自己产生"我要成为而且能够成为一个好学生"的欲望；第三，引导集体舆论，让整个集体都来帮助后进的同学；第四，允许不断反复，要有耐心；第五，表扬鼓励为主，批评当然也需要，但表扬的力量是无穷的；第六，适当暂时降低要求，不要提出不切实际的目标。

我还要强调的是，任何方法都不能百分之百地解决你所面对的"这一个"学生。所以，转化后进生，主要还得靠自己在实践中探索，在探索中不断总结。这实际上就是一个科研过程。

13

青青河边草：如何有效地给孩子谈心？

答：关于如何给学生谈心，已经很多很多谈班主任工作的著作说了不少了，我这里不想重复这个"原则"，那个"理念"。我只想简单地说，成功的谈心，第一，要发自内心地尊重学生，千万不要居高临下；第二，语言要有自然而然的亲和力；第三，要善于铺垫，善于不知不觉走进学生的心灵。

14

蓝色蝴蝶：从我读小学起，媒体就不断宣传"尊师重教"，又是设立"教师节"，后来又搞"绩效工资"。可我感到现在的教师越来越不受人尊敬了。我当老师几年了，总觉得社会上对我们还是看不起，包括学生家长。作为教师，我们是有尊严的啊！请问李老师，您认为教师的尊严从何而来？

答：你提出了一个很大的话题。要说清这个话题，三言两语的简答显然是不够的。因此我只能有重点地简单说说。教师不被尊重，有社会的原因，有经济的原因，但也有教师自身的原因。我今天只说最后一点。说到底，教师的尊严正是来自高贵的心灵——厚实的学问，儒雅的修养，执着的理想，赤诚的爱心，纯洁的童真，丰富的智慧，宽阔的胸襟，凌云的气节，伟岸的风骨、朴素的良知、自由的精神……构成了高贵心灵的全部内涵。我们每一个教师（包括我在内）都应该问问自己："我"有这样高贵的心灵吗？

15

洲际导弹：如何引导学生正确对待"早恋"？

答：方法因人而异。但是不是这几条原则可以注意一下？第一，尊重孩子的心灵；第二，教师的引导应该走在学生情感发展的前面；第三，把爱情教育作为人格教育的一部分；第四，以高远的志向激励学生；第五，让学生成为自己情感的主人。

16

嫦娥回来了：我知道教育应该给学生以真善美，但我的学生已经进入高二，他们对社会有着自己的看法。社会上那么多阴暗丑恶的现象，他们不可能看不见。在这种情况下，我们应不应该对学生进行真实的教育？

答：当然应该！是的，我们应该给学生进行真实的教育。所谓"真实的教育"至少应该直面现实，而不是"瞒"和"骗"的教育。其实，学校和社会并非绝缘的，从某种意义上说，我们教育者的言行也是社会风气的一部分。我们完全应该让学生直面社会的阴暗面，因此传递给他们一种责任、理想与智慧，引导他们在正视（而不是回避）眼前假恶丑的同时，心中燃烧着向往真善美的理想之火，进而产生一种真诚的责任感：让这个世界因我的存在而更加美好！

17

日月同辉：我是刚刚参加工作的年轻教师。我在班上尝试民主管理，把什么都交给学生，一切都由学生说了算，可是班级秩序却乱了，课堂纪律无法保证。怎么办？

答：这不怪学生，只怪你自己。"把什么都交给学生，一切都由学生说了算"不是民主，是"民粹"。连"课堂纪律都无法保证"是伪民主。民主不是培养无法无天的"野兽"，而是造就心灵自由，行为文明，善于创造，尊重规则的公民。

18

爱你一万年：家长老爱给我送礼，我心里很别扭，可是无法拒绝。怎么办？

答：只要你真的不愿意收，就不可能无法拒绝。只要家长真正明白了无论送礼与否，你都会真心对待他们的孩子，他们就不会送礼了。

19

收复钓鱼岛：我觉得我对学生是很爱的，可是我的感情投资，却并没有换回所有学生对我的爱。难道我的爱有什么问题吗？

答：教师对学生的爱，是不求回报的。这只是我们的良知使然。这种爱，也不是一种教育策略，不是为了让学生听话才去"爱"他们。师爱不是"感情投资"，因为教育不是做生意。

20

九尺浪：班上有一个孩子上网成瘾，简直到了走火入魔的程度。现在已经初三了，可他经常夜里在网吧度过，第二天要么逃学，要么在课堂上睡觉。我观察，他对周围的世界已经没有兴趣，也不接触同学，心里只有网络游戏。对这样的学生，我现在应该怎么做？

答：既然已经"走火入魔"，那教育已经无能为力了。现在他需要的是医生，而不是老师。按你对他的描述，他的确已经"走火入魔"，已经患上严重的精神疾病，远不是老师的"谈心"能够解决的，需要专业的心理医生对他进行科学的治疗和矫正。所以，我建议你和他的家长联系，送回家找有关的专门机构进行矫治。教育，要尽可能防止或减少这样的"网络走火入魔者"，而做到这点必须在孩子刚接触网络的时候就加强引导，比如严格控制上网时间，让孩子带着学习任务上网，随时提醒孩子警惕网络危险，帮助孩子掌握网络安全规则，建立班级网站，让孩子们能够过一种正常健康的网络生活，教师要加强和学生在网上的交流，等等。这一切，教师都可以有所作为的。如果一开始教师就没把这些工作做好，等孩子"走火入魔"了才想到"救救孩子"，那肯定无能为力了。

21

闲云：职称评审，伤不起！！！长期担任班主任，工作一贯任劳任怨，可我被不合理的评审制度整治得伤钱伤心伤身体。该怎么办？

答：能够改变不合理的制度当然好，但作为个人来说，显然不可能。那能够改变的只有自己的心态了——幸福比"优秀"更重要！

22

蒙海：现在各种形式的检查，走形式的东西太多，年轻教师被牵着走，没有自己的思想，更难受的是，作为班主任为了配合学校"迎接上级"，还不得不教学生作假。怎样让我们不违背良知？怎样给青年教师提供宽松的环境？

答：宽松的环境靠自己营造。既然这些检查都是走形式，那你就不必认真对待，也用"形式"去应付它！但有一点，当不得不让学生配合学校作假的时候，一定要明确告诉学生："这是不对的，是我们无可奈何的行为。这就是目前真实的中国！以后大家长大了，要在自己的岗位上，力所能及减少这种自欺欺人。"我也经常遇到这种情况，我就是这样对学生说的。我认为，假装真诚地让学生作假，而且还想方设法让学生觉得这样做理所当然，与明确告诉学生是非曲直，让学生在不得不作假的同时，心中有一盏明亮的灯，二者还是有本质不同的。

23

红叶彩霞：关注你已经好久了，你的教育思想一直影响着我，我更希望你能影响我校的全体教师，教师们在自己的岗位上很迷茫。老师的成长问题，特别是农村教师的成长问题，一直是我思考的问题。我是一位老教师，我感到教师的学历高了，但教师的教学水平低。这就是教师的成长出了问题，对教师的培训问题，你看我们该怎么做好呢？

答：现在的文凭都有水分。如今的博士硕士学士，不说全部，至少相当多的一部分最多相当于民国时期的中学生。其实，学力比学历更重要。学历是给别人看的，学力才是自己的。自学吧！养成读书的习惯，坚持几年，一定会成为学识渊博、思想充实、精神饱满、心灵飞翔的真正的知识分子！

24

潜水者：李老师，您好，作为年轻的班主任，我们的成长注重实践锻炼还是加强理论学习？在实践过程中如何去做？理论学习该朝哪个方向发展？期待能给予答复！谢谢！

答：注重实践还是加强理论学习？这等于是问我："左手和右手哪个更重要"。显然，实践和学习都应该注重，二者没有孰轻孰重之分。在实践中学习是最好的学习，在学习中实践是最好的实践。理论学习哪能脱离实践呢？你在实践中遇到什么难题，便把这难题当课题来研究，并结合相关的理论学习，这就是最好的专业成长。

25

水出：说实话，任何工作量都压不倒我，因为我不怕工作辛苦，但是，我很反感学校没完没了的表格，比如：写一下后进生如何转化，优等生如何培养，如何值班计划，如何上课。一定要电子稿和纸稿，两份。说是为了存档，浪费！而班上一名同学因家贫无能力上学却无人问津。热水两大不流了视而不见。我该怎么办？

答：重形式而轻实质，是不少学校的通病，根子还是在上级行政部门。只有等到求真务实之风从上面吹到了基层，这个问题或许才能得以解决。我和你一起期待着。

26

草原：提倡素质教育，减轻学生负担，可是在升学率，小升初，初升高等等面前，都是形同虚设。作为班主任，我真的感到无能为力。空有一腔热血，却处处碰壁。以前中学周末甚至上课时间可以组织学生在外面学习，接近大自然。学生放学是轻松快乐按时到家的，现在呢，为了安全，所有户外活动基本取消（除了学校接上级通知要求学生参观外），每天七节课，一周两节体育课，现在改为每天九节课，一周还是两节体育课。为了应对上级减负要求，不给学生订除课本外的资料，只靠上课教课本显然不行，怎么办，学校要求老师印资料，一科一科印，学生的资料还不是堆积如山，倒真是给学生减轻了金钱负担，但是家长更不堪的是学生身心负担吧。教师大会上，领导说看一个教师的教学成绩，看什么？——学生考试如何就反映了这个老师教学如何。于是乎，全体教师拔学生成绩，而班主任工作成了一切围绕分数转，什么素质教育，统统靠边站！教师这般成长着。沿海地区相对开放，况且如此。中国教育到底是怎么了？

答：中国教育积重难返。我们不是教育部长，无法改变中国教育，但作为一个班主任或任课教师，我们可以改变我们的班级和课堂。我们不得不戴着镣铐跳舞，但良知和智慧，能够使我们戴着镣铐的舞步尽可能优雅一些。无数相同教育体制下但却很优秀的老师证明，这是能够做到的。

27

如云漂泊：在平常、琐屑的教育生活中，爱学生为何那么难？我知道很多人只是写写文章，口头说说而已罢了。

答：爱学生怎么会"难"呢？也许我和你理解"爱学生"的含义不一样吧！爱是一种依恋，是一种理解，是一种尊重，是一种责任。爱的体现并非一定要如张莉莉老师那样地惊天动地，有时候不过就是一个温暖的眼神，一句亲切的话语，一件举手之劳的小事。我身边的许多默默无闻的老师每天都是这样爱着学生。当然，更多的时候，爱学生就体现于我们每天的本职工作中。怎么会"难"呢？

28

会飞的蜗牛：我工作十五年，也算是"老教师"了。十五年中，有九年是做班主任，现在还做着。我的问题是，我同时担任着语文教学，可我教的语文成绩却不理想。不是我教学不负责，更不是我能力不行（自以为还算可以），而是科任老师总是和我抢时间，作为班主任当然只有支持他们的工作了，所谓"支持"就是不但不和他们抢时间，而且还尽量把时间给他们。这样一来，我的语文教学便被逼到了墙角。成绩自然上不去。我该怎么办？

答：学科教学过硬，而且成绩优秀，这是班主任威信的来源之一。换句话说，如果你教的学科成绩老上不去，恐怕学生很难服你。但因为班主任角色的特殊性，有时候在时间上不但不会占便宜，反而会"吃亏"，就如你说的。其实，我做班主任也是如此。一样的把时间都尽量给科任老师，以"讨好"他们。但是，我的语文成绩却照样不错。为什么呢？第一，因为我知道学生不可能在课外花太多的时间学语文，这就逼着我提高课堂效率，真正向课堂要质量，于是我的许多课堂改革都围绕效率做文章；第二，我尽可能以自己的教学让学生对语文本身产生浓厚的兴趣，于是不少学生在课余，都情不自禁地学语文，比如见缝插针地进行课外阅读，养成每天多多少少都写一点日记随笔的习惯……而这些其实都是在学语文。其他学科其实也一样。只要班主任想方设法让学生迷上了自己的学科，他自己会挤时间学习你的功课的。

29

憧憬未来：我是一个刚参加教育工作的新班主任。我想知道，作为班主任，最应该想的是什么？

答：班主任工作千头万绪，要想的实在太多太多。但如果一定要我说"最应该想的"，那我认为班主任最应该想的是，此刻，我的学生在想什么？

30

我爱中国：李老师，最近，我们班学生很浮躁，各科课堂纪律都让老师头疼，我坐在教室里和他们一起上课要稍好些，但我不在又不行了。我加强了纪律要求，甚至采取了一些高压措施，但效果并不理想。郁闷啊！

答：什么原因，你想过没有？要多研究学生的心理，多和他们聊天，知道他们在想什么，这才能对症下药。否则，一味高压，只会让学生更加反感。另外，不妨适当组织点活动，让学生的精力有所释放，也增强集体的凝聚力。试试？

31

蓝色心灵：我班三位男孩堂堂睡觉（什么课都一样）。其实，他们都很聪明，可就是没有理想没有追求，我找他们谈过很多次，他们依旧故我。李老师，你能在百忙之中为我指点一下吗？谢谢！

答：真对不起你的信任，因为我无法帮你。原因很简单，我不了解这几位学生，无法走进他们的心灵，而离开了对孩子心灵的把握，就谈不上任何教育。你虽然找他们谈了很多次，但显然并没有走进他们的心。你不了解他们在想什么，更不知道他们为什么不听课而要在课堂上睡觉。所以你一筹莫展。你现在应该"研究"他们，包括家访，和他们的家长一起分析他们，还可以从他们周围的同学口中了解他们，当然还得继续找他们谈，不过最好不要以教育者的口吻去训斥，而是以朋友的身份聊天，甚至一起玩。当你真正走进他们的心灵了，你的教育就开始走向成功了。

32

油炸冰淇淋：我是一个小学老师，现在担任五年级班主任，班上有一个学生，性格特别暴躁，攻击性极强，差不多每天都要打同学，而且不需要理由。我几乎什么方法都用尽了，没有任何效果。请家长来学校配合教育，家长说这孩子从小就这样，他们除了暴打，也没有办法。有了这么一个学生，我每天都提心吊胆。李老师，你有什么好的建议吗？

答：没有。按你说的情况，我想这孩子是不是有什么生理上的原因？建议你让孩子家长带他去医院检查检查。有时候，我们把生理疾病当做品德缺陷，结果越"教育"越糟糕。

33

矿泉水：差生往往是习惯很差，更要命的是这些学生往往反复犯同样的错误。有没有办法不让他们反复？

答：没有。差生的特点就是反复。一次教育就让他们改正多年的恶习，不可能。你想想，多少吸烟成瘾的成年人对自己承诺过"一定要戒烟"啊，可有多少真的戒掉了呢？成人如此，何况孩子？因此，面对孩子的反复，不是要求他决不再犯同样的错误，而是尽量让他降低犯同样错误的频率，然后慢慢根除恶习。

34

心路漫漫：我刚带一个初中新生班，开学一个月来班里各方面都还不错，但是男生之间互相取绰号，有的同学不喜欢别人给自己取的绰号，于是便引起矛盾。李老师，你说这怎么办？

答：孩子之间互相取绰号，我觉得是很正常的，有时候绰号表达的是一种亲切。只是要告诉孩子们，给别人取绰号必须遵循一个原则，那就是对别人的尊重。绰号不能是侮辱性或歧视性的。

35

师二代：我在班上搞班干部选举时，想完全让学生无记名投票选，但又怕选出我不中意的孩子。有老师给我建议，选的时候放开选，选了之后把票归拢来自己统计，根据情况作调整，然后再公布选举结果。这样既尊重了学生，又体现了班主任的意图。这样可以吗？

答：当然不可以，而且万万不行！这是典型的"虚伪的民主"！应该让孩子放开选，而且公开唱票。这是一种民主的训练与启蒙。

36

渴望成功：眼下正是春意盎然的时节，我很想带学生走出校园去踏青，可校长不允许，说是"上级教育部门已经明确下发文件，不许组织学生春游"，校长也说担心安全。我该怎么办？

答：我给你出上中下三策，供你选择。上策，就是直接给教育局长写信，如果能够有机会面谈就更好了，坦诚地说出你的想法，让局长明白，大自然是一本书，这本书必然让孩子去翻阅，否则，我们的教育是不完整的。走进大自然的素质教育是必然的，必需的；而所谓"安全事故"则是偶然的，而且只是一种担心。把学生关在学校里，收获的是"安全"（其实也不一定），而失去的是完整的教育。如果局长被你说服了，校长还能不同意吗？中策，就是直接找校长沟通，多找几次，尽量说服他支持你，你拿出你安全保证的预案，让他相信你，至少让校长默许你带学生出去春游，这样他"不知道"，也减轻了他所承担的责任。下策，就是实在说不服校长，就阳奉阴违，悄悄地春游，不用请示了，利用双休日组织学生走进大自然，但你一定要多安排一些家长帮你，一定要做到万无一失。这样，即使事后校长知道了，也不会说什么的。别以为我这下策是"馊主意"，我还没做校长而只是一名普通班主任的时候，就是这样做的。

37

漫卷诗书：李老师，作为班主任，您给孩子们推荐过的格言有哪些？

答：太多了！就说一句吧——"让人们因我的存在而感到幸福！"

38

倩颖：李老师，我也很想走近学生，也希望和孩子们打成一片，但总觉得中间隔了一层。我也关心学生的生理和心理的健康成长，经常对他们嘘寒问暖，但是学生对我有爱更有敬，而且有些敬畏。正是这种敬畏感使得课堂的氛围比较沉闷。我很想消除这种敬畏感，拉近学生和自己的距离，但目前为止仍没有达到理想状态。希望得到您的一些指引。同时我希望自己能尽快地成为"教育在线"一名成员，不知该如何做。

答：走进学生不是姿态，不是手段，而是蹲下身段和学生真正平等相处，其本质是心与心的交融。教育者要有一颗童心，努力用儿童的眼睛去观察，用儿童的耳朵去倾听，用儿童的大脑去思考，用儿童的兴趣去探寻，用儿童的情感去热爱！

39

朴素的教育：我班的班风应该说还是不错的，各项常规几乎在每周都能得流动红旗，但是我班的学习成绩在年级排名靠后，我很着急。如何调动学生学习的积极性？使学生真正地爱上学习？

答：想方设法让学习变成学生自己的内在需要，想方设法让学生不断地在学习上有成就感。另外，多组织一些与学习有关的竞赛活动。但这里的竞赛最好不是个人竞赛，而是以小组为单位的评比。总之，你要想法把班内的学习氛围营造得浓烈一些。

40

吴小燕：李老师，您好！我刚实习回来，我所实习的学校部分学生厌学情绪很大，整天无所事事，尝试了很多办法都没有效果，该怎么去引导他们呢？还有就是关于早恋的问题，并不是否认学生对感情的感知和理解，但是真的是过早了，我看了他们喜欢看的言情小说、喜欢听的歌，发现这些对他们影响蛮大的，早恋的学生很多。该怎么去解决呀？谢谢老师！

答：学生厌学的原因很多，笼统地说"厌学"，很难找到解决的办法。不过，我认为学生厌学的一个很重要的原因，是我们做教师的没有让学生感到学习的快乐和成就。因此，如何让学生觉得学习其实很有趣，并且能够在学习上尝到成功的喜悦，是我们教师应该努力的方向。至于早恋现象的大量出现，则是爱情教育的缺失所致。而爱情教育至今是中国教育的空白。我们应该主动地坦然地真诚地对孩子们进行爱情教育，让他们真正把握自己，为自己的人生负责，同时明白："爱情，是对人道主义的最严峻考试。"（苏霍姆林斯基语）

41

周隽动力研究工作室：教师成长的指标有哪些？教师成长的方向在哪里（教师朝什么方向努力更能成功）？

答：没有人统一规定"教师成长的指标"。我认为，培养儿童情怀，建立职业信仰，丰富学科知识，积累教育智慧，提升课堂艺术，拓展人文视野，等等，恐怕都是"教师成长的指标"，而这些同时也就是教师成长的方向。

42

论道：我刚大学毕业，明天是上班第一天，我就要正式开始和孩子们的共同生活了。请问李老师，作为班主任，我第一天最应该做的是什么？

答：把第一节课上好！好得让学生一下课就盼着第二天再上你的课。作为班主任，其威信当然不只是课堂，但是如果你第一天就在课堂上征服了学生，就为你今后的管理奠定了良好的基础。

43

黄梅荷梦：我是一名乡村中学班主任。我班上有不少学生厌学，问他们厌学的原因，是觉得读书无用。因为他们从小听到的是，好好读书，将来考上大学，好挣大钱。可是，现在他们看到身边不少人没有读过书却很会找钱，而那些读了大学的却又许多找不到工作的。请问，该如何引导他们？

答：告诉学生，知识不仅仅是谋生的手段和赚钱的工具，知识本身有着自身的价值和魅力。这个世界上，不乏腰缠万贯却并不快乐的富翁，同时也有着并不特别有钱但因灵魂充实而快乐的清贫者。读了大学却找不到工作，这不是知识本身的过错，而往往是大学生没能力造成或能力不强造成的，当然，也有一些社会原因。不过一切都是暂时的。要坚信，拥有知识永远都是一个人真正的尊严和价值所在。

44

涛涛：我性格温和，个子娇小，平时也不是很幽默，学识也不高，怎样才能在学生中有威信呢？大学时就拜读着李老师的著作，去年刚出来就当班主任，想着要像李老师那样对学生，对学生很有耐心，也有爱心，这也是学生对我的评价，可学生同时也说我没有威信。虽然所带班级各方面居中，但这一年我真的是身心疲惫，即使我有勇气继续硬着头皮上，今年领导也不让我当班主任了，估计还是不放心吧。我才明白，李老师是有着很深的人格魅力的，所以学生喜欢你。还望李老师指导帮助。谢谢您！

答："性格温和"和"个子娇小"不是当不好老师的原因。是否幽默，也不是做老师的必备条件——当然，能够幽默更好。但"学识不高"可就要命了——哪有学识不高的人能够把老师当好呢？难怪你没有威信啊！也难怪领导不让你当班主任了。所以我建议你，多读书，努力拓展自己的视野，使自己的学识渊博起来，让自己面对学生拥有一种源于知识的人格魅力！

45

笨鸟先飞：我孩子马上要读初中了，我刚好下学期要接一个初一的新生班。我想把孩子就放在我班上，由我自己教，李老师认为这样好吗？

答：最好别这样。孩子在自己班上，你既是家长又是班主任，有时候你不太好处理这二者的关系，这会妨碍你的教育。还有，学生们都知道你孩子在这个班，很多时候遇到一些事，会涉及公平问题，也不好处理。

46

2992463061：李老师，你好，很高兴能看到你的微博，能够进一步向你学习。我是一个高二的班主任，班里最近发生了一件事情：家长会前我在班里对同学们说，家长会期间要求同学们与家长一起倾听家长会，当时有一名男生很激动，也很气奋，用骂人的脏话在课堂当中发泄，我当时看到了，问他怎么了，我同样被骂了，我没做反应，同学们说不要让他和家长一起吧，我没说什么，就对孩子说叫他到我办公室冷静。在班上了解到他与他父母不和，高一时他班主任说：当父母不存在来对待生活。后来，我找他谈了，初步了解到他与父母一直不和，在家里父母与他的对话就只有点头和摇头。而从之前对父母的电话中可以知道父母还是很关心他的，感觉不可能会出现此等现象，基本上可以说在父母口中可能很难找到答案。我当时对他说，我们找个机会谈谈，现在不作此事的交谈，家长会时你就先走吧，我初步的想法就是对他进行了解，走进他的生活，但是我目前还没有办法也没有方案。请李老师给点提示。

答：先从感情上走近他，让他真正信任你，然后再和他进行真诚的交流。另外，还要和他家长沟通，让他们主动和孩子恢复感情。这样，才能真正转变这个孩子。

47

知心爱人：李老师您好，我是一名农村的小学班主任，班上只有十一个学生，但这还是我校最多的，其他班级学生数不到十个，也许有人认为学生少，好教育，其实我的感觉很难。课上学生少，思维不够广阔，教学效果不佳，怎样找到适合小班教学的课堂模式？

答：课是你在上，所以我不可能代替你决定什么课堂模式，那是你自己的事。但是我想，人不多，又是小学生，是不是应该让孩子们多多参与要好一些？多活动，多合作，互相交流，彼此分享，游戏教学，愉快学习……也许会受孩子们欢迎，而且效果可能会不错。

48

小蜜蜂：教师怎样才能赢得社会的尊重？

答：要有知识分子的自觉意识。如果我们拥有知识分子所应有的理想、学识、教养、风骨、良知、操守、胸襟……自然会赢得尊严。

49

小蜜蜂：教师尤其是青年教师应在什么方面多加努力？

答：对于青年教师，刚开始要求不宜过多。把课上好，把班带好，同时让学生的成绩好，就不错了。如果再高一点要求，那就是结合实践进行思考、阅读与写作。

50

小蜜蜂：当今教师缺乏参与教育科研的热情，这是为什么？

答：那是因为没有感到教育科研与自己每天工作的关系，或者说没有尝到搞科研的"甜头"。其实，对一线老师来说，结合自己每一天的工作，把自己遇到的每一个难题当做课题来研究，并伴随着思考、阅读和写作。如此把难题当课题，就是最好也是最有效的教育科研。

51

小蜜蜂：教师参与教育科研的最大困难是什么？

答：第一，缺乏内在的动力，而总是埋怨外在条件。以种种客观困难来为自己的惰性辩护。第二，功利性太重，不是追求解决自己遇到的具体问题，而是追求这个课题是否是"市级"、"省级"、"国家级"。

52

小蜜蜂：怎样引导广大教师，才能使教师队伍出现更多的李镇西、魏书生？

答：没必要"引导"老师们成为"李镇西"、"魏书生"或其他什么人，而要引导老师们成为最好的自己。

53

柔情似水：怎样评价班主任最科学？我们这里主要是德育处根据常规工作给班主任打分。李老师，您说这样科学吗？

答：考察班主任的常规工作，肯定没错。班主任的常规工作做得好不好，的确是评判班主任是否优秀的依据之一，但不是唯一的依据。我觉得还有更重要的一点，那就是学生对班主任老师的评价。纯粹让学生给班主任打分，只根据分数来评价班主任，肯定简单化了一些，评价班主任的确也不能仅仅看学生的分数；但我认为，学生的评分结果应该是学校评价班主任的重要依据。

54

旭日东升：李老师，你好！班主任专业化成长的有效途径是什么？

答：有效途径肯定不止一条。但我推荐"五个一工程"，即每天做好五个一——上好一堂课，找一个学生谈心，思考一个教育问题，读一万字的书，写一则教育随笔。

55

杏子花开：如果某授课老师经常对班主任反映说课堂上有些学生聊天，那该怎么办？某授课老师甚至气愤地说不教那个班了。该怎么办？

答：多和授课老师沟通，让这位老师意识到，你的课堂你做主，而不是班主任做主；人人都做德育工作，这不是一句空话，要落实到每一堂课。

56

杏子花开：学生带手机来学校的事。有的学生爱用手机玩游戏或上网。班主任和家长交流的时候，家长喜欢说："麻烦你们老师控制他玩手机。"但老师觉得家长不该买手机给孩子，如果没有手机则没有这类麻烦的事发生呀。如何处理学生带手机的事呢？

答：明确要求家长不许让孩子带手机到学校。

57

太阳雨：我喜欢当班主任，觉得和孩子在一起充满乐趣，可爱人不高兴我当班主任，觉得我把时间都给学生了，而不能多陪她。我该怎么办？

答：不要把时间都花在学生身上，还是得留点时间给家人，包括父母、爱人和孩子。另外，我还建议你多邀请你爱人参加你和学生的活动，这不但会让她也体验到快乐，而且会更加理解你。

58

雨后彩虹：开学不久，班里就出现了多次失窃事件，我花了很多精力清查，都没有查出是谁干的。真郁闷！

答：如果线索明显，清查一下不是不可以；但说实话，不是每次发生失窃事件后班主任都能够查出"作案者"的。我甚至认为，因为种种原因，查出来是偶然的，查不出来是必然的。那么是不是就听之任之呢？当然不是。有比清查更重要的事，那就是对全班的教育。我班上也曾出现过失窃事件，我总是把它当做一次教育契机，通过自然而生动的班会课，对学生进行教育。但这种教育绝不是"一人犯错，全班挨骂"，而是通过活动、通过故事、通过学生的自主教育——这些都需要精心设计，让学生心灵受到震撼和感染。事实证明，后来我班的失窃事件明显减少，甚至绝迹。更"奇妙"的是，有时候犯错误的同学还会悄悄地主动找我承认错误。

59

诗韵：学生和我顶撞，我该怎么办？

答：要避免和学生发生冲突。如果学生真的和你顶撞了，不妨退让一下，让学生发泄。千万不要有"我非把你的嚣张气焰打下去不可"的冲动，这样只会激化矛盾。老师让学生不丢面子的，这只能说明你的大度。等学生情绪平静下来，再找学生谈心，效果会比较好。

60

新手上路：最近我在处理一起学生违纪事件时，我冤枉学生了，这个学生非常抵触，而我的确是冤枉他了。我不知道如何平息他的情绪。

答：很简单，给他道歉。老师也会犯错的，错了就认错，这不丢面子的。而且你道歉这个行为本身也是一种教育，知错认错，光明磊落，这就是君子。

61

清风拂面：我知道当班主任需要童心，可作为老师，毕竟会一天天老去，如何才能够保持童心呢？

答：人老不可避免，但心老却可以避免。要让自己的心永远年轻，方法之一是多和孩子玩儿，多和他们保持共同的兴趣爱好。这能让你和孩子的心灵保持畅通。反之，"如果我跟孩子们没有共同的兴趣、喜好和追求，那么我通向孩子心灵的通道将会永远堵死。"（苏霍姆林斯基）

62

xzcf：李老师，现在我也教了近20年的书，差不多都担任班主任。最近常常问自己，教育的目的是什么？仅仅教会学生做几道题，能顺利通过高考，就是我现在教育的目的吗？如果是，那班主任和单纯的科任老师有什么区别呢？如果不是，我怎样才能从教育中体会到作为班主任的价值？怎样才能教会学生求真、求善、求美？

答："教育目的"、"价值"、"真善美"……就凭这些词，我就算写一本书，恐怕也不一定能够回答清楚你的问题。想简单些，最好的教育莫过于感染。用自己的言行去影响学生。以人格引领人格，凭心灵赢得心灵。

63

像猪一样聪明：请问李老师，我们都提倡对学生要"一视同仁"，那么对特殊学生的特别关照，是否违背公正的原则？

答：对不同学生的差别化对待，对某些特殊学生，尤其是那些容易被教育者忽略的学生倾斜教育之爱，恰恰体现了真正的教育公正。

64

犹豫不决：说实话，我还是很喜欢当班主任的，但我遇到不好的校长，经常让我郁闷。我的校长，为人很自负，非常主观。他认为你好，你就什么都好。他认为你不好，你怎么努力都不好。比如，他喜欢的一位女老师教的学生出了什么事情，他都帮助处理，我的学生出了什么事，他都归罪于我教育的不好。（几年前）有一次，我班的学生被高年级的学生叫人打了，是在校门外打的，（本来是打另外一个学生，没有等到，看我班学生和那个他们准备打的学生是一个村的，所以就把我们班的这个学生打了）我校一位老师报了110，但是警察没有抓住打人者。于是，校长就喊我拿点水给学生洗洗，让他去上课。既没有对学生作出初步调查，也没有心理安慰，我联系家长也找不到人，那时手机还比较少。当时，我多希望校长拿出点有用的主意，但是他很"深沉"没有说些什么。于是我遵照指示，让学生先上课。结果，一放学，学生就不见了，晚上我终于联系到了家长，告诉了这件事。家长到处找孩子，结果没找到，原来，孩子在街上找到打他的学生，一刀刺去……治疗费花了1万多。

答：恕我直言，你是为校长当班主任吗？何况，不要轻易给校长贴上一个"不好"的标签，有时候可能是我们的偏见，或者我们的心态，或者是我们只站在自己的角度看问题，于是就总觉得校长"不好"；如果换一个角度，站在校长的角度思考，可能会发现校长其实也不好当，都不容易。当然，校长也是人，不可能完美无缺，也会有缺点，有失误。我的观点是与人为善，多和校长沟通，相信绝大多数校长会理解我们，并从善如流的。如果极个别人品低劣的校长不幸被你遇到了，你又无法和他沟通，那就另换一个单位。就这么简单。

65

年玉峰：李老师，您好！我是一名农村学校八年级的班主任，面对学生的"表里不一"现象该怎么办？学生的习惯养成与外界环境相抵触怎么办？

答："千教万教教人求真，千学万学学做真人。"要营造一种氛围，树立一种正气，让学生感到，真实的错误胜过虚假的完美——前者是成长中的"青春痘"，后者是人生的"毒瘤"。第二个问题我看不懂，或者说你表达不太清楚。揣摩了很久，我想你是不是想说给学生养成了好的行为习惯，可社会风气却并不好，是吗？如果是这个意思，那我要问，教育是做什么用的？不就是改变社会的吗？这个改变是长期的艰巨的，没有这个信念，干不好教育。

66

jzs_ baiyun：李老师您好。本学期新接的一个乱了一年多的班，刚接手的时候明显改观。可现在接二连三的问题不断出现。大多集中在基础太差，上课听课有相当的困难，所以纪律也不能保证。二是家庭教育跟不上，家长凡事都纵容孩子。已经初三了，还有几个月就要中考了，真担心明年不会有什么结果。我也在总结反思。如何是好？尽请您指点！

答：说实话，就取得优秀的中考成绩而言，几乎没有什么办法了。我知道这个回答会让你失望，但如果有什么绝招能够让"这些基础太差，上课听课有相当的困难"的学生在几个月内创造中考的奇迹，那么小学六年和初中两年前都没必要办了。如果你的学生是参差不齐，我还会建议你尽可能鼓励有希望的学生坚持最后一把，但你既然说你的学生是"基础太差，上课听课有相当的困难"，那我劝你现在不要把冲刺中考作为这个班的重点，因为就算你在剩下的几个月24小时不睡觉地带着学生复习，他们也不可能赢得中考的。我建议你把重点放在做人上，特别是良好的接物待人的修养，并多开展各种有趣又有意义的活动，让初中最后一段日子成为他们以后最温馨的记忆。

67

乐乐：李老师，您的文章给了我很大的启发，现在每天阅读您的博文已经成为了我的习惯，每天和您这样的教育专家在一起心里感觉很踏实。现在想问您两个问题：1. 我校学生的卫生习惯太差，办法想了很多，也尝试了很多，但效果不理想，有没有什么有效的办法？2. 我校班主任工作积极性不高，大家普遍都不想做班主任，怎么办？谢谢您！

答：学生卫生习惯差，除了教育、督促、批评、惩罚、表扬、奖励……我想不到还有什么"有效的办法"。提高班主任的工作积极性，除了力所能及提高待遇，更要引导他们体验到班主任工作的乐趣，感受到和孩子在一起的幸福，收获结合班主任工作从事教育科研的成就感。

68

儿子和我：班里有位学生上学几乎每天都是迟到，我该拿她怎么办？

答：我们是老朋友了，那就恕我直言，这些问题都要向别人请教，我有理由说你在思想上太懒惰！之所以说你是"思想上太懒惰"，是因为在行动上，你肯定也是很敬业很勤奋的老师，而且也很有责任心，不然不会因学生迟到而着急的。但你不愿意花哪怕一点点时间来思考、研究、琢磨这个微观的教育难题，其实也就是你的科研课题。一遇到问题，就想到请教"专家"，你永远不可能获得教育智慧，你永远会面对诸如"学生迟到"之类的问题而束手无策，而只会哀叹："我该拿她怎么办？"我本来是不想给你作公开回答的，因为这可能会让你伤心：我这么真诚崇敬地向"富有爱心"的李老师请教，却换来如此批评。但我还是决定直率地公开答复你，因为这是一个带有相当普遍性的现象，一些老师面对难题，不是自己攻克而是动辄"请教"，这样的老师永远都不可能有真正的成长，他们永远都只会一筹莫展："我该怎么办？"这样的职业生涯，多痛苦啊！

69

1918452592：都是农村老师啊，我也是农村小学老师啊，很苦的呢，天气冷，回家远，工资不高，没法让家人过上好日子。当老师各种压力啊，来自于家庭生活、个人生活、社会生活等等呢，怎么办？

答：辞职，并改行做点其他的。也许你会对我这个回答不高兴。其实，我的回答，是真正为你着想。不然，我也可以用几句廉价的安慰随便敷衍你几句，但我觉得那才是不负责任的回答。我在学校经常对老师们说，如果对职业不满意，要么改变职业，要么改变职业心态。除此没第三条路可走。所以，我校也曾有老师因不满意职业而辞职，我都支持，并祝福他。同样，如果你真的觉得你做教师无以为生，那还不如做点其他的呢！

70

蓝色骨头：我觉得现在强调"安全"简直让班主任根本不敢组织什么活

动了，可班级建设怎么能没有活动呢？我该怎么办？

答：是的，没有活动就没有教育。多和校长沟通，赢得他的支持。还有如果是校外活动，建议你多安排家长协助你的管理，消除安全隐患。

71

月球上的鱼儿：李老师，上半年我在我县的报纸上发表了一篇七百字的教育随笔《一次成功的谈心》，结果昨天接到某编委会寄来的一份《入选通知》，说我的这篇短文被收入《喜迎"十八大"教育经典文集》，还是精装版。倒没说要交评审费之类的，但该书出版后定价 998 元，要我订购两本。我有些纠结，其实我这篇随笔哪是什么"经典"啊？可人家毕竟是正规出版社出版的精装版，怎么说也是一种荣耀。我想听听您的看法。

答：这些所谓的"编委会"就是专门盯着你这样的老师的钱袋的，如果听我的建议，就千万别理他！

72

崇拜华盛顿：李老师，您好！我是一名刚参加工作的年轻教师。我当班主任给同学们组织了很多活动，包括户外活动，孩子们都特别开心，这些活动也锻炼了他们的能力，也增强了班级的凝聚力。可是科任老师有意见了，说这些活动耽误了学习。其实，我班的学风也不错，考试成绩在年级也一直靠前。但科任老师说，如果不搞这些活动，我班还会取得更好的分数。李老师，您说我多给孩子们组织活动，究竟好不好？

答：好极了！没有活动就没有孩子们富有凝聚力的班集体，没有活动就没有孩子们浪漫的少年时代，没有活动就没有孩子们将来温馨的记忆！如果必须以取消活动为代价去换取所谓"更好的分数"的话，这种"分数"不要也罢！

73

想去火星：为什么读了很多名师的书，看了他们的讲座视频，可还是学不会呢？

答：教育情感是共同的，教育原则是相通的，具体的教育方法却是因人而异的。抱着寻找"拿来就用"的想法去看任何名师的书和视频，依然不会有"具体"的收获，永远不会有！

74

叶子上的光亮：能够完全由学生制定《班规》吗？

答：不能。国家制定法律和班级制定班规，不完全一样。前者的主体是成人，后者的主体是孩子。因此，国家法律可以由立法机构说了算，而班级的规章制度则不能简单地由孩子说了算。这就是教育区别于社会的地方，是学校生活区别于成人世界的地方。正确的方式是，孩子们在教师的引导下制定《班规》。

75

想当好老师：李老师，你好！我现在当着一个班的班主任，我很有热情，但我感觉家长不支持我的工作，经常我为学生好，可家长总是反对。我该怎么办？

答：我不太清楚你的学生家长怎么不支持你，为什么不支持你。按说，你为学生好，而这"学生"正是他们的孩子，他们应该感谢你才是呀，怎么反而会反对你呢？这说明他们还不理解你，而理解则需要沟通。你可以通过家长会、家访等方式给家长们多真诚沟通，也可以用写信的方式。只要家长理解了你，一定会支持你的。另外，遇到难题还可以多和家长商量，让他们帮你出主意，有些具体做法也可以让家长们参与进来。让家长成为你的助手和同盟军，自然劲儿就使在一处了。

76

海棠朵朵：李老师好，我今年教初中毕业班。在教学中，经常看到一些孩子学习劲头不足，学习习惯不是很好，问其原因，他的理由很令人郁闷：他的家长对他说过，即使中考考不好，他的父母也会给他找关系，让他能够上高中。在和一些家长交流时，他们的言辞之中也的确流露出这样的想法。

请问：应该怎样对这样的孩子进行思想教育呢？

答：看来你得双管齐下。对家长，通过开家长会、家访或给家长写信，尽可能转变家长的观念，让他们切断孩子的"退路"，并与学校配合督促孩子好好学习；对学生，通过个别谈心、班会等方式，加强心灵的沟通，让他们认识到今天的学习的确关系着明天的生存，让他们有内在的危机感。

77

微阅草堂：李老师，您好，我的困惑是，为什么作为一名小学班主任会那么累，我丝毫感觉不到幸福。我很喜欢孩子，可是为了教学成绩，我得对他们严格，小学英语课时又少，我又教了很多班级，如何减轻自己的压力，从工作中寻找幸福呢？

答：只要有责任心，做任何工作都会很累的。严格要求与教育幸福不矛盾呀！也许外在的压力我们是无法减轻的，但我们可以让自己的内心从容一些。教育的快乐，很多时候源于孩子。建议你多和孩子们一起玩！孩子们的天真活泼会感染你的。至于工作量过重的问题，恐怕只有找校长谈谈了。

78

平静海洋：对于内向的学生，我如何走进他的心里？

答：要走进任何学生的心里，都必须要建立情感与信任。对性格内向的学生更是如此。任何内向的孩子，面对自己信任的人都会敞开心扉的。另外，建议你试试笔谈，用书信的方式给内向的孩子谈心。

79

病得不轻：我刚当班主任，怎么尽快地让学生服从我的管理？

答：要让学生尽快地服从你，首先你得尽快让他们佩服你。你想想你有什么文体爱好或其他什么绝招，尽快给他们展示，让他们惊叹，进而对你崇拜得五体投地。当你的学生都成了你的铁杆粉丝，你还愁他们不服从你的管理吗？

80

优雅客：读了你的书，我也想学你给学生赠送生日礼物的做法，可我老记不住学生的生日，你有什么绝招吗？

答：我把学生的生日一览表打印多份，家里醒目的地方贴一份，办公室墙上贴一份，办公桌玻璃板下也压一张；另外，我还给班长一份，让他提醒我。这样一来，就不会忘记任何一个孩子的生日了。你试试吧！

81

丰碑：我是一名初一班主任，前不久，本校一位高中生欺负我班的孩子，我就去批评他。结果他和我顶撞，最后不欢而散。没想到第二天，又欺负我班的孩子。这次我没客气，便用拳头教训了他。可校长却要惩罚我，他说："无论如何老师不能打学生！"可我认为，我打的不是学生，是欺负人的流氓。请李老师给评评理。

答：看到你这个问题我就笑了——你简直就是在说我参加工作不久的经历，那时我也和你一样，动手打了欺负我班孩子的高三学生，而且理由也是"我打的是流氓"。但是，后来我意识到，我的确不对。无论如何，我是老师。对欺负自己班上孩子的高年级学生，可以通过其他方式教育乃至给予学校纪律处分，但就是不能打。这是底线。

82

江南淑女：我是很热爱教育的，也很爱孩子，但我感觉自己缺少智慧。请问怎样才能让我拥有教育智慧？

答：所有的教育智慧其实更多的源于教育难题。因此，你若想拥有智慧，除了向周围的优秀老师学习和读书，有一点非常重要，就是把遇到的每一个教育难题，包括头疼的孩子，都当做课题来研究。几年下来，你一定会有智慧的。

83

彩色童话：我知道老师必须和学生建立信任感，教育才是有效的。可是，我怎么知道学生是否信任我呢？

> **答**：很简单，看孩子是否愿意给你说悄悄话。

84

天山雪：李老师，你好！我知道你不仅仅是一位好老师，而且还是一位好校长。我最近刚当上校长，可我还是放不下班主任工作。我想兼任班主任，你说可以吗？

> **答**：这不好一概而论，主要是看你的精力是否能够兼顾。我之所以能够校长和班主任同时当，那是因为我有一位得力的常务副校长，他基本上把学校常规管理工作都承担起来了。如果不是这样，我恐怕也难以同时当班主任的。

85

晶莹童心：李老师，我是一个小学老师，现在担任五年级班主任。现在班上的一些同学对男女相爱之类的事很感兴趣，有一次我还截获了一个男生写给一个女生的纸条，都是"想你"呀"爱"呀之类的话。我很迷惑，现在的孩子这么早就什么都知道了，居然有这么坦白的表白。我该如何处理呢？

> **答**：在我看来，你过于敏感了。虽然有"早恋"之说，但你说的这种情况远远谈不上是什么"早恋"。小孩子远不是我们想象的那么复杂，我们有时候是把成人的思维强加于他们的心灵。如果我遇到这样的小孩子，我可能会以某种玩笑的方式一笑了之，然后引导他们关注对集体对他人更广博的爱。要特别提醒的是，有时候教师对自以为是"男女之情"的事过于关注，进而"认真严肃"地对待和处理，有可能在孩子心中投下对本来应该是纯真美好爱情的恐怖阴影。这将危害他们将来的幸福。

86

掠过天空的云彩：我的烦恼是，最近我和一位学生家长的关系显得比较尴尬。因为前几天她到我办公室，硬塞给我一个红包。她走后我打开一看，竟然是一张两千元钱的购物卡！我当然绝不可能收的。于是第二天，我将购物卡装在一个信封里，让她女儿带回去，我假装给孩子说是我给她妈妈写的一封信。我觉得我这样做没错，因为我希望我和家长保持一种纯真清白的关系，可现在那母亲和我的关系已经明显有些尴尬了，关键是我觉得自己好像对不住她，伤她自尊心了。这真让我纠结，面对家长的礼物，退回去吧，他们当然不会收，而且有些伤他们的面子；不退吧，我心里实在难受，觉得自己也受了侮辱。究竟怎么做比较好呢？

答：这个问题我好像以前回答过的，不过我还是愿意再谈谈。在这么一个物欲横流的时代，你希望和家长保持一种"纯真清白的关系"，我很感动，也非常赞赏。不过，我想家长倒不会有意"侮辱"你的人格，他们只是不了解你。他们按一般的"常规"或者说"潜规则"，认为老师都会收礼，他们担心你"冷落"了他们的孩子。所以，你要通过各种方式让他们理解你，让他们感到你是一位正直的老师。当他们看到你一视同仁地爱着每一个孩子时，他们就会真正理解你了。

87

时尚老师：我是一个高中班主任，教语文。曾经一个女生在作文中向我明确表达了爱慕，我没理她；但后来她直接给我写信表达爱。我该怎么办呢？

答：可以就此开诚布公找她谈一次，明确告诉她，你不可能和她建立爱情关系。你的态度一定要坚决。我不知道你在和她的交往中，是不是有让她误解的地方。所以，你一定要警惕自己的言行，并且一定要在学生面前严格保持一种师长的形象。中学老师是绝对不能和学生有任何超越师生关系之外的男女之情的，这是绝对的底线。只要你守住底线，她的幻想自然会慢慢淡化。当然，这事你一定要保密，维护她的面子，不然她会难堪。

88

zhangbing198310：现在有些孩子爱撒谎，不说实话，有时候包庇其他犯错的孩子，给班主任带来了处理一些班级问题的困难。请问如何引导孩子们和班主任反映实际问题。

答：孩子撒谎往往是大人造成的。给他们一种不因说真话而受罚的环境。

89

午夜阳光：每天很忙乱，工作无头绪，怎么办？

答：调节心态，尽可能从容地面对眼前的纷繁。要知道，事情永远做不完，就算今天有哪件事没能完成，天也塌不下来。这样一想，你的心情就舒缓多了。建议你在每天晚上睡觉之前，把第二天必须做的事，写在一张纸条上。第二天完成一件，就在纸条上划掉一件。这样，既能让你的一天有条不紊，又能让你不断体验成就感。

90

坚忍不拔：怎么才能知道自己工作中的错误呢？我的意思是，我想不断改进工作，可我怎么才能知道从哪改进呢？

答：很简单，定期——比如一个月一次或一学期一次——在学生中做问卷调查，让学生无记名给你提意见。

91

微笑的心：我和我的孩子们都非常热爱我们的班集体，都非常看重集体荣誉。可是我感到学校对班级的评价不公平。不止一次，明明我班教室的卫生搞得很干净，可就是得不到卫生流动红旗。而卫生不如我班的班级却得了红旗。这样的情况还比较多，不只是在清洁卫生评比方面。我个人可以忍受这样的不公，但孩子们却受到了伤害，他们是那么渴望集体荣誉。我想去找找德育处主任讨公道，但我又有些犹豫。李老师，我该不该去找领导呢？

答：学校的公正评价，是激发班主任工作积极性的重要因素。如果真像你说的那样，我建议你不要专门为某次流动红旗去找领导，那样不太好；但你可以在适当的时候找领导，以提建议的方式希望学校在对老师对班级的评价方面进行改进。另一方面，我认为你和学生都不应该过分在乎外在的评价，而更应该注重班级内部的和谐、温馨和上进的风气。要告诉孩子们：开心就行！我们所做的一切都是为了我们自己的幸福！内在的快乐远胜过外在的荣誉！

92

晴晴：初入教师岗位，感觉繁琐的业务很多，进一步的语文教学方面的学习机会很少。我是在乡镇小学，这里对学生的管理方法也不够科学，我该如何在教学能力和管理能力两方面提高呢？

答：不要把教学能力和管理能力对立起来。这是一回事，不是两回事。在课堂教学中培养自己的管理能力，用管理能力加强自己的课堂教学。

93

锦曦：您好！李老师。我是一名初中语文教师。工作才半年，在这半年的时间里，我对于初一的孩子很是头疼。我不知道怎么样才能保证课堂效率，他们好像总是喜欢讲话。对于初一的孩子没有办法让他们学习。

答：想方设法让自己的课堂吸引孩子——让学生参与教学，将教学内容和学生的生活相联系，以自己渊博的知识征服学生，幽默的语言……让他们迷上你的语文课！

94

儿子和我：大家都在说，对学生要进行分层作业，可最终还不是面临着同一张试卷，您说，分层还有用吗？

答：分层作业是必要的，因为"因材施教"嘛；但分层作业必须与分层评价配套。

95

儿子和我：好课到底有没有标准？是否是人云亦云？

答：好课的标准也许见仁见智，但我认为有趣有效，就是好课。"有趣"是站在孩子的角度说，"有效"是站在教师的角度看。"有趣"是教学手段，"有效"是教学目的。

96

水中的鱼儿：李老师好！我是一所中学的高一数学老师，面对的学生都是基础不好的，平时教的时候都比较吃力。我困惑的是怎样提升自己的教学能力，总感觉平时自己是在和学生为着一些简单问题不停地磨，磨上个几百遍，不知怎么教他们学得轻松才好，周围的老师都是抱怨谩骂……谢谢李老师。

答：学生基础差，只能根据他们的实际而降低要求教学。如果一刀切，那么你和学生永远体会不到半点成就感。你也许会说："最终的高考并不会为这些学生降低难度啊！"但是，你目前这样教学，这些学生照样达不到高考标准。除此之外，在教学方式上还得变革，尽可能让学生动起来，让他们多参与。你在设计教学时，要变过去更多地考虑自己如何"教"，为现在的琢磨学生如何"学"。也就是要把课堂教学由教师"教"的过程变成学生"学"的过程。在这过程中，你的教学能力就自然提高了。

97

寒江独钓者：是否把建立促进教师成长学生发展的图书馆作为学校管理的第一考核内容？

答：不太明白你的意思。你是说建立有利于新教师成长和学生发展的图书馆吗？这当然很好啦！至于考不考核不重要。如果因为是应付考核才建立这样的图书馆，即使建立了图书馆也没用。只有当读书成为教师和学生自身的需要，图书馆才会真正发挥作用。

98

编班调班软件：小组合作是否每节课都有合作的必要？如果不是每节课都可以合作，那合作这个环节还能纳入教学模式吗？

答：小组合作只是形式，其实质是让学生主动地学习。至于能否每节课都小组合作，完全应该因课而异。

99

聆听心声小可爱：李老师，您好！我是来自农村的一名小学老师。在我的教学中最让自己困惑的就是：在没有惩罚措施的情况下，如何确保教学工作的顺利进行？如何管理不自觉的学生？有什么好方法能给教育工作有种强力的保障的措施？谢谢。

　　答：恕我直言，如果你的教学要靠"惩罚"才能"确保教学工作的顺利进行"，那你很难说是能够胜任教学的称职教师。对于不自觉的学生，当然要以纪律去约束，但更重要的，是心灵的沟通，以自己的教学艺术和智慧去吸引他们。须知你面对的是小学生啊，小学生再不自觉，又能"坏"到哪里去呢？另外，你要以一颗童心走进孩子的童心，你就明白你在教学中应该用怎样的语言和方式了。

100

yang_ qiaoli：李老师，您好！我是通过教师专业学习才知道您的，然后找到了您的博客，在你这里开阔了视野，拓展了思维。所以在专业成长中首先就要学习，学习理论知识。但在现实教学中仍存在很多矛盾，现在我教小学五年级，担任数学和语文课，属于包班班主任。今年我校进行课改，我班被定为课改实验班，于是我参加了很多培训和研讨，有语文也有数学。这样我感觉学的都不够精，发展就受很多限制，我想专一科，毕竟时间和精力是有限的。那如何既能兼顾语文、数学两科的教学，又能走好自己的专业发展之路呢？

　　答：我祝贺你是个多面手。以前许多小学老师，甚至中学老师，都是同时教几门课的。我在谈到"教育家的诞生"这个话题时曾说，教育家必须是百科全书式的教育者。你当然还不能说是百科全书式的教育者，但至少具备了成为教育专家的潜能。至于"如何既能兼顾语文数学两科的教学，又能走好自己的专业发展之路"，我无法给你具体的建议，但我要说，研究或者说探索兼顾语文数学两科的教学，同时又能做好班主任工作，这本身就是最好的专业发展之路。

101

冰水一线：作为一名小学班主任和语文教师，我时常有这样的困惑，现在都提出激励孩子，明明不是很好的答案，我们不能明确指出，说一些话搪塞过去，这样是不是不利于孩子耐挫力的培养呢？

答：鼓励不能变成欺骗。比起一味用"你真棒"掩饰学生明显的错误，真诚而直率地指正，更有利于孩子成长。

102

wu_ xun_ hello：李老师，我有两个困惑：1. 抓孩子的课堂落实真的很难！对于那些经常不交作业、不背诵默写的孩子，不能罚，只能让他们下课补，但是长此以往这就形成了坏习惯啊！2. 公开课的磨课真的要一遍一遍又一遍吗？为了公开课，用了全年级所有的班，一堂课上到想吐，原先还有些想法，七八个班上下来，什么想法都没了，就只有赶紧上完公开课早死早超生的念头了！

答：只有找准了学生经常不交作业、不背诵默写的原因，才谈得上找到课堂落实的办法。这需要格外耐心的个别沟通。这是一场持久战，你要有毅力和智慧。对于你说的那种公开课，我同样深恶痛绝！

103

赖世云：我上的课学生爱听，但考试考不好怎么办？

答：这说明你的课只是有趣，而无效。听课不是听郭德纲的相声。既有笑声，又有收获的课，才是真正对学生负责的课。而真正有了收获，还担心考不好吗？

104

一杯白开水：李老师，您好！我是初中的一个信息技术教师，上班已经8年了，但是我很迷茫！有时备好一节课，带着很高的期望想上好一节课，但是学校有活动把自己的课冲掉，或者机房的机子很多的毛病，使得自己上课

10 多分钟了，还要修理机子，这样一节课的心情就没有了。还有学生来到机房不是打游戏就是上网。很多的名师或者优秀教师都是语数外等教师，而我们这一课的教师都是学校的修理工或者打字员等，正式的优秀教师很少！网上或者学籍中也少对我们的指导，即使有也是大理论大套路。现在晋级也很难，我们要想晋级或者得到荣誉，必须是学校的考评，而我们这一课的工作量是最少的，那考评一般是最低的，我们这些青年教师什么时候找到出路，感觉很迷茫很无助。我该怎么办？

答：学科尊严只能靠学科老师以自己出色的专业能力和教学成绩去争取。

105

白云：如何在考试分数和教学宽度上找平衡点。

答：不存在所谓"平衡点"，因为没有宽度和深度的教学，永远别想获得真正的好分数。

106

千里牛：对于农村教师，基数大，教学条件和设施比城里面差。怎样获得与城里教师均等的学习、晋升机会？

答：根据现有的国情，恐怕在相当长一段时间是难以"均等"的。怨天尤人不如靠自己。尽管艰苦，但我们可以靠自己的努力，达到应有的专业高度和教育境界。你不信吗？铁皮鼓、滇南布衣、桃花仙子等边远地区老师的成长都证明我说的这些话绝不是安慰你。建议你到网上去搜索一下这些老师的事迹。

107

润心：老师们都积极参与学习，但行动上没有改变，学习了什么样的理念都还是老样子上课，原因在哪？

答：观念的刷新只需一次培训，但行动的改变则需要持之以恒的自我超越。

108

545997891：我是科任老师，教文科班化学。有的学生根本不是来上课的，上课时就跷着二郎腿，书也不拿出来，还在那吃东西，老师过去跟他说话，就摆出一副满不在乎的表情，根本不把你的话听进去。这类学生如何跟他们沟通？

答：除了个别谈心，更多的要靠你的课堂魅力。你要想方设法甚至"不择手段"地让学生迷上你的化学课！

109

545997891：一、学生对某学科学习的自觉性，跟老师有关，有些气场强大，要求严的老师，或者上课较幽默的老师教的学科，学生就很愿意课后花很多时间练习。而我的性格比较温和，缺乏足够的魄力和威信让他们信服。学生课后根本不自觉做练习，尽管我自己备课备得多好，准备多充分，也只是在课堂上的 40 分钟。这样子学生都学不好的，怎么办？二、在正式成为老师之前，我认为没有教不好的学生，没有不想学习的学生，看了一些教育类的书，如李老师在著作中的一些转化后进生的故事之后，我更深信这一点，可是到了学校做老师，好像并不是这样，身边的一些同事也这样说，有些学生真的是让人对他们无可奈何的。不知道是不是这样呢？

答：你把学生学不好的原因归咎于你的"性格比较温和"，这是误诊。要让学生喜欢你的课，还得从你的教学能力和教育智慧上去找突破口。所谓"没有教不好的学生"，纯粹是一种神话般的浪漫想象。教育从来不是万能的，哪能"包打天下"？我们能够做到的，只是尽量发现每个学生的独特潜能，让尽可能多的学生不同程度地都能够成为最好的自己。

110

临漳教师：李老师，你从事教育管理已经多年，能不能从学校管理方面写点文章，使管理者受到启发，使教师们受到感化？为把我们的教育事业朝更好、更理想的方向发展做大家的表率。

答：谢谢你对我的厚爱！但我要说，你对我的期待已经超出了我自己的能力。对于学校管理，我现在也还在边学习边摸索呢！尽管如此，我已经写过不少学校管理方面的文章，你可以注意一下有关教育报刊，也可以到网上搜索一下。

111

杨发记：感谢李老师关心年轻老师的成长问题。我和年轻老师之间，有不同的观点：我认为为学校加加班，干干活，写写文章，做做宣传，打扫一下卫生，无偿付出一些时间和精力，是应该的，不能提出报酬；年轻老师认为付出就应该有报酬，奉献是不正常的，难以持久，对个人利益是一种损害，对学校良好风气是一种破坏。有时候为具体的事情很纠结。明明举手之劳可以让学校更好，可就是没人愿意付出行动。小小困惑有时也让年轻老师尴尬不已。类似这样的问题，怎么解决较好？谢谢李老师。

答：这是学校风气问题。当然，作为学校管理者，应该尽可能在制度上保证老师们"按劳取酬，多劳多得"；但无论怎样严密的制度，都不可能穷尽所有的问题。学校总有一些事是需要良知，需要情感，需要奉献的。建议学校要加强老师的主人翁教育，让尽可能多的人感到自己是学校的主人，这学校是我的，而不是校长的。另外，要以多种途径表扬或者说凸显学校乐于奉献的老师，扩大正能量在学校的影响和比重。

112

日月雨齐：现在的学校教育，很多老师被考试牵着鼻子走，尤其体现在语文上，认真教的老师，注重学生长期发展的老师，需要花很多的心思；而只注重让学生背背默默的老师，取得的成绩暂时也差不到哪里去。语文教学的评价体制应该改革，是吗？

答：是的。语文教学既要注重学生的知识与能力，更要注重学生的心灵、情感、人格、视野……我们对语文教学的评价的确应该改革。

113

无涯：促进青年教师成长最大的因素是什么？

答：青年教师本人强烈的成长欲望。

114

蓝色骨头：李老师，经常收到一些杂志来信，说可以提供论文发表的平台，但得付一定的版面费。我想问的是，这是真的吗？可信吗？

答：是真的，但这是真的假货！凡是收费发表的文章，都是假货，别上当！

115

天山雪：李老师，你好！我知道你不仅仅是一位好老师，而且还是一位好校长。我最近刚当上校长，很多问题想请教您。如果我想让您对我说一句最重要的忠告，您想说什么呢？

答：最好的教育莫过于感染，最好的管理莫过于示范。

116

742710594：不允许老师订资料，为什么教辅铺天盖地？收费三四百，作业累死人，是谁允许的？不允许老师补课，为什么早晚自习取消了还要上？不允许师德败坏，为什么领导贪污腐化一个更比一个强？上梁不正了，下梁还能咋办？

答：没法管贪官，我们可以管住我们自己。在这良知被许多人嘲笑的年代，我们能够守住的，也只有自己的良知。